仙道의 맥을 찾아서

신라의 김가기 仙人의 유적을 찾아서

금선학회 편저

지혜의 나무

仙道의 맥을 찾아서

편 저 / 금선학회
주 편 / 최병주, 번광춘, 장응초
엮 자 / 김용수
펴낸곳 / 지혜의 나무
펴낸이 / 이의성
발행 / 2004. 3. 27
등록번호 / 제1-2492호
서울시 종로구 관훈동 198-16 남도빌딩 3층
전화 730-2211 팩스 730-2210
ISBN 89-89182-20-4

김가기 선인 성상

2002년 8월 중국 섬서성 누관대 입구 가장 중요한 자리에 세워진 김가기 선인 기념비 제막식.

40여년 전 도로공사로 굴러 떨어져 있던 김가기 선인의 마애석벽비문을 박물관으로 운반하기위해 포장되어 있는 모습. (중국 섬서성 종남산 자오곡)

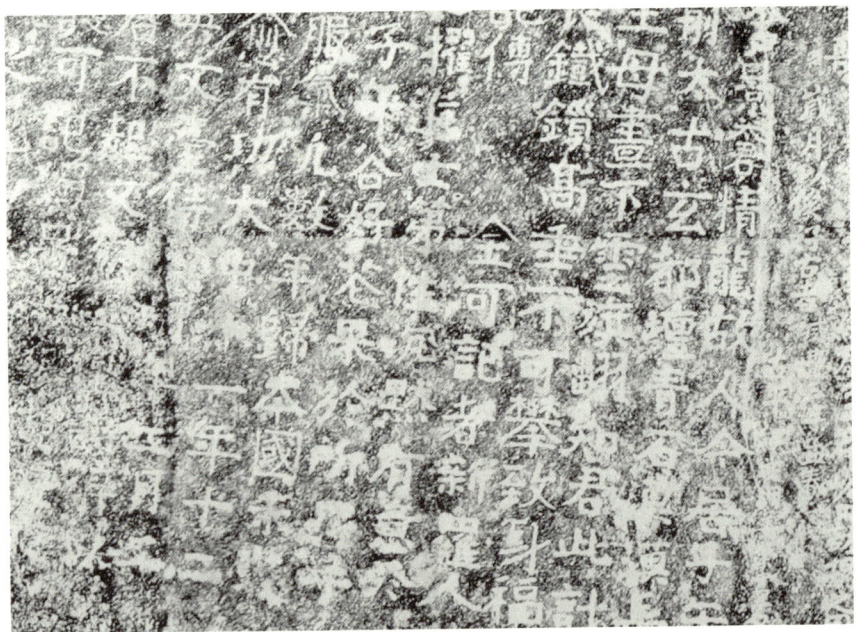

중국 섬서성 종남산 자오곡에서 발견된 김가기 선인의 마애석벽 탁본. (하단 중앙부분에 金可記者新羅人이라는 내용이 보인다.)

중국 섬서성 종남산 자오곡의 금선봉. 김가기 선인이 모든 사람 앞에서 우화등선한 곳으로 알려져 있다.

김가기 선인 기념비 제막1주년 행사에 참여한 관련 교수들.

사회과학원 김준엽 이사장과 금선학회 최병주 회장.

선봉 정상에서 왼쪽부터
광춘 교수, 금선학회 최병주 회장, 가혜법 비서장

김가기 선인 기념비 제막식과 한.중.일 학자 학술발표회에 참석한
野崎充彦 일본 오사카 시립대학 교수와 금선학회 최병주 회장.

한·중·일 도교 학술 발표회

종남산 김가기 기념관 조감도

선도의 맥을 찾아서

■ 권두언

요즈음의 우리는 하루도 똑같이 반복되는 일이 없을 만큼 변화가 무쌍한 세상에서 살고 있습니다. 우리 주위를 한번 둘러보면 물건도 바뀌고 정신도 바뀌고 자연 환경마저도 바뀌어가고 있는 것이 사실입니다. 그나마 변화가 좀 더딘 것을 굳이 든다고 한다면 그것은 우리 몸일 것입니다. 아직 우리의 몸만큼은 그래도 옛날의 그 모습을 간직하고 있다고 보아야 할 것입니다. 물론 이제 우리들의 청소년을 바라보면 토종 한국인이라 하기에는 그 체격이 훨씬 커져버렸지만 말입니다.

이제는 하나의 민족에 하나의 국가라는 생각은 이미 낡은 생각이 되어버렸습니다. 뿐만 아니라 내나라 내 민족만 잘 살면 된다는 국수주의적 사고도 촌스러운 사고방식입니다. 세계는 각각 그 처한 지리적 여건에 의해 하나의 경제권으로 뭉쳐져서 국경 자체도 유명무실해져 가고 있습니다. 유럽지역은 하나의 유럽으로, 북미는 북미대로, 남미는 남미대로 하나의 지역경제권을 형성해서 점점 통합되어 가고 있습니다. 동남아시아는 아세안 국가로서, 아랍은 이슬람 문화권으로, 오세아니아는 오세아니아로서 말입니다. 그런 맥락에서 보자면 이제 우리는 한·중·일 3개국의 극동아시아라는 경제권을 형성해 나아갈 것이라는 점은 명약관화한 일입니다. 일본은 그 성장의 속도를 좀 멈추고 있고 중국은 그 성장의 속도를 급격하게 높여가서 이제 얼마가지 않으면 3개국의 국민들이 그 개인적 차원에서 비슷한 수준의 경제력을 갖게 될 것입니다. 그렇다면 결국 이 3개국은 물질 차원뿐만 아니라 정신문화적 입장에서도 동일한 색깔을 갖게 될 것입니다.

한편 이 한·중·일 3개국은 오래 전부터 서로 통하는 그 무엇인가가 흐르고 있었습니다. 과거에 이 3개국은 비록 사용하는 언어는 달랐어도 한자(漢字)라는 공통의 문자를 사용하고 있었기에 결국 유사한 문화를 지닐 수밖에 없게 된 것입니다. 그래서 유교와 북방대승불교, 도교는 이 3개국에서만 꽃피운 문화가 되었습니다. 다시 말하자면 유불선이 이미 송대(宋代) 말부터는 서로간의 논쟁을 끝내고 하나의 문화이며 한 집안이란 인식이 생겨났습니다. 그리하여 명대(明代)에 와서 유불선은 그저 전통이라는 한 단어로서 묶여져 서양문화와 대별되는 문화가 되었습니다.

근자에 와서 유교와 불교는 각각의 단체에서 이미 활발한 교류를 하고 있지만 선도는 2002년 8월 김가기 신선의 중흥 기념비를 세움으로써 공식적으로는 1,100년 만에 처음 교류의 장을 열게 되었습니다. 한국의 김가기 선인에 대하여는 중국 사람들도 높이 추앙하고 존숭하는 것이 도교 민간신앙 차원에서 한·중간의 구별 없이 양국의 민중에게 깊이 뿌리박고 있음을 보여주었습니다. 그러한 문화교류에는 한국의 세계금선학회가 주도적인 한 몫을 한 것도 사실입니다.

다시 강조하지만 인간의 몸은 예나 지금이나 그대로 입니다. 문명의 이기가 발달하고 의학이 발달한 덕에 평균 수명은 좀 늘어났

겠지만 어쨌건 선도는 현대로 갈수록 더욱 중요한 하나의 학문으로 발달하고 있습니다. 그것은 바로 기공이라는 인체 과학적 학문의 뒷받침으로써 점점 스트레스가 많아지는 현대사회에서 건강한 몸과 강인한 정신을 기르는데 반드시 필요한 사상이자 곧 체력관리 프로그램의 역할을 당당하게 할 수 있습니다.

서구에서는 현재 뉴에이지의 조류를 타고 대체의학의 일환으로 한의학에 대한 조명이 새롭게 일어나고 있는 실정입니다. 뿐만 아니라 중국에서는 서양의학의 한계를 극복하는 대안으로 한의학을 당당하게 주장하고 있습니다. 한의학이 인체를 정기신의 구성요소로 보는 선도의 입장과 그 뿌리를 같이하고 있음은 주지의 사실입니다. 나아가 가치관의 상실시대에 새로운 가치관을 제시해줄 수 있는 수행 문화로서도 선도가 대두될 것은 당연한 일이며 그 비근한 예로 미국에서 태권도가 단순한 스포츠에서 이제는 도덕과 철학을 지닌 하나의 가치체계로 각광받고 있다는 사실은 주목할 만한 것입니다. 태권도가 격투기술보다는 그것의 원류인 화랑도 정신, 다시 말해 몸과 마음을 닦아서 사회의 건전한 구성원이 되며 또한 초월의 길을 모색하는데 그 매력이 있는 것입니다.

이제 다가오는 미래의 세상에서는 종교의 모습이 지금까지와는 많이 달라질 것이라고 봅니다. 그것은 정신적 구원만 부르짖는 관념의 종교가 아니라 생활 속에서 심신합일의 방편을 제시하는 종교만이 진정한 생명력을 갖게 되리라고 봅니다. 인간의 몸은 서양인이나 동양인이 크게 다르지 않습니다. 동양인만 단전호흡이 필요한 것이 아니라 서양인도 똑같이 필요하다고 봅니다.

김가기 신선 중흥기념비 제막에 즈음하여 거행된 한·중·일 세 나라 학자들의 선도(仙道) 문화 교류 세미나에서는 여러 방면에 걸친 폭넓은 의견 교환이 이루어졌으며 이를 모아 조그만 책자로 발간하게 되었음은 매우 뜻 깊은 일이라 하겠습니다. 앞으로 머지않아 전 세계 선도문화 교류의 시금석이 될 것을 믿어 의심치 않습니다.

또한 2004년 4월 2일에는 김가기 신선을 기념하여 섬서성 종남산 자오곡(陝西省 終南山 子午谷)에 '금선관(金仙觀)'과 '김가기 기념관(金可記 記念館)'을 착공하는 기념식이 세계 금선학회와 중국 도교협회 공동으로 거행될 예정입니다. 이와 같이 지속적인 문화 교류 행사를 지속하면서 앞으로는 선도를 추구하는 동남아시아 국가들도 포함한 국제적 교류의 장이 지속적으로 열리도록 세계 금선학회의 선도(先導)적인 역할을 기대하면서 이번 기념 논문집의 한국어판 발간에 즈음하여 감사의 인사를 표하는 바입니다.

부디 은거하여 수도하시는 많은 수행자 및 구도자 여러분의 관심 어린 충고를 기다리겠습니다.

2004년 3월
세계금선학회 회장 현문(玄門) 최 병주 拜上

■ 추천의 글

　우리나라에서 잊혀져 간 선도문화(仙道文化)가 다시 맥을 되찾고 있어 평소 선도문화에 관심을 가져온 사람으로서 대단히 기쁘게 생각합니다.
　아시는 바와 같이 유·불·선(儒佛仙) 삼교는 우리 전통문화의 버팀목이었으며, 그 가운데 선도의 뿌리는 심원하다 하겠습니다. 선도 문화는 삼국시대 이래 우리 문학·예술·의술·양생 등의 생활과 문화영역 전반에서 우리의 삶을 풍요로우며, 꿈이 있는 멋진 문화의 중추적 역할을 해 왔던 것입니다.
　신선사상의 뿌리는 환인(桓因)으로, 환인은 그 아들 환웅(桓雄)에게 전했고 환웅은 계속 그 아들 단군(檀君)에게 전해져 고조선이 홍익인간(弘益人間)의 기치를 내걸고 개국하기에 이르렀으며, 아사달(阿斯達)에서 산신(山神)이 되었다는 단군설화 속에서 이미 그 사상이 깃들어 있음을 찾아 볼 수 있는 것입니다. 북애(北崖)가 지은 '규원사화'(揆園史話)'에 의하면 선도는 우리의 고유사상이라고 밝힌 바 있으며, 심지어 이능화(李能和)는 신선·방술이 우리나라에서 생겨나 중국으로 전수되었다고까지 주장하였습니다.
　이 신선사상은 풍류(風流)·풍월도(風月道)·현묘지도(玄妙之道) 등으로 일컬어지면서 신라에서는 화랑도로 구현되었으며, 의상대사 역시 선도에 조예가 깊어 도가에서는 자혜(慈惠)라는 이름으로 알려져 있는데 그는 당나라에 유학하여 김가기(金可記), 최승우(崔承佑) 등과 더불어 종리권(鍾離權)으로부터 선도를 배웠습니다.

그 중에서 김가기 선인은 당나라 때 지은 '속선전'(續仙傳)에 나와 있듯이 우화등선(羽化登仙)한 16선 가운데서도 중국의 조정대신들이 보는 앞에서 일승천하여 중국에서도 높이 추앙하는 신선으로 받들어지고 있습니다.

그러나 우리나라에서 선도를 꽃피웠던 분은 최치원으로, 그는 천부경(天符經)을 한문으로 번역하여 후대에 전했으며, 중국 유학시절 김가기 선인으로부터 전수받은 도가의 수련법과 고유의 우리 선도를 융합시킴으로써 한국선도를 정립하고 그 비조가 되었던 것입니다. 고려 때에도 선풍을 숭상되었으며, 조선조에는 재야 선비들을 통하여 그 명맥이 면면히 이어져 내려 왔던 것입니다.

그러나 근래 선도문화가 단절되어 아쉽게 생각하고 있던 중 몇 년 전 중국에서 최치원 관련 유적을 복원하며 계승작업을 활발히 하고 있는 31대손인 현문 최병주(玄門 崔炳柱)씨를 만나게 되었는데 그는 1991년에 선도수련단체인 금선학회(金仙學會)를 설립하여 선도수련의 맥을 이어오며, 또한 사재를 들여 2002년 8월 도교의 성지인 중국 섬서성 종남산 누관대(樓觀臺)입구에 천 백년 만에 처음으로 김가기 선인을 기리는 기념비를 세우고 이어 한·중·일 학자들을 모아 선도문화에 관한 학술발표회를 갖고 그 자료를 묶어 본 책자를 발간하게 되었다는 소식을 듣고 기쁜 마음에서 추천의 말씀을 드리게 되었습니다.

또한 현문선생이 중국 도교협회와 공동으로 김가기 선인이 우화등선한 종남산 자오곡(終南山 子午谷)에 '김가기 선인 기념관'과 '금선관'을 금년 4월 2일 착공한다니 크게 치하할 일이라 하겠습니다.

부디 잊혀진 선도문화가 이 책자 발간을 계기로 다시 선도의 맥을 이어 평화롭고 아름다운 사회건설에 큰 몫을 하기를 바랍니다.

2004. 3.
사회과학원 이사장 김준엽

서 문

· 번광춘 ·
樊光春 - 섬서성 사회과학원 도학연구센터 주임·연구원

    1,100년 전, 한 무리의 신라 지식인들이 바다를 건너 중국의 수도인 장안으로 왔다. 그들이 중국으로 온 목적은 유·불·도의 삼교문화를 연구하기 위해서였다. 그들 중의 어떤 사람은 과거시험에 참가하였는데, 조정에 등용되어 빈공진사라고 불렸다. 공직을 담당하기를 원할 경우는 관직을 수여하였으며, 벼슬살이를 원하지 않을 경우는 본국으로 돌아가도록 하거나 민간에 남아있도록 하였다. 김가기(金可記)라고 이름하는 빈공진사는 장안(長安)에 남아있으면서 장안 남산(南山)의 자오곡(子午谷)으로 달려가, 한가한 전원생활을 보내고 마침내 그 골짜기에서 '신선이 되어(升仙)' 떠나갔다. 다른 빈공진사 최치원이라는 분은 본국으로 돌아가 한국도교의 비조가 되었다.

    현재 또한 많은 신라의 후세들 즉 현재 한국의 지식인들이 구름을 타고 중국으로 와, 옛 수도인 서안(西安)에 도착하였다. 그들 가운데 대학교수와 의학박사가 적지 않은데, 그들은 선도문화를 갈고 닦은 학자들이다. 그들이 서안으로 온 것은 천년 동안 남겨져 온

유적을 탐방하고, 선인이 참 진리를 연마하던 장소를 알현하여, 다시금 두 나라간의 문화교류의 끈을 잇고자 하는 것이었다.

그들이 이 곳에 오게된 연유는 다음과 같은 인연에서 비롯한다.

김가기가 신선이 되어 떠나간 후 도를 즐거워하는 자가 그 사적을 자오곡의 산절벽 위에 새겨놓았는데, 천년이라는 오랜 세월동안 숨겨져 있다가 바로 전세기의 80년대에 이르러 서북대학의 이지근(李之勤) 교수에 의해 발견되어 공개되었다. 나는 다행히『장안·종남산도교사략(長安·終南山道敎史略)』이라는 책 속에서 소개해 주었다. 또한 누관대(樓觀臺)의 유사전(劉嗣傳) 도장(道長)이 그것을 한국 금선학회(金仙學會)의 최병주(崔炳柱) 회장에게 알리어, 최회장의 흥미를 이끌어내게 되었다. 왜냐하면 그는 다년간 선도(仙道)에 대한 학술연구에 열중하여, 한국의 선인 가운데 중국에서 수도하던 유적을 찾고 있었기 때문이었다. 그리하여 유 도장의 안내 아래 최선생이 서안으로 나를 찾으러 와서, 나와 더불어 자오곡을 탐방하러 갈 것을 요청하였다. 말하기 부끄럽지만 나는 그곳에 한 번도 가본 적이 없었으며 또한 김가기 마애석각(金可記 摩崖石刻)을 본 일도 없었다. 그렇지만 정말 공교롭게도 대략 반년 전에 나는 마침 서북대학의 주위주(周偉洲) 교수에게서 그가 직접 자오곡으로부터 탁본(拓本)하여 만든 석각 탁편(石刻 拓片)을 본 적이 있었다. 주선생이 일러주신 덕분에, 나는 최선생 일행을 데리고 자오곡에서 문자가 새겨져 있는 돌덩이를 찾아낼 수 있었다. 그 후에 탁공이 제작한 탁편을 찾아내어, 누관대를 도와 이 비문을 다시 새기고 금선봉(金仙峰)에 올라 여러 가지를 조사하였다.

올해 8월 24일『중한도교선적비(中韓道敎仙迹碑)』제막의식(除

幕儀式)이 누관대에서 거행되고, 이어 한·중·일 도교학술발표회가 열렸다. 이 책에 수록된 논문들은 이 회의석상에서 발표된 것들이다. 논문수량이 비록 많지는 않지만 도교문화의 정수를 논급하고 있다.

신라인 김가기는 무슨 연유로 종남산에 대해 홀로 사모의 정을 느꼈으며, 오늘날의 한국과 일본학자들은 무슨 까닭에 그가 남긴 자취를 다시 밟는 것인가? 그것은 모두 도교문화에 대한 존숭에서 근원한 것임에 틀림이 없다. 왜냐하면 도교 신선신앙은 한·중·일 세 나라의 공통적인 문화축적물이기 때문이다.

한반도 남부에 위치한 한국은 발해와 중국을 사이에 두고 서로 마주 보고 있으며, 옛 사람들은 그곳을 해동(海東)이라고 불렀다. 두 나라 사이에는 산수가 서로 의지하고 있으며 문화적 연원이 서로 연결되어 있다. 도교문화에 대해서 말한다면 또한 많은 다툼이 있었다.

신선신앙은 옛부터 도교의 커다란 특징이고 양생(養生)·귀생(貴生)을 부르짖고 자연보호를 제창하며 장생불로(長生不老)를 추구하는 것은 신선신앙의 구체적 체현이다. 그리고 한반도도 역시 신선신앙의 분위기가 매우 짙은 지역이다. 그러므로 어떤 학자들은 도교의 신선신앙이 원래 한국으로부터 중국으로 전래되었다가 다시 중국으로부터 한국으로 전해졌다고 말한다. 이런 견해는 당연히 그 근거가 부족하다. 한국 성균관 대학의 최일범(崔一凡) 교수는 『한국 고대의 선도(仙道) 전통』이라는 논문에서 한국 선도문화의 연원을 찾아 올라갔다. 그는 한민족(韓民族)이 화이족(華夏族) 황제(黃帝)와 함께 중원(中原)에서 세력을 다투던 동이족(東夷族) 치우(蚩尤)가 건립한 군자국(君子國)에서 기원하여, 황하문명과 나란히 진보하여, 한자(漢字)를 사용하고 유불도(儒佛道) 삼교의 학술사상을 흡수하였다고 생각한다. 이런 토대 위에 형성된 풍류도(風流道)·화랑도(花郎道)·국선도(國仙道)는 삼교사상으로써 백성들의 교화를 견지하여 이런 전통이 오늘에 이르기까지 지속되고 있다. 한국 원광대학 김낙필(金洛必) 교수와 고려대학 심우경(沈愚京) 교수는 한국 고대에 신선사상의 맹아가 있었으며, 이런 원시적 신선사상이 중국에서 이미 체계적으로 형성되어 있던 신선사상의 영향 아래 한층 더 발전하였는데, 신선사상의 요소를 함유한 한국 고대사상을 고신도사상(古神道思想)이라고 부름으로써 후기의 체계적 신선사상과 구별한다고 분석하여 말한다. 고대 신선사상의 중요개념은 이른바 삼신산(三神山) 즉 봉래(蓬萊)·방장(方丈)·영주(瀛洲)는 진시황과 한무제가 모두 일찍이 방사(方士)의 미혹된 말을 믿고서 발해로 사람을 보내어 찾도록 하였다. 흥미를 끄는 것은 한국이나 일본 모두에서 삼신산 혹은 삼신산의 변형에 관한 견해가 있다는 것이다. 또한 어떤 학자들은 고대 중국인이 말하는 봉래 삼산이 바로 오늘날의 한국 일대를 가리킨다고 생각하는데, 이것은 계속하여 연구해볼 만한 제목이다. 요컨대 삼신산과 관련된 것이 세 나라로 전해진 것은 도교 신선신앙의 상호 영향과 상호 전파를 설명해 준다. 따라서 심우경 교수는 『동양전통정원문화와 신선사상』이라는 논문에서 중국·한반도·일본에서의 삼신산의 분포를 열거하였다. 예를 들면 한(漢) 무제(武帝) 때 장안(長安)에 건립한 상림원(上林苑) 곤명지(昆明池)와 조선(朝鮮) 평안남도(平安

南道) 중화군(中和郡) 진주지(眞珠池)·평양(平陽) 대성산성(大成山城) 안학궁산지(安鶴宮山池)·한국(韓國) 백제(百濟) 궁남지(宮南池) 및 일본 헤이안(平安) 조의 우리궁원지(羽離宮苑池)·차아천황(嵯峨天皇) 대택지(大澤池) 등의 고대 정원(庭園)이 그것이다. 이것들은 세 나라에서의 삼신산 개념이 일맥상통하는 관계임을 반영해 준다.

일본 대판시립대학(大阪市立大學) 야기충언(野琦充彦) 교수는 한·중·일 도교문화의 전파노선을 상세하게 고찰하였다. 그는 『고대일본과 도교』라는 글 속에서 일본의 어떤 학자들은 고대 일본의 종교가 외국의 영향을 받지 않았다고 생각하는데 이것은 사실과 부합되지 않는다고 지적한다. 불교의 일본에 대한 영향이 매우 클 뿐만 아니라 도교의 영향 역시 대량의 사실이 남아 있다. 그 예로 서기 5세기에 주금사(咒禁師, 태의: 太醫)가 백제에서 일본으로 건너왔다는 기록이 있는데, 이런 류의 의사는 방술을 이용하여 병을 치료하였다고 한다. 서기 6세기에도 기록이 남아 있는데 하늘로 용을 타고 날아 온 당나라 사람이 있다고 한다. 그는 또한 도교와 관련된 상세신(常世神) 신앙 역시 조선으로부터 일본으로 건네진 것이라고 생각한다.

신선신앙은 도교 조기(早期)교의의 중요한 특색이며 후기(後期) 도교의 경우는 자기 자신의 수련을 통하여 장생의 목적에 도달하려는 경향이 있다. 이것은 바로 내단(內丹)과 그 외 도교(道敎) 양생술(養生術)이다. 한국 학자들이 이번의 발표회 석상에서 제출한 논문은 이런 주제를 집중적으로 논의하였다.

내단술은 서기 8세기 이후에 형성되는데, 바로 이 시기는 신라인들이 중국으로 들어와 배움을 추구하던 절정기였다. 따라서 내단술은 탄생하자마자 신속히 한반도로 전해졌으며, 또한 부단히 새로운 내단사상을 흡수하여 자신의 내단사상을 형성하였다. 한국에서의 내단수련은 하나의 유행이자 심지어 하나의 전통이었다. 김낙필 교수는 『북창 정렴(北窓 鄭礦)의 내단사상(內丹思想)』이라는 글에서 15세기 한국의 내단을 수련하던 관습에 대하여 고찰하였다. 북창 정렴의 저술로부터 보면 당시의 한국인은 내단에 대하여 연구하였을 뿐만 아니라 직접 실천하기도 하였고, 또한 삼교합일의 이념을 관철하였다: "도교의 수련, 불교의 깨달음, 유교의 인륜을 병행하였다." 현대사회에 이르러서는 단학 대중화라는 경향이 출현하였다. 그리하여 많은 수도단체가 있을 뿐만 아니라 내단을 연구하는 수많은 학자들이 있어 저술이 많다. 이번에 회의에 참가하여 논문을 제출한 정재서·김영록·안덕해 교수 등은 중국의 유명한 도교학자 갈홍에 대하여, 도교 양생술 가운데 하나인 태극권에 대하여 모두 뛰어난 연구를 발표하였는데, 그 연구의 깊이는 심지어 중국대륙의 수준을 넘어서는 것이었다.

한·중·일 도교문화교류의 역사적 발자취를 돌아보건대 앞으로 삼국 도교문화교류의 미래를 전망하는 것이 이번 학술발표회의의 중요한 임무이다. 옛 장안에 소재한 섬서(陝西)지구는 일찍이 삼국문화교류에서 중요한 지위를 지니고 있어, 금후에도 여전히 마땅한 작용을 발휘할 것이다.

김가기가 바다건너 중국으로 건너온 이후로 지금까지 이미 십여 세기가 지났으므로, 한국·중국·일본의 상황에 매우 커다란 변화가 일어났으며 도교 역시 엄청난 변화를 겪었다. 즉 김가기 수도사적(修道事迹)을 기록하고 있는 마애석각에도 새겨 넣기, 증식으로부터 갈라지거나 침식됨, 무너져 떨어져나감, 잘라서 보관하는 과정을 겪었다. 서북대학 주위주(周偉洲) 교수, 섬서성 사회과학원 장응초(張應超)·왕서평(王西平)·진경부(陳景富) 연구원 및 광동(廣東) 신회시(新會市) 자운관(紫雲觀) 유사전(劉嗣傳) 도장(道長)이 각각 당대(唐代) 이후로부터 한국학자와 섬서 도교계, 학술계와의 밀접한 교류를 논술하였고, 섬서 근 몇십 년간의 도교연구의 학술성과를 소개하였다. 특히 김가기 마애석각에 대하여 성실한 고증을 하여, 김가기의 일생을 언급했을 뿐만 아니라 그 당시 장안의 도교를 숭상하던 분위기에 대해서도 소개한 바 있다. 마애석각 석제시기에 대하여 주(周) 교수는 송대(宋代)라고 생각하지만 진(陳) 연구원의 경우는 당말(唐末)이라고 생각한다. 그러나 이것은 계속하여 고증해갈 만한 흥미로운 문제이다. 당대(唐代)이건 송대(宋代)이건 간에 그것의 역사적 학술가치는 영원히 변치 않을 것이다. 이것은 최병주 회장이 『중한도교선적비』 제막의식에서 축사를 통하여 말한 것과 같다:

"한·중 선도문화의 교류는 우리 조상들이 일찍이 진행해 왔으며, 수많은 역사문헌들이 이런 사실을 기록하고 있습니다. 그러나 과거에 그 유적을 발견하지 못했었는데, 우리는 김가기 선인(仙人)의 유적을 발견하였습니다. 이 일은 한국 금선학회와 전체 수련회원에 대하여 매우 즐겁고 기쁜 일입니다."

마찬가지로 우리는 이번에 『중한도교선적비』 제막의식을 빌려 거행한 한·중·일 도교학술발표회의는 또한 하나의 이정표적 의미를 갖는 작업이다. 비록 한·중 도교 학술회의의 교류가 이것으로부터 새로운 장을 열었다고는 말하지 못하지만 적어도 섬서와 한국의 도교학술교류가 중단된 지 천년 후에 다시 새롭게 우호적인 교량을 건설하였다고는 말할 수 있을 것이다. 하지만 오늘 이후로부터는 이 교량을 통하여 해동해서(海東海西)의 도학연구가 하나로 맺어져 더욱 풍성한 성과가 나오기를 바란다.

2002년 12월

차 례

- 권두언 · 13
- 추천의 글 · 17
- 서문 - 번광춘 · 20

1_ 누관대에서의 성대한 모임

한·중·일 도교학술발표회 축사 / 양학의 · 33

섬서성 사회과학원 도학연구센터와
       한국 세계금선학회 공동주최 한·중·일 도교학술발표회 · 35

누관대에서 거행된 한·중 도교문화교류 제막의식 · 37

한·중 도교문화교류 제막의식 축사 / 최병주 · 39

한·중 도교문화교류 제막의식 축사 / 강병규 · 41

한·중 도교문화교류 제막의식 축사 / 임법융 · 42

2_ 종남산 선인의 자취를 찾아서

한·중 도교 선적비 · 47

장안 자오곡 김가기 마애비 연구 / 주위주 · 53

자오곡선적기 / 번광춘 · 78

3_ 해동과 도로써 맺은 인연

한국 고대의 선도 전통 / 최일범 · 87

고대 일본과 도교 / 야기충언 · 106

북창 정렴의 내단사상 / 김낙필 · 117

최치원과 도교 / 왕서평 · 140

4_ 고귀한 동양의 보물들

갈홍에 대한 소고
   (도교와 한의학에 미친 영향을 중심으로) / 김영록 · 177

갈홍 문학론 시탐 / 정재서 · 224

동양전통 정원문화와 신선사상 / 심우경 · 250

전통 양식태극권의 의료보건
   기리에 대한 초보적인 연구 / 안덕해 · 282

5_ 도의 숨결은 서로 이어져

개혁과 개방 그 20년 간의
   섬서도교문화에 대한 연구와 교류 / 장응초 · 301

서안과 한반도간의 도가 · 도교 문화의 교류 / 진경부 · 332

大道는 國境이 있을 수 없고
   仙學은 반드시 계승자가 있는 법 / 유사전 · 351

1

누관대(樓觀臺)에서의 성대한 모임

> 신선들의 고향 누관은 우수한 인재들을 길러내었구나. 관윤이 움집을 엮고, 노자가 도덕경(道德經)을 설하여, 하늘 아래 최고의 도림(道林)을 열었도다. 진시황이 누각(樓閣)을 세우고 한무제가 도관(道觀)을 설치하매 백대의 신선 인연이 그곳에서 널리 퍼지는구나. 당나라 황제 이씨는 먼 조상을 쫓아 숭상하며 누관을 종성(宗聖)이라고 고치고 도를 닦는 이들을 마치 종친(宗親)처럼 여기는 도다. 세상의 도가 변하여 푸른 바다가 뽕나무밭처럼 변하였다지만 도가 학술은 한결 같은 연원을 간직하는 도다. 오늘 성대한 모임이 열려 누관이 다시 들썩이고 중국과 한국의 새로운 비문 우뚝 서고 국제 교류가 다시 이어지는 도다. 경사스럽고 즐겁구나.
>
> — 편집자 수기

한·중·일 도교학술발표회 축사

· 양학의 ·
楊學義, 섬서성 사회과학원 부원장

오늘 한국·중국·일본의 전문가들이 누관대 도관에 모여 도교학술발표회를 개최합니다. 이것은 매우 뜻 깊으며 사람을 매우 즐겁게 만드는 일입니다. 저는 섬서성 사회과학원을 대표하고, 회의에 참석한 중국 측 전문가들을 대표하여, 먼 길을 오신 한국과 일본의 전문적인 학자들에게 열렬한 환영의 마음을 전하는 바입니다.

중국의 도교문화는 중화민족 전통문화의 중요한 구성부분으로서, 사회 신도들이 자신의 몸을 닦고 성정을 도야하며 그들에게 심리적인 안위와 의지처를 제공하는데 일정 부분 공헌하였습니다. 사회가 발전한 오늘날에도 도교는 여전히 특정한 신앙문화로서 나라를 지키고 안정시키며, 신도들을 교화하고 국제간 문화를 교류하는 의의를 지니고 있습니다.

최근 몇 년간 한국·중국·일본의 전문적인 학자들이 도교·불교·유교문화에 대하여 몇 차례의 학술토론회를 개최하였습니다. 모든 학술 토론회는 학술 교류를 촉진시키고, 연구 분위기를 활발하게 하며, 연구자료를 교환하여, 도교·불교·유교문화 연구의 심화를 부단히 촉진시키기 위한 매우 중요한 작용을 발휘했습니다.

이런 학술토론회에서 한국과 일본학자는 매우 수준 높은 학술소양과 근실한 연구 분위기를 나타내 주었습니다. 자료발굴의 깊이와 엄밀한 논리적 추리 그리고 진지한 현장고증은 모두 우리들에게 깊고 아름다운 인상을 안겨 주었습니다.

섬서의 도교·불교·유교문화에 대한 연구는 중국에서 매우 영향력을 지니고 있고 상당한 지위를 차지하고 있으며, 전체 성에서 유명한 그리고 전국적으로 이름 있는 적지 않은 전문학자를 배출하였으며, 또한 수많은 전문서적을 출판하고, 대량의 종교문화연구의 논문·보고서·대책 건의서를 발표하였습니다. 섬서는 종교문화연구의 자료축적 방면에서 매우 우세하며, 또한 한·중·일 삼국의 문화교류를 간절히 바라는 전문가들이 있으며, 더욱이 수많은 도관과 사원이 있으므로 종교문화방면에 틀림없이 풍성한 결실이 이어질 것이라고 말할 수 있습니다.

오늘 우리는 김가기전비(金可記傳碑) 제막의식을 거행하였으며 또한 학술발표회를 개최하여 성위원회 통전부·성종교국·주지현 정부·누관대 도관 및 덕망이 높은 이들의 큰 도움과 지지를 얻었습니다. 저는 회의에 참석하신 모든 중외학자를 대표하여 이에 충심으로 감사를 드리며 아울러 학술발표회가 열렬히 성공적으로 원만하게 개최되기를 축원하는 바입니다. 이와 더불어 저는 또한 한국과 일본의 전문학자들이 섬서로 많이 오고, 서안으로 많이 와서, 우리들이 공동으로 김가기 선인의 뛰어난 전통을 드날리어, 우리 사이의 교류와 협조가 더욱 깊어져, 한국·중국·일본 이 세나라 종교문화연구를 위하여 손을 맞잡고 함께 전진할 수 있기를 진심으로 바랍니다. (2002년 8월 24일)

섬서성 사회과학원 도학연구센터와 한국 세계금선학회 공동주최 한·중·일 도교학술발표회

섬서성 사회과학원 도학연구센터와 한국 세계금선학회가 공동으로 개최한 한·중·일 도교 학술발표회는 2002년 8월 24일 오후에 누관대(樓觀臺) 백운선장(白雲仙庄)에서 거행되었다. 한국과 일본에서 온 9명의 학자와 서안·광동의 5명의 종교연구학자가 회의에 참가하였다. 섬서성 사회과학원 부원장 양학의(楊學義), 섬서성 사회과학원 과연처 처장 장민생(張敏生)·부처장 양요(楊遼)가 회의장에 와서 축하해 주었다.

발표회는 섬서성 사회과학원 도학연구센터 주임인 번광춘(樊光春) 연구원과 한국 경희대학교 안덕해(安德海) 교수가 진행을 맡았다.

양학의 부원장은 축사 속에서 먼 길인 섬서로 온 한국과 일본의 학자들에게 열렬한 환영을 표시해 주었다. 그는 한·중·일 삼국의 유구한 역사 속의 문화와 학술교류의 역사를 간결하게 거슬러 올라가고, 아울러 삼국학술교류 방면에서 섬서의 중요한 지위에 대하여 언급하였다. 한일 두 나라 학자들이 중국도교를 연구하는 열정에 대하여 경의를 나타내었다. 이 번의 짧은 기간 동안의 학술교류활동을 통하여, 세 나라 사이의 학술교류가 진일보 발전을 촉진하고, 더불어 두 나라 학자가 금후로 섬서성 도교·학술계와의 교류와 협조가 더욱 공고해지기를 환영하였다.

  회의는 모두 학술논문 12편을 거두어 들였다: 한국 원광대학 김낙필 교수의 『북창 정렴의 내단사상』·중국 서북대학 주위주 교수의 『장안 자오곡 김가기 마애비 연구 및 교류』·일본 대판시립대학 야기충언 교수의 『고대 일본과 도교』·한국 성균관대학 최일범 교수의 『한국 고대의 선가 전통』·섬서성 사회과학원 장응초 연구원의 『개혁개방 20년 간 섬서의 도교문화연구』·한국 이화여자대학 정재서 교수의 『갈홍의 문학론 시탐』·섬서성 사회과학원 왕서평 연구원의 『최치원과 도교』·한국 고려대학 심우경 교수의 『동양전통정원문화와 신선사상』·섬서성 사회과학원 진경부 연구원의 『서안과 한반도 간의 도가도교문화의 교류』·한국 경희대학 안덕해 교수의 『전통 양식 태극권(楊式 太極拳)의 의료보건 기리(機理)에 대한 초보적 연구』·한국 의학박사 김영록의 『갈홍 신선사상의 한의학에 대한 영향』·광동 신회시 자운관 유사전 주지의 『대도는 국경이 없으며 선학은 중개인이 있다』 주위주 교수·정재서 교수·왕서평 연구원은 사정으로 인해 회의에 참석하지 못하였고, 그 외 회의에 참석한 세 나라 학자들은 논문개요를 선독하였다.

누관대에서 거행된 한·중 도교문화교류 제막의식

종남산에서 수도한 신라사람 김가기의 사적을 기념하기 위해, 섬서성 도교협회와 한국 세계금선학회가 공동으로 주최한 한·중 도교문화교류 제막의식이 2002년 8월 24일 누관대에서 거행되었다.

상오 11시 경, 예포 소리와 함께 의식이 진행되었다. 한국과 일본으로부터 온 도교학자와 섬서성 도교계의 대표, 그리고 섬서성·서안시와 주지현의 각계 인사·신문기자 200여명이 의식에 참가하였다. 섬서성위 통전부 위화영(魏華榮) 처장·섬서성 종교국 마서평(馬西平) 순시원(巡視員)·섬서성 종교국 임민호(林民虎) 부처장·섬서성 사회과학원 양학의(楊學義) 부원장·주지현(周至縣) 정협주석 정지학(鄭志學) 등이 제막의식에 자리하였다.

의식은 섬서성 도교협회 부회장 원신승(員信升)이 사회를 맡아 진행하였다. 그는 우선 섬서성 도교계를 대표하여 먼 길을 와서 의식에 참가한 한국과 일본의 벗들에게 열렬한 환영을 표시하였으며, 또한 한·중 도교문화교류비를 새겨서 세우게 된 경과를 간단히 소개했다. 한·중 도교문화교류비는 또한 흥융비(興隆碑)라고도 이름하는데, 그것은 당대(唐代)에 중국에 남아 공부하여, 진사시에 붙었지만 그 뒤 종남산 자오곡에 은거하며 수도하여 등선했다는 신라인 김가기 선생의 사적을 기록하고 있는데, 후대에 도를 즐겨 찾는 자가 이 역사적 사실을 자오곡에서 돌에 새겨 표시해 두었다고 말한다. 서기 2001년 한국 금선학회 최병주 회장이 섬서로 와서 신라인이 학문을 추구하며 도를 닦던 유적을 찾고자하여, 섬서성의 사회과학원 도학연구센터 변광춘 연구원 등을 특별히 청하여 몇 차례 자오곡을 탐방하였다. 종남산에서 수도하며, 중화 도덕을 숭상하고 헌신한 김가기 선생의 성대한 사업을 기념하기 위해, 한국 금선학회와 섬서성 도협협상 및 보당지 정부의 동의를 거쳐, 종남산 노자설경대(老子說經臺) 아래에 다시 돌을 세워 기념하기로 결정하였다. 이 번 한·중 문화교류비의 건립은 한·중 도교교류가 새로운 발전단계로 진입하였음을 나타내준다. 우리들은 한·중 도교의 우의가 오래도록 지속되어, 한·중 두 나라 국민들이 대대로 좋은 관계를 유지하기를 축원한다.

중국도교협회 부회장이자 섬서성 도교협회 회장인 임법융, 한국 금선학회 회장 최병주, 한국 서울대학 교수 강병규, 주지현 정협주석 정지학이 차례로 축사를 하였다. 임법융 회장과 최병주 회장이 공동으로 한·중 도교문화교류비 게비를 하였다.

최병주 회장은 또한 임법융 회장 등에게 기념품을 증정하였다.

제막의식 마지막에 한국 가수 정회석(鄭會石)이 한국 민요를 불렀다. 누관대 경악단(經樂團)은 한국 금선학회를 위하여 기상법회(祈祥法會)를 거행하였다.

섬서에 와서 제막의식에 참가한 한일 양국의 인원 일행 38명은 또한 서안에 도달한 당일 오후에 장안현 자오곡을 참방하였다.

한·중 도교문화교류 제막의식 축사

· 최병주 ·
한국 세계금선학회 회장

오늘은 매우 즐거운 날입니다.

먼저 중국 도교협회 부회장이자 섬서성 도교협회 회장이신 임법융(任法融) 도장님, 그리고 먼 길을 오신 일본 대판시 야기충언(野崎充彦) 교수님과 각계 내빈 여러분께 감사드립니다.

오늘 저는 김가기 선인 기념비 제막식에서 축사를 하게 되어 무궁한 영광이라고 생각합니다.

본인은 현재 한국 금선학회라는 자리에서 한국의 전통적인 선도문화의 발전과 계승을 위하여 열심히 노력해 왔습니다. 그와 동시에 한·중·일의 문화교류를 위해 많은 사업을 해왔습니다.

한·중 선도문화교류는 우리 조상들이 일찍이 진행해 왔으며, 이런 사실들은 많은 역사 문헌들에 기록되어 있습니다. 그러나 과거에는 이런 유적들을 발견하지 못하여 우리는 매우 안타깝게 생각하고 있었습니다. 이와 같은 시기에 우리는 김가기 선인의 유적을 발견하게 되었습니다. 이 일은 한국 금선학회 회원과 모든 도를 닦는 사람들에게 매우 즐겁고 기쁜 일인 것입니다.

한·중·일 도교 문화의 선조이신 김가기 선생을 기념하고, 도교문화를 교류하기 위해, 오늘 우리는 이 자리에 모였습니다.

마지막으로 한·중·일 세 나라의 도교문화의 교류가 지속적으로 널리 발전해가기를 기원합니다.

바쁘신 와중에도 이 활동에 참석해 주신 국내외 빈객과 도우 여러분, 그리고 이 지역 주민 여러분께 다시 한 번 감사드립니다. 그리고 먼 길을 마다하지 않으시고 찾아 주신 일본 야기충언 교수님께 재차 감사의 말씀을 드립니다.

(2002년 8월 24일)

한·중 도교문화교류 제막의식 축사

· 강병규 ·
江秉奎, 한국 서울대학교 교수

2,500년 동안, 노자의 도교사상은 줄곧 동양문화에 영향력을 끼쳐오고 있습니다.

오늘 중국 도교문화의 성지인 종남산 누관대에서 신라시대 김가기 선인의 기념비 제막의식과 학술교류회를 거행하여, 국내외 귀빈 및 이 지역주민과 더불어 이런 의식을 진행할 수 있게 되어 매우 즐겁습니다.

한국 금선학회는 천인합일(天人合一), 성명쌍수(性命雙修)의 학술단체로서, 이 의식의 주관하신 최병주 회장님을 중심으로 한국의 전통 선도문화를 발전시키기 위해 언제나 노력하고 있습니다.

이제 수 년간의 노력이 마침내 그 결과를 얻게 되었습니다. 저는 최병주 회장님을 대표하여 우리들의 즐거움과 감개무량함을 다시금 밝히는 바입니다.

오늘은 한·중·일 이 세 나라의 인인(仁人), 지사(志士)가 함께 모여, 우리 세 나라 사이에 새로운 이정표를 만들고 있습니다.

저의 축사는 이것으로 끝맺고자 합니다. 여러분 감사합니다!

(2002년 8월 24일)

한·중 도교문화교류 제막의식 축사

· 임법융 ·
전국 정협위원, 중국 도교협회 부회장, 섬서 도교협회 회장

존경하는 지도자 여러분,
그리고 경애하는 해외의 벗과 가빈(嘉賓) 여러분!
안녕하세요!

저는 섬서성과 누관대 도교인사를 대표하여 여러분의 왕림에 대하여 열렬한 환영의 뜻을 전합니다.

우리 국민은 중국 지도자의 뛰어난 지도력 아래, 오늘날 훌륭한 정치로 인심이 부드러워지는 문명성세를 맞이하였습니다. 더욱이 가을 하늘이 맑고 날씨가 상쾌하며, 바람이 부드럽고 햇살 고운 중추절에, 노자가 경을 설하던 신성한 곳의 바로 아래 흥륭비를 세워 신라사람 김가기를 기념하기 위해서입니다. 이것은 아마 한·중의 우의를 위해 적극적 추진작용을 일으킬 것입니다.

각계 지도자 내빈 여러분, 인류의 문명발달은 문화사상의 깊고 얇음으로 인해 그 생명의 길고 짧음이 정해지는 것입니다. 국제적으로 일찍이 수많은 오래된 문명이 존재하였지만 왜 그리 길지 않은 시간에 곧 서로 사라지거나 몰락한 것일까요. 아마도 그 문화

가운데 심후한 도덕사상이 없었기 때문에, 자연계 사물의 변화발전에 대하여 밝고 고상한 이론이 없었던 까닭에 역사의 거친 파도의 흔들림을 견뎌낼 수 없었을 것입니다. 우리 중국의 오랜 문화가 장구한 세월을 거쳤지만 쇠퇴하지 않는 이유는 우리의 오랜 문화 가운데 도(道) 문화의 버팀목이 있기 때문입니다. 도 문화는 노자사상을 핵심으로 삼아, 공자 유가사상과 줄곧 중국문화의 골간을 이루어 왔습니다. 노자사상 속에서 말하는 도덕의 함의는 천지를 싸안고 뭇 생명을 길러내어 포용하지 않는 것이 없으므로 그것은 밖으로 그 보다 바깥이 없으며, 안으로 그 보다 속이 없습니다. 따라서 지역의 구분이나 현우귀천의 구별이 존재하지 않습니다. 그래서 노자 도덕사상에 대하여, 이역 타국이든 아니면 존비 영욕이든 관계없이, 그것을 연구하는 이는 반드시 궁구할 수 있으며 그것을 닦는 이는 성취가 있게 되는 것입니다. 그러므로 우리나라는 당대(唐代)에 노자라는 책을 일찍이 신라국 국왕에게 증송하여, 신라는 위로는 국왕에 이르고 아래로는 평민에 이르기까지 한결같이 이것을 아끼고 연구하며 닦았습니다. 신라인 김가기 선생은 노자를 연구하여, 우리나라에서 그 뿌리와 조상을 찾고자, 종남산 및 누관대로 깊숙이 들어가 20여 년을 머물었습니다. 황천(皇天)은 각고의 노력을 하는 이를 저버리지 않아, 신선을 희망하고 신선을 배워 마침내 봉도(蓬島)로 돌아갔습니다. 도가 맑고 고요하며, 덕도 맑고 고요하면 요대(瑤臺)를 향해 올라갑니다. 도를 닦아 이룬 사람인 신라인 김가기 선생은 그 하나의 예시라고 할 수 있습니다.

　각계 지도자, 각계 내빈 여러분! 오늘 노자가 경을 설한 성지에 홍륭비를 세우는 것은 한·중의 우의에 대해 매우 큰 촉진작용을 일으킬 뿐만 아니라 우리나라의 유구한 역사 및 노자의 도덕사상을 크게 드날리게 됩니다. 이것과 더불어 세상의 평화, 사회의 안정 그리고 인간의 심성정화에 대해 값으로 매길 수 없을 정도의 영향력이 일어납니다. 각계 지도자 각계 내빈 여러분! 이로부터 이후로 세계 각국의 국민들이 중국을 이해하게 되고 중국을 인식하게 되어 중국으로 달려오게 될 것이며, 이것과 동시에 중국의 도 문화 및 노자의 도덕사상이 그 시기와 함께 발맞춰 나가게 되어, 세계의 두 문명을 위해 그에 합당한 작용을 발휘하게 될 것입니다.

(2002년 8월 24일)

2

종남산 선인의 자취를 찾아서

> 진령 북쪽 산기슭을 향하고 있으므로 종남이라 이름하였으니 이른바 천하의 명당자리이다. 종남산 지역은 옛 수도이었던 장안과 근접하여, 당대에는 은거하며 벼슬에 나갈 때를 기다리는 사람들이 생겨나자, 높은 도를 이룩한 사마승정(司馬承禎)이 이것을 '종남산이 지름길'이라 비아냥거렸다. 하지만 이 산 중에는 참으로 도를 닦으며 은거했던 이들 또한 적지 않았다. 그 예로 의약의 왕 손사막(孫思邈)과 두보의 벗이었던 원일인(元逸人) 등을 말할 수 있다. 신라 김가기의 경우는 장안의 도교가 흥성기에서 쇠퇴기로 변하는 시기의 '외국인 도사(洋道士)'였다.
>
> — 편집자 수기

한·중 도교 선적비

김가기전(金可記傳)

김가기는 신라 사람이다. 외국인의 과거시험인 빈공과(賓貢科)에 합격한 진사(進士)이다. 성격은 침착하고 조용하며 도를 좋아하였으며, 화려하거나 사치스런 것을 높이지 않았다. 때로는 호흡술이나 신체를 단련하는 것으로 자신의 즐거움으로 삼았다. 학문을 두루 섭렵하였고 기억력이 좋았으며, 지은 글들이 맑고 아름다웠다. 용모와 자태가 뛰어났으며 행동거지와 언어행위가 매우 중국적인 모습을 지니고 있었다. 마침내 과거에 급제하였지만 종남산 자오곡 가운데 숨어살며, 은일자적 하는 삶에 뜻을 품었다. 손수 심은 기이한 꽃과 과수가 매우 많았다. 언제나 향을 사르고 고요히 정좌하여 있음에 마치 어떤 사념에 젖어 있는 듯 하였다. 또한 도덕경과 여러 선경들을 끊임없이 칭송하였다. 3년이 지난 뒤, 본국으로 돌아가고자 하여 배를 타고 떠났다. 다시 돌아와 도사의 의복을 입고 마침내 종남산으로 들어갔다. 힘써 음덕을 실천하였으며 사람들이 원하는 것이 있으면 그것을 막는 일이 없었다. 부지런하고 성실히 자신의 일에 힘쓰며 사람들과 함께 지냈다. 대중(大中) 11년 12월에 갑자기 황제에게 표를 올려 말하였다: "신은 옥황상제의 조서를 받들어 영문대(英文臺) 시랑(侍郎)이 되었습니다. 다음 해 2월 25일에 하늘로 올라갈 것입니다." 그 당시 선종(宣宗)은 그것을 신기하게 여겨, 중사(中使)를 파견하여 궁(宮) 안으로 들어오라고 하였지만 그는 극구 사절하고 나가지 않았다. 또한 옥황상제의 조서를 보여달라고 하자, 거절하며 그것은 다른 신선이 관장하며 인간들 사이에는 남겨두지 않는다고 말하였다. 이에 마침내 네 사람의 궁녀와 향약(香約), 금채(金彩)를 하사하였다. 또한 중사(中使) 두 사람을 보내어 그를 잘 모시게 하였다. 그러나 김가기는 홀로 조용한 방에 기거하며 궁녀나 중사가 접근하지 못하도록 하였다. 매일 밤 방안에서 항상 어떤 사람과 담소를 나누는 소리가 들렸다. 중사가 몰래 이것을 엿보았지만 선관(仙官)과 선녀(仙女)가 각각 용과 봉황의 위에 앉아 단정히 서로 마주해있는 것을 보았을 뿐이다. 또한 시위(侍衛)가 많이 있었지만 궁녀와 중사는 번번이 놀라지 않았다. 2월 25일, 봄이 완연하여 경치가 아름답고, 꽃과 풀이 활짝 흐드러지게 피어 있었다. 과연 오색구름이 일어나고, 학이 우는 소리가 들리고 큰 백조가 날며, 퉁소와 생황소리가 났다. 새 깃털로 덮개를 장식하고 옥으로 만든 바퀴로 끄는 수레가 나타나고 온 하늘을 오색찬란한 깃발로 물들였다. 선인을 호위하는 무기가 지극히 많은 가운데 하늘로 승천하였다. 행렬을 이뤄 구경하던 선비와 사람들로 산골짜기를 가득 메웠다. 그들은 이 의식을 보고 그 신기함에 탄성을 발하지 않는 이가 없었다.[1]

---

1) 金可記, 新羅人也. 賓貢進士. 性沈靜好道, 不尙侈華, 或服氣練形, 自以爲樂, 博學强記, 屬文淸麗. 美姿容, 擧動言談, 逈有中華之風. 俄擢第, 于終南山子午谷中葺居, 懷隱逸之趣. 手植奇花異果極多, 常焚香靜坐, 若有思念. 又誦『道德』及諸仙經不輟. 後三年, 思歸本國, 航海而去. 復來, 衣道服, 却入終南, 務行陰德. 人有所求, 初無阻拒, 精勤爲事, 人不可偕也. 唐大中十一年

두보가 원일인(元逸人)의 현도단(玄都壇)을 기리는 노래

오래 전에 나의 벗이 동몽봉에 숨어 지내더니,
벌써 순수하고 늠름한 기상을 지녔더라.
이제 벗이 자오곡에서 은일하며,
외로이 벼랑 끝에 띠풀로 엮어 초막을 지었더라.
오랜 옛적부터 전하는 현도단(玄都壇)이 초막 앞에 자리하고,
이끼 낀 푸른 바위는 오늘도 그 자리에서 찬바람을 맞는구나.
밤새 두견새 울음 산 대나무 갈라지 듯 애절하며,
낮이면 서왕모 구름 깃발 휘날리며 하늘에서 내려오는구나.
그대의 간곡하고 정성스런 맘 늘 변함 없음을 아노니
영지와 옥돌이 날로 자라나는 구나.
쇠고랑이 높이 드리워져 오를 수 없다하여도
몸은 이미 명당에 두었으니 그 어찌 쓸쓸하리오.

자오곡(子午谷) 홍융비(興隆碑) 중각기(重刻記)

자오곡은 장안현 경계선인 종남산 북쪽 기슭으로, 옛날 자오도(子午道) 북쪽 입구에 자리하고 있다. 골짜기 안은 뛰어난 경치가

十二月, 忽上表言: "臣奉玉皇詔, 爲英文臺侍郎, 明年二月二十五日當上升." 時, 宣宗極以爲異, 遣中使征入內, 固辭不就. 又求玉皇詔, 辭以爲別仙所掌, 不留人間. 遂賜宮女四人, 香藥・金綵, 又遣中使二人專伏侍者. 可記獨居靜室, 宮女・中使多不接近. 每夜, 聞室內常有人談笑聲. 中使窺之, 但見仙官・仙女各坐龍鳳之上, 儼然相對, 復有侍衛非少. 而宮女・中使不敢輒驚. 二月十五日, 春景妍媚, 花卉爛漫, 果有五雲・唳鶴・翔鸞・白鵠・簫笙・金石・羽蓋・瓊輪・幡幢滿空, 仙杖極衆, 升天而去. 朝列士庶, 觀者塡隘山谷, 莫不瞻禮嘆異.

많아 도를 수련하기에 적합한 곳이다. 골짜기 입구로 5리 정도를 들어서면 두 개의 강을 사이로 우뚝 서 있다. 기이한 봉우리는 백 길이나 되고 소나무는 빽빽이 들어차 해를 가릴 정도이며 들쭉날쭉 널려있는 바위는 구름을 뚫을 듯하다. 산봉우리 정상에는 푸른 빛을 머금은 돌들이 쌓여있어 그 마을 사람들은 석루산(石樓山)이라 부른다. 산꼭대기에 예전에는 집이 한 채 있었는데 그것은 아마도 그 옛날의 현도단(玄都壇)일 것이다. 봉우리 앞에는 계곡 물이 굽이쳐 흐르는데, 동쪽 절벽을 괴아애(拐兒崖)라고 부르며, 그 곳에 마애고각(摩崖古刻)이 있다. 40년 전 공공도로를 닦으면서 절벽의 돌이 계곡 속으로 떨어졌으나 다행히 석각(石刻) 본체는 하자가 없이 온전하다. 십여 년 전 서북대학 이지근(李之勤) 교수가 자오 고도(子午 古道)를 살피다가 이곳의 석각을 발견하였다. 그 후 같은 학교 주위주(周偉洲) 교수의 고증을 거쳐 송대의 유적이라는 것을 확인하였다. 석각 전반부의 내용은 두보의 시이고, 그 시 가운데 기록된 원일인(元逸人)은 누구인지 고증할 수는 없지만 당대(唐代) 종남산의 은사(隱士)임이 마땅하다. 본각 본체부분은 김가기의 전기로서, 남당(南唐) 심분(沈汾) 『속선전(續仙傳)』을 근거로 줄여서 쓴 것이다. 김가기(金可記)는 김가기(金可紀)라고 쓰기도 하며, 신라인으로 당 개성(開成) 연간에 당나라에 유학하여 진사시험에 합격하였다. 그 후 종남산에 은거하며 수도생활을 하다가, 대중(大中) 연간에 자오곡에서 등선(登仙)하였다는 것이 『속선전(續仙傳)』, 『태평광기(太平廣記)』 및 『역세진선체도통감(歷世眞仙體道通鑒)』에 기록되어 있다. 『전당일시(全唐逸詩)』는 김가기가 선유사(仙遊寺)라는 제목의 일시(佚詩) 잔구(殘句)를 기록하고 있으며,

『전당시』는 시인 장효표(張孝標)의 『신라로 돌아가는 김가기를 보내며(送金可紀歸新羅)』라는 시를 담고 있다. 후세에 도를 즐겨 닦는 사람이 이 역사적 사실을 절벽을 깎고 돌에 새기었으며, 또 어떤 이는 그 새긴 주변부분의 선을 비석모양으로 만들고서, 이것을 홍륭비라고 이름하였다. 서기 2000년 가을 색이 짙어갈 무렵 한국 금선학회 최병주 회장이 섬서로 와서 신라인이 입당구학(入唐求學)하던 유적을 찾고자 하였다. 특별히 섬서성 사회과학원 번광춘(樊光春) 교수를 청하여, 그와 함께 자오곡을 탐방하였다. 필자는 금선학회와 학술 교류의 일이 있어 다행히 함께 동행하였었다. 최선생은 신라인 입당 유학생 최치원의 제 30대 손으로, 20년 가까이 중국 도교 명산을 두루 돌아다니며 금단선학과 관련된 여러 저작을 번역 출판하였다. 서력 1997년 처음 누관을 방문하고, 그것을 이어 임범융 대사의 『도덕경석의(道德經釋義)』 및 유사전 도장의 『무당삼풍태극권(武當三豊太極拳)』이라는 두 권의 저작을 번역 출판하는 일을 조직하여, 한국 금선학회는 또한 누관과 문화교류를 건립하였다. 이 번에는 자오곡으로 들어와, 고각(古刻)을 높이 우러러 보며, 세상 시름을 자연산수 가운데 잊고 기쁘게 보내는 가운데 문질러보고, 길이를 재어보고, 촬영해 보기도 하였다. 그 거대한 돌덩이를 옮기기 어렵기 때문에 마침내 생각을 바꿔 다시 그것을 새기고자 하는 뜻을 품게 되었다. 그와 이별할 때 특히 번교수에게 그를 대신하여 비석을 탁본할 계획을 짜줄 것을 당부하였다. 초겨울에 번교수는 섬서성 도교협회 진법영(陳法永) 부회장과 고혜법(賈慧法) 부비서장을 초대하였다. 그들은 풍상을 무릅쓰고 연일 분주히 움직여 마침내 비문의 탁본제작을 완수할 수 있었다. 재차 고증을 거쳐, 원래 비문의 곳곳이 흐려지거나 마모되어 분명하지 않은 곳은 『속선전』과 『태평광기』 김가기 전의 원문에 비추어 교감하였다. 누관대 감원조리(監院助理) 임흥지(任興之)의 주재로, 홍융비(興隆碑)를 중각하여 누관에 세웠다. 최병주 회장 및 한국 금선학회는 또한 감개무량하게도 자금을 지원하여 누관에서 한·중 도교문화 학술교류회를 개최하여, 한·중·일 세 나라의 학자가 종남산 누관에 모여, 다시 학술교류의 아름다운 이야기를 이었으며, 그것과 더불어 논문을 모두 모아 출판·발행하였다. 참으로 이른바 앞에는 옛 신선이 있으며 뒤에는 학자가 있다는 말이다. 중국과 한국 이 두 나라는 산수가 서로 의지하고 있으며, 문맥(文脈)과 도맥(道脈)이 일맥상통(一脈相通)한다. 오늘 성대한 모임을 맞이하여, 돌을 세워 기록하여, 두 나라 사이의 우정이 영원히 지속되기를 바란다.

중국 도교협회 부회장·섬서성 도교협회 회장 임법융
섬서성 사회과학원 도학연구센터 주임 번광춘
한국 원광대학교 동양대학원 원장 김낙필
한국 이화여자대학교 중문과 교수 정재서 교열하고,
섬서성 도교협회 이사·누관대 유사전 글을 짓고,
섬서성 비림박물관 연구원 석양 단(丹)으로 쓰다.
공덕주: 한국 금선학회 회장 최병주
섬서성 도교협회 부비서장·누관대 감원조리 임흥지 도중(道衆)을 지휘하여 돌을 세우다.

서력 2002년 8월 24일

장안 자오곡 김가기 마애비 연구

· 주위주 ·
周偉洲, 서북(西北)대학 서북사(西北史)연구실 교수

1. 마애비의 재발견과 연구개관

　1987년 6월, 서북대학 이지근 교수는 섬서성·서안시·장안현 통청국 관련인사들과 함께 옛 자오도(子午道) 북구(北口)를 재차 살펴보았다. 이 곳은 현 장안현(長安縣) 자오진(子午鎭) 남자오협(南子午峽) 북구(北口) 안에 있는데, 그들은 협구 내 약 3킬로미터 즉 괴아애라고 부르는 지점의 시냇물 옆에서, 절벽 위로부터 시냇물 옆으로 떨어져 들어 간 화강암 거석을 발견하였다. 그 거석은 시냇물 산벽 경사면 위에 기대어 있었는데 그 곳에는 음각한 한문이 있었다. 이것이 이른바 '신라인 김가기 마애비'이며, 또한 이 비의 재발견인 것이다.
　같은 해, 이지근 교수는 『자오도의 노선과 개선문제를 재론함(再論子午道的路線和改善問題)』이라는 글을 발표하여, 서북대학 서북역사연구실에서 펴낸 『서북역사연구(西北歷史研究)』 1987년호에서 간행하였고, 1989년 삼진출판사(三秦出版社)에서 출판하였다. 글 속에서 자오곡과 관련 있는 김가기 마애석각에 대하여 피력하였으며 또한 각문(刻文) 및 김가기에 대한 간략한 소개를 하였다. 그 후 이 마애석각은 점차로 중외학자들의 관심과 흥미를 이끌어 내게 되었다. 한국 고려대학교 변인석(卞麟錫) 교수는 여러 차례 서안으로 와서 장안현 자오곡 및 김가기 마애비를 탐색하고서, 그와 관련된 논문을 차례로 써내었다. 예를 들면 『당 장안과 한국 유관유적의 고찰(二) - 신라인 진선 김가기와 『속선전』에 대한 문헌학적 고찰』(『인문논총』 제7집, 아주대학교, 1996년), 『신라인 진선 김가기의 종남산 은둔・승천지・마애각문에 대한 고찰 - 당 장안과 한국 유관 유적의 고찰(三)』(백산학보 제48집, 백산학회, 1997년)[2], 『김가기 마애각문 재론』(백산학보 제53집, 1999년)과 같은 것이 그것이다. 2000년 변인석 교수는 한국에서 『장안의 신라사적』이라고 제목을 붙인 한 권의 책을 출판하였는데, 그 가운데 일부분은 이 마애각석을 전문적으로 논의하고 있다.(제272-340쪽) 이 외에도 1999년 서북대학 이건초(李健超) 등이 지은 『섬서에서 새롭게 발견한 고구려인과 신라인 유지(陝西新發現的高句麗人新羅人遺址)』(『고고여문물(考古與文物)』, 1999년 6월)라는 글에서 김가기 및 마애석각의 연대문제에 대하여 약간의 설명과 추측을 하였다.

  그러나 자오곡 괴아애 거석 위의 마애각석 위에 도대체 몇 자나 새겼으며(즉 완전한 기록문), 각 단 문자의 상호관계는 어떠한가? 무엇 때문에 자오곡에 간각하였으며, 어느 시기에 새겨 넣었으며,

---

2) 이 글은 또한 『第二次 韓國傳統文化 學術研究討論會(文化卷)』(中國杭州大學 韓國研究所, 1997年, 제102-117쪽)에서 간행되었다.

왜 그것을 비(碑)라고 부르는 것일까? 이런 일련의 문제에 대하여 위의 논저들은 아직 완전한 해결을 제시하지 못하고 있다.

2. 마애비의 기록문과 연구

2000년 3월 필자와 서북대학 문박학원(文博學院) 주효육(周曉陸)·고맥명(賈麥明) 등은 두 차례 괴아애로 가서 고찰하고, 매우 힘든 상황 아래 거석 경사면으로부터 모든 문자를 탁본하였다. 현재 탁본과 연구조사를 근거로 얻어낸 마애석각의 문자를 이곳에 인용하면 다음과 같다:

시대 및 석각문자의 경중으로부터 보면 석각 정중의 본체부분은 넓이가 1.9m, 높이가 2m로서 모두 12행(제목을 포함하여)이고, 각 행마다 19-20자로 고르지 않다:

1. 杜甫贊元逸人玄壇家
2. 故人昔隱東蒙峰, 已佩含景蒼精龍. 故人令居子午
3. 谷, 獨向陰巖結茅室. 室前太古玄都壇, 靑石漠漠長
4. 風寒. 子規夜啼山竹裂, 王母晝下雲旗翻. 知君此計
5. 誠長往, 芝草琅玕日應長. 鐵鎖高垂不可攀, 致身福
6. 地「何」「蕭」「爽」[3] 金可記傳 金可記者, 新羅人.
7. 宣宗朝「以」「文」章賓于國, 遂擢進士第. 性沈默, 有意于
8. □□□□□因隱終南山子午谷. 好*(花)果, 于所□□

---

[3] 이 세 글자는 이미 희미하며 잘 보이지 않는다. 이것은 『全唐詩』 권216 두보의 「玄都壇歌에 의거하여 보충한 것이다.

9. □□□□□□及煉形服氣. 凡數年, 歸本國. 未幾
10. □□□□□□□隱修養愈有功. 大中十一年十二□□
11. □□□□□言奉玉皇詔, 爲英文臺侍「郞」. 明年二月二
12. □□□□□上昇. 宣宗異之, 詔, 不起. 又索玉皇詔, 辭以
13. □□□□□□遣中使監護. 可記獨居□□□□
14. □□□□□□□中使竊窺之, 見仙官□□□□
15. □□□□□□肅. 及期, 果有五雲□□□□□
16. 滿空. 須臾升天「而」去.

이상의 글자는 모두 8×8cm이고 서체는 당대(唐代) 안진경(顔眞卿)체에 가까우며 해서(楷書)이다. 그리고 전체 각석의 오른쪽 하단 모서리에(즉 각석의 제목 아래 쪽) 또한 본체의 문자와 크기와 서체가 동일한 네 개의 글자 즉 '전사유예(轉寫劉禮)'가 새겨져 있다. 석각 본체에서 인용한 두보 시 및 김가기전이 모두 기존의 시문이므로 이것을 '전사(轉寫: 옮겨 적다)'라고 부를 수 있다는 것을 감안해 보면 곧 이 네 자와 본체의 시문이 같은 시기에 새겨졌다고 단정지을 수 있다. 다시 말하면 본체의 시문은 유예(劉禮)라고 불리는 사람이 옮겨 적은 후에 다시 돌에 새긴 것이다. 이 외에 돌에 새긴 두보 시 앞의 제목은 본체 시문을 돌에 새긴 자체(字體)보다는 약간 작고, 서체(書體)도 약간 다르다. 이것은 뒷사람이 증각한 것이 아닐까 하는 의문으로 남겨둔다.

이것을 이상의 본체 시문과 비교해 볼 때 각자시기(刻字時期)가 늦는 것은 어떤 이가 위에서 말한 각문(刻文)을 비문의 형식으로 고친 것이며, 아울러 각자(刻字)도 있다: 즉 본체의 각문 윗쪽 약

1.7m 정중앙에서 시작하여, 각각 본체 각문 양쪽으로 깊이 하나의 삼각형 모양의 선을 새겨 넣어, 규형(圭形)비문의 머리를 나타내고 있다. 규형 안의 본체 각문 정중앙의 윗쪽은 비액(碑額: 비문의 액자틀)을 양각하였지만 닳아서 희미하여 잘 보이지 않으나 아마도 여섯 개의 큰 글자인 것 같으며, 왼편의 두 글자는 '중건(重建)'이다. 그 외에 본체 각문 정중앙 아래쪽의 80cm 지점에 '흥융비(興隆碑)'라는 세 글자가 새겨져 있는데 본체 각문과 서로 다른 행서체(行書體)이다. 분명 본체 각문을 '비(碑)'의 형식으로 고치고, '흥륭비'라고 명명한 것은 본체를 각석한 뒤 중수(重修)할 때 보탠 것이다.

마애비 위에 또한 약간 시대가 더 느린 각자(刻字)도 있다. 즉 비 앞의 '두보찬원일인현단가(杜甫贊元逸人玄壇歌)'라는 제목 아래 세 줄의 작은 글자가 있는데 해서이다:

1. 此碑唐以來,『關中金石記』四未「載」子□□□
2. □□河南布政司經歷出子午峪口訪揭之. 因
3. 記歲月, 以俟好道者. 咸豊三年孟春古平江□□姜榮書石[4]

이 단락의 문자는 마애비에서 유일하게 연대가 있는 것이다. 즉 청(淸) 함풍(咸豊) 3년(1853년) 맹춘(孟春)이 있다. 청(淸) 필원(畢沅)이 지은 『관중금석기(關中金石記)』의 사(四)에서 당(唐)에서 오대(五代)까지의 관중(關中) 비석(碑石) 및 전서에 기재되어 있는

---

[4] 이상은 변인석의 『당 장안의 신라사적』제314쪽에서 인용한 것이다. 여기에 '□□姜榮'이 '愛珊姜榮'으로 되어 있는데 남아있는 필획으로 보건대 '愛珊' 두 글자는 잘못이다.

비석을 모두 살펴보더라도 이 마애비에 대한 기록이 없는 것이 분명하다. 그 당시 하남(河南) 포정사(布政司)라는 직위를 맡고 있었던 고평강(古平江) 등은 이 비(此碑)가(마애 각문의 본체가 비의 형식으로 변형된 것은 일찍이 청 함평 3년 이전에 해당한다) 당대(唐代)에 새겨진 것으로 각문 가운데 당 '대중(大中)'이라는 연호가 있는 것이 보인다고 생각한다.

그 외에 본체 각문의 마지막(즉 비 왼쪽아래 모서리)에도 몇 줄의 작은 글자가 새겨져 있는데 모두 희미하고 잘 보이지 않으며 단지 '간석(刊石)'이라는 두 글자만 변별할 수 있을 뿐이다. 그러나 이 두 글자의 자체(字體)와 크기는 모두 본체 각문과 다르며, 아마도 뒤에 좋은 일을 하는 이가 이것을 새긴 것일 것이다.

3. 마애비 본체각문에 대한 고찰과 해석

자오곡 마애비 본체 전반부에 옮겨 적혀 있는 두보의 『찬원일인현단가(贊元逸人玄壇歌)』는 이전 사람이 편집한 각종 두보시집 및 『전당시』에 모두 수록되어 있으며, 모두들 『현도단가기원일인(玄都壇歌寄元逸人)』이라고 이름이 붙여져 있다.

석각 중의 시문은 『전당시』 권216의 두보 『현도단가기원일인』라는 시와 동일하다. 단지 "독재(獨在: 原注에서는 '一作幷'이라고 함)음암결(陰巖結: 원주에서는 '一作白'이라고 함)모실(茅室)"이라는 구문 중에서 '재(在)'가 '향(向)'으로 되어 있다. 또한 『전주두시(錢注杜詩)』 권일의 『현도단가기원일인』에서는 '철쇄고수불가번(鐵鎖高垂不可樊)'이라는 구에서 '철쇄(鐵鎖)'가 '철쇄(鐵鏁)'[5]로 되어 있으며, 쇄(鏁)는 쇄(鎖)의 이체자(異體字)이다.

'동몽봉(東蒙峰)'을 살펴보면 전주(錢注)에서는 『육유필기(陸遊筆記)』를 인용하여 다음과 같이 말한다: "동몽이란 종남산의 봉우리 이름이다(東蒙, 終南山峰名)". 이 봉우리는 현재 자오곡 동쪽에 인접해 있으며, 당(唐) 이래로 '표림곡(豹林谷)'(현재는 포룡곡(抱龍谷)이라 부름) 안이라 불러왔다. 시 속에서 '벗(故人)'(즉 元逸人)이 먼저 동몽봉에서 은거하였다고 하는데, 지금은(즉 두보가 이 시를 쓸 당시) 자오곡에 머물며, 골짜기의 그늘진 벼랑 끝에 띠풀을 엮어 집을 짓고 수련하고, 집 앞은 바로 도교전설에서 말하는 '현도단(玄都壇)'이다. 전주(錢注)는 『옥경경(玉京經)』을 인용하여 다음과 같이 말한다: "현도(玄都)는 옥경산(玉京山)에 있으며 칠보성(七寶城)을 지니고 있다. 태상무극대도허황군(太上無極大道虛皇君)이 다스리는 곳이며 고선(高仙)의 현도(玄都)가 그곳에 있다."6) 시문의 마지막 구절인 '치신복지하소상(致身福地何蕭爽)' 안의 '복지(福地)'에 대하여, 전주는 『복지기(福地記)』를 인용하여 다음과 같이 말한다: "종남 태을산은 장안의 서남쪽 오십리 지점에 위치해 있다. 그 주위 사십리는 모두 복지에 속한다."7) 표림곡이나 자오곡은 모두 이 복지의 범위 안에 있는 것이 당연하다.

이로부터 볼 때 원일인이나 김가기는 모두 자오곡에서 은거하며 수련하였으며, 이 곳은 도교전설 속의 '현도단'의 소재지이며 또한 도교 '복지'이기도 하다. 이것이 바로 돌에 새겨 옮겨 적은 이(刻石

---

5) 『全唐詩』 권216, 제2253-2254쪽, 中華書局판 1985년판. 『錢注杜詩』 권1, 1977년, 上海古籍出版社, 제7쪽.
6) 玄都, 在玉京山, 有七寶城, 太上無極大道虛皇君之所治也, 高仙之玄都在焉.
7) 終南太乙山在長安西南五十里, 左右四十里, 內皆福地.

轉寫者)가 왜 두보의 이 시와『김가기전(金可記傳)』만을 가려 뽑아 자오곡 마애 위에 새겨 놓았는지에 대한 이유이다.

　마애 본체각문의『김가기전』은 비록 글자가 마모되어 희미하지만 그 기본적인 내용은 여전히 분명하다. 요전에 중국의 문헌전적 가운데 신라인 김가기와 관련 있는 완전한 전기가 대략 네 다섯 종류가 있다는 것을 확인할 수 있다. 그 가운데 가장 대표성을 지닌 것은 세상사람들이 잘 알고있는 북송(北宋) 이방(李昉) 등이 엮은『태평광기(太平廣記)』권오삼(卷五三)의 신선(神仙)『김가기(金可記)』, 북송(北宋) 장군방(張君房)이 엮은『운급칠첨(雲笈七籤)』권일일삼(卷一一三)의『김가기(金可記)』, 오대남당(五代南唐) 율수현령(溧水縣令) 심분(沈汾)이 쓴『속선전(續仙傳)』권상(卷上)의 비승16인(飛升16人) 중의『김가기(金可紀)』[8], 원대(元代) 조도일(趙道一)이 엮은『역세진선체도통감(歷世眞仙體道通監)』권삼팔(卷三八)『김가기(金可記)』등[9]이다. 그 중 남당 심분의『속선전』이 시대가 가장 이르며,『태평광기』·『운급칠첨』속의『김가기』전과 내용이 기본적으로 일치한다.『태평광기』의『김가기』전 뒤에는 다음과 같은 명확한 注가 달려있다: "『속선전』에서 나온 것임(出『續仙傳』)". 그러므로『속선전』안의 김가기전을 베껴 놓고, 이것을 마애 김가기전 등과 서로 대조해보면 다음과 같다:

　　金可記, 新羅人也. 賓貢進士. 性沈靜好道, 不尙華侈, 或服氣鍊(『운급칠첨』에서는 '煉'이라 함)形, 自以爲藥(『태평광기』·『운

---

8)『道藏』第五本, 제81쪽, 1988년, 文物出版社出版에서 나옴.
9 같은 책, 第五本, 제309-310쪽, 1988년 文物出版社 出版.

급칠첨』은 '樂'이라 함). 博學強記, 屬文淸麗, 美姿容, 擧動言談, 逈有中華之風. 俄擢第,(『운급칠첨』은 아래에 '不仕' 두 글자가 있음) 進居(『광기』・『칠첨』은 '隱于'라고 적고 있음)終南山子午谷中(『광기』・『칠첨』은 '中'이 '葺居'라고 되어 있음), 懷隱逸之趣(『칠첨』은 '懷退隱之趣'로 적혀 있음). 手植奇花異果極多, 嘗(『광기』・『칠첨』은 '常'으로 되어 있음) 焚香靜坐, 若有思念(『칠첨』은 '思念'이 '念思'로 되어 있음). 又誦『道德』及諸仙經不輟. 後三年, 思歸本國, 航海而去. 復來, 却入終南. 務行陰德, 人有所求無阻者(『광기』는 '人有所求, 初無阻據'로 되어 있음), 精勤爲事, 人不可偕也. 大中十一年十二月(『광기』는 大中 앞에 '唐'자가 있음), 忽上表言(『칠첨』은 '忽'자가 없음): '臣奉玉皇詔, 爲英文臺侍郞. 明年二月二十五日(『칠첨』은 二月十五日로 되어 있음)當上升.' 時宣宗極(『칠첨』은 '頗'로 되어 있음)以爲異, 遣中使征入內, 固辭不就. 又求見(『광기』는 '見'자가 없음)玉皇詔, 辭以爲別仙所掌, 不留人間, 遂賜宮女四人, 香藥・金綵. 又遣中使二人專看侍(『광기』는 '專看侍'가 '專服侍者'로 되어 있고,『칠첨』은 '專看侍者'로 되어 있음). 然(『광기』에는 이 글자가 없음)可記獨居靜室, 宮女・中使多不接近, 每夜聞室內常有人談笑聲(『광기』에는 '유인'이 '유객'으로 되어 있음). 中使竊窺之(『칠첨』은 '之'자가 결함), 但見仙官・仙女各坐龍鳳之上, 儼然相對, 復有侍衛非少, 而宮女・中使不敢輒驚. 二月十五日(『광기』에는 '二月二十五日'로 되어 있음), 春景嬌媚, 花卉爛熳(『광기』에는 '熳'이 '漫'으로 되어 있음), 果有五雲・唳鶴(『광기』・『칠첨』은 아래에 '翔鸞' 두 자가 많음)・白鵠・簫笙・金石・羽蓋・琼

輪·幡幢滿空(『칠첨』에는 뒤에 '迎之' 두자가 있음), 仙杖極衆(『칠첨』은 이 네 자가 없음), 升天而去. 朝列士庶, 觀者塡隘(『칠첨』은 '隘'가 '溢'으로 되어 있음)山谷, 莫不瞻禮嘆異(『칠첨』은 뒤에 '언'자가 하나 더 있음).

(김가기는 신라 사람이다. 외국인의 과거시험인 빈공과(賓貢科)에 합격한 진사(進士)이다. 성격은 침착하고 조용하며 도를 좋아하였으며, 화려하거나 사치스런 것을 높이지 않았다. 때로는 호흡술이나 신체를 단련하는 것으로 자신의 약처방(藥)으로 삼았다. 학문을 두루 섭렵하였고 기억력이 좋았으며, 지은 글들이 맑고 아름다웠다. 용모와 자태가 뛰어났으며 행동거지와 언어행위가 매우 중국적인 모습을 지니고 있었다. 마침내 과거에 급제하였지만 종남산 자오곡 가운데 들어가 살며, 은일자적 하는 삶에 뜻을 품었다. 손수 심은 기이한 꽃과 과수가 매우 많았다. 언제나 향을 사르고 고요히 정좌하여 있음에 마치 어떤 사념에 젖어 있는 듯 하였다. 또한 『도덕경』과 여러 선경들을 끊임없이 칭송하였다. 삼 년이 지난 뒤, 본국으로 돌아가고자 하여 배를 타고 떠났다. 다시 돌아와 도사의 의복을 입고 마침내 종남산으로 들어갔다. 힘써 음덕을 실천하였으며 사람들이 원하는 것이 있으면 그것을 막는 일이 없었다. 부지런하고 성실함으로써 자신의 일로 삼아 힘쓰니 사람들과 함께 할 수 없었다. 대중(大中) 11년 12월에 갑자기 황제에게 표를 올려 말하였다: "신은 옥황상제의 조서를 받들어 영문대(英文臺) 시랑(侍郞)이 되었습니다. 다음해 2월 25일에 하늘로 올라갈 것입니다." 그 당시 선종(宣宗)은 그것을 신기하게 여겨, 중사(中使)를 파견하여 궁(宮)

안으로 들어오라고 하였지만 그는 극구 사절하고 나가지 않았다. 또한 옥황상제의 조서를 보여달라고 하자, 거절하며 그것은 다른 신선이 관장하며 인간들 사이에는 남겨두지 않는다고 말하였다. 이에 마침내 네 사람의 궁녀와 향약(香約), 금채(金彩)를 하사하였다. 또한 중사(中使) 두 사람을 보내어 그를 잘 모시게 하였다. 그러나 김가기는 홀로 조용한 방에 기거하며 궁녀나 중사가 접근하지 못하도록 하였다. 매일 밤 방안에서 항상 어떤 사람과 담소를 나누는 소리가 들렸다. 중사가 몰래 이것을 엿보았지만 선관(仙官)과 선녀(仙女)가 각각 용과 봉황의 위에 앉아 단정히 서로 마주해있는 것을 보았을 뿐이다. 또한 시위(侍衛)가 많이 있었지만 궁녀와 중사는 번번이 놀라지 않았다. 2월 25일, 봄이 완연하여 경치가 아름답고, 꽃과 풀이 활짝 흐드러지게 피어 있었다. 과연 오색구름이 일어나고, 학이 우는 소리가 들리고 큰 백조가 날며, 퉁소와 생황소리가 났다. 새 깃털로 덮개를 장식하고 옥으로 만든 바퀴로 끄는 수레가 나타나고 온 하늘을 오색찬란한 깃발로 물들였으며 선인의 지팡이가 지극히 많았으며, 하늘로 승천하였다. 행렬을 이뤄 구경하던 선비와 사람들로 산골짜기를 가득 메웠다. 그들은 이 의식을 보고 그 신기함에 탄성을 발하지 않는 이가 없었다.)

원대 조도일이 지은 『역세진선체도통감』 속의 김가기전 시작부분 제이구 '빈공진사(賓貢進士)'가 '당선종조이문장빈우국(唐宣宗朝以文章賓于國)'이라고 되어 있어, 마애석각 김가기전과 같다. 하지만 그 이하의 문자는 『속선전』 특히 『운급칠첨』의 김가기전과 같으므로, 여기에 더 이상 인용해 놓지는 않는다.

이상의 사적 및 도교전적에 실려있는 김가기전과 관련 있는 것으로 그 시대가 가장 이른 것은 『속선전』이고, 그 나머지 문자는 대략 『속선전』과 서로 일치한다. 잔존하는 자오곡 마애석각 『김가기전』으로부터 살펴볼 때 그 내용이나 문자도 『속선전』의 김가기전과 서로 일치하며, 단지 그것을 줄여서 쓴 것일 따름이다. 각석 '전사'(轉寫)할 때(돌에 새겨 옮겨 적을 때) 근거로 삼은 원본은 아마도 『속선전』과 완전히 다른 하나의 역사전적일 가능성이 있다. 그러나 현재까지는 더 이상 『속선전』보다 이른 그 외의 문헌이 존재하지 않으므로 석각의 『김가기전』은 아마도 『속선전』의 김가기 항목(條)으로부터 나왔을 것이다.

『속선전』 서설(序說)에 의하면 다음과 같이 말한다: "나는 천성적으로 도를 사모하고 학문을 쌓는 일을 매우 싫어하였다. 어려서 장성함에 미치어 무릇 (도가) 높은 이들이 말하는 바를 접하게 되고, 아울러 다시 세월이 흐르는 사이 보고 들은 것을 회복하여 모두 마음에 새겨 두었다. 또한 나라의 역사가 사건을 기록하지 않고 세상에 버려졌다. 하물며 중화년에는 전쟁의 참화를 겪게되어 전적이 땅에 묻히고 거의 사라졌으니 그 누가 붓을 잡고 기록을 남길 수 있겠는가. 세상에 처한 지 오래되어 사람들이 서로 전달하는 것이 점차로 희박해졌다. 안타깝구나! 그 당시 적막하고 아무런 소리도 남아있질 않으니. 지금 잠시 오로지 그 일만을 기록하여 세 권의 책으로 나눈다."[10] 그래서 심분이 지은 『김가기』는 아마도 '무

---

10) 汾生而慕道, 尤愧積習. 自幼及長, 凡接高尙所說, 兼復積年之間聞見, 皆銘于心. 又以國史不書事散于野. 矧當中和(881-885)年兵火之後, 墳籍猶缺, 詎有秉筆而述作, 處世斯久, 人漸稀傳. 惜哉, 他時寂無遺聲. 今故偏彔其事, 分爲三卷.

룻 (도가) 높은 이들이 말하는 바를 접하게 되고, 아울러 다시 세월이 흐르는 사이 보고 들은 것을 회복하여' 처음으로 편찬한 것일 것이다.

둘째, 유례가 이 전을 '옮겨 적을' 때 마애 석면이 한정되어 있기 때문에 전문(全文)을 다 기록해 놓을 수 없으므로 내용과 원문은 일치하도록 한다는 전제 아래 줄여 쓴 것이다. 그 가운데 많은 용어의 사용 즉 '연형복기'(煉形服氣), '봉옥황조'(奉玉皇詔), '위영문대시랑'(爲英文臺侍郞), '명년이월'(明年二月)……, '가기독거'(可記獨居), '중사절규지'(中使竊窺之), '견선관'(見仙官)·'만공'(滿空) 등은 모두 『속선전』 판본의 전(傳)과 서로 같다.

셋째, 『속선전』 김가기전 중에는 대중(大中)이라는 연호 앞에 '당'(唐)자가 없다. 남당이라는 시기는 당조의 멸망과 그리 멀지 않으므로 석각이 '당'자가 아직 출현하기 이전의 모양을 그대로 따른 것 것으로 북송 및 그 이후 전적의 김가기전과는 '당'자의 차이가 있다. 이것은 석각이 한자를 줄이기 위해서일 뿐만이 아니라 그것이 『속선전』과 직접적인 연원관계가 있음을 나타낸다.

그 외에 또한 마애석각 김가기전이 당나라 사람이 쓰고 새긴 것이 아님을 증명할 수 있는 두 곳이 있다: 그 하나는 석각에서 '범수년(凡數年), 귀본국(歸本國)'이라고 말한 것인데 『속선전』에서는 이 구절을 '후삼년(後三年), 사귀본국(思歸本國)'이라 쓰고 있다. 후자가 기록한 김가기의 귀국은 진사급제 후 3년으로 시간이 구체적이어서, 전자를 그대로 베껴 쓴 것이 아님이 분명하다. 이것은 마치 그 외 전해 듣거나 혹은 자료가 없다면 구체적 시간을 쓸 수 없는 것과 같다. 그러므로 각석은 마땅히 『속선전』보다 늦어야 한다.

나머지 하나는 무릇 바로 앞에서 본 당 시기 사람이 기록한 김가기는 모두 '김가기'(金可紀)라고 적고 있는데, 이것은 장효표(章孝標)『송김가기귀신라(送金可紀歸新羅)』라는 시(詩)·『전당시일권(全唐詩逸卷)』중의 '김가기'의『제선유사(題仙遊寺)』잔시(殘詩: 뒤에서 보임) 등과 같다. 그리하여 남당시기의『속선전』이 '김가기'라고 적은 뒤, 각문이나 문헌들이 모두 '김가기'라고 적게 된 것이다.

석각문자의 피휘(避諱) 혹은 옮겨 적은 이 유예(劉禮)[11], 그리고 마애 석각의 본체부분이 새겨진 연대를 고증하기 어렵다는 상황에서 필자는 단지 이상의 분석을 근거로 초보적으로 이 각문이 남당(南唐) 심분(沈汾)의『속선전』의 김가기전으로부터 옮겨 적은 것이며, 시기는 대략 북송 때라고 단정한다.

북송이 건립되고서 나서부터 역대황제들은 모두 도교와 굳건한 인연을 맺었다. 송 태조·태종조에는 도사를 존숭하고 도관을 일으켜 세우고 도서(道書)를 널리 구하여, 오대의 쇠미한 도교로 하여금 회복할 수 있게 하였다. 송 진종(眞宗: 998-1022년 재위) 때에 이르러서는 도교의 발전이 절정기를 이루었으며, 통치자는 천신이 강림한다고 날조하여 송 왕조의 신화를 비호하여, 숭도(崇道)활동을 크게 떨치고 관소(觀所)를 두루 수리하여, 도교를 숭상하는 기풍이 조야에 만연하였다. 송 휘종(徽宗: 1101-1125년 재위) 때는 도교를 숭상하는 기풍이 더욱 갈수록 거세어져 북송시기 제2의 절정기를 이루었다. 휘종은 도교교주(道教教主)로 자처하며 봉호(奉

---

11) 按: 옮겨적은 이 劉禮를『二十四史紀傳人名索引』(1980년 중화서국판)을 검색해 보면 단지『史記』·『漢書』중에서만 유례가 보인다. 이 사람은 석각 상에 기록되어 있는 유례가 아닌 것임은 분명하다.

號)를 '교주도군황제(敎主道君皇帝)'라고 하고, 또한 궁관(宮觀)을 크게 수리하고 도관(道觀)·도직(道職)을 설치하여 『도장(道藏)』을 편집하고 도사(道士)를 우대하였다.12) 이런 도교 숭상의 기풍 아래 한·당 이래로부터 방사(方士)나 도가(道家)가 '복지'라고 여겨왔던 섬서 종남산 일대는 자연히 도교의 분위기에 휩싸여 있었다.

또한 북송이 건립된 후 수많은 저명한 도교인물이 모두 종남산과 관련이 있다. 그 예로 태종과 진종의 깊은 총애를 받았으며, 옥제(玉帝)를 대신하여 송을 부흥시키려 한다는 장수진(張守眞)은 원래 종남산 부근 주지현(周至縣)에서 출생한 그 현(縣)의 주민(住民)이다. 태종 때 세운 유명한 도관(道觀) - 상청태평궁(上淸太平宮)은 종남산의 종남진(終南鎭: 남은 터가 현재 終南中學에 있다)에 있다. 또 다른 도교발전에 중요한 작용을 했던 진단(陳搏: ?-989년) 및 그의 주요 제자들 또한 섬서 화산(華山)·종남산(終南山) 일대에서 활동하였다. 저명한 송대 문인·도사인 종방(種放: ?-1015년)은 일찍이 종남산 표림곡(豹林谷: 자오곡 동쪽부근으로 골짜기 안에 '東蒙峰'이 있음) 등에서 은거하였다.13) 그래서 북송시기에 도사 혹은 도교를 숭상하는 문인으로 유례(劉禮)와 같은 이들이 당대 자오곡에서 은거하며 수련했던 원일인(元逸人)이나 김가기 등과 관련된 시문을 수집하여 자오곡 마애에 새겨 놓았을 가능성은 충분하다.

북송이 망한 후 금·원 이후로 도교를 숭상하던 기풍이 줄어들

---

12) 卿希泰·唐大潮 著『道敎史』, 제150-174쪽(1994년, 中國社會科學出版社)를 참조할 것.
13) 種放은『宋史』卷四五七『隱逸上』에 그의 傳記가 있다.

지 않았다. 원대 섬서 종남산 일대에서 흥기한 전진교(全眞敎)는 날로 발전하였다. 그리하여 아마도 독실한 도교신자 혹은 도사가 있어 자오곡 마애의 시문을 새겨 놓은 곳을 비의 형식으로 고치고, 아울러 제액(題額)과 비명(碑名)을 새기여, '흥륭비'라고 이름했을 것이다. 이른바 '흥륭'이란 도교가 날로 일어나 융성하기를 바란다는 것일 따름이다. 오늘날까지 자오곡(子午谷) 북구(北口) 괴아애(拐兒崖) 부근의 높은 벼랑 위에 '만복지지'(萬福之地) 등의 석각 및 요도(棧道: 산골짜기에 높이 건너도록 질러 놓은 다리)·방기(房基) 유적이 아직도 남아 있다.14) 그러나 당대(唐代) 원일인 혹은 김가기가 수련한 곳은 근 천년의 변화를 겪었으므로 찾거나 확실하게 지적하기 어렵다.

  이상의 마애 본체각문의 시대에 대한 분석은 단지 하나의 추측일 따름이다. 만약 본체각문의 김가기전을 위에서 인용한 원대 조도일이 엮은 『역세진선체도통감』의 김가기전과 대조해 본다면 그 가운데 제2구 '당(唐: 각문에는 이 글자가 없음) 선종조빈우국(宣宗朝賓于國)'은 서로 같지만 『속선전』 등의 문헌이 기록하고 있는 김가기전의 이 구절은 '빈공진사'(賓貢進士)라고 되어 있어 서로 다르다. 이것은 사람들에게 본체각문 김가기전의 탄생이 『역세진선체도통감』 혹은 『역세진선체도통감』보다 더욱 이른 문헌에서 기원했다고 하도록 만든다. 뒤의 것을 아마도 최소한 지금까지는 아직 찾아내지 못하였다고 한다면 각석 본체부분은 원대 후기, 심지어는 명대에 각인되었을 가능성이 있다. 그러나 김가기전 제3구는 각문에 '수탁진사제(遂擢進士第)'라고 적혀 있지만 『역세진선체도

---

14) 위에서 인용한 李之勤의 글을 볼 것.

통감』은 이 구의 경우 『속선전』과 같으며, '성침정호도(性沈靜好道), 불상화치(不尙華侈)……'라는 구절 뒤에 나온다. 그래서 이상의 각종 전적과 본체각문의 김가기전을 자세히 대조하여 교감해 볼 때 필자는 여전히 마애 본체각문 김가기전이 『속선전』에서 옮겨 기록되었으며, 대략 북송시기에 각인되었다는 견해로 기울어진다.

　마애비 각석이 어느 시기에 어떤 원인에 의해 골짜기 속의 시냇물 곁으로 떨어진 것일까? 앞서 인용한 이건초(李健超)의 글에 두 가지 설을 적고 있다: "하나는 지진으로 말미암아 붕괴되어 떨어졌다고 말하고, 다른 하나는 민국시기에 서안에서 한·중에 이르는 도로를 닦아 만들면서 폭발물로 인해 훼손되었다는 설이다." 그 주위의 나이든 촌민에게 물어보니 모두 이 거석은 민국시기 도로를 닦을 때 폭약을 터트려 길을 내면서 떨어져 나간 것이라고 말한다. (按: 현장을 둘러보면 자오곡은 서안 - 한·중의 도로가 지나가는 곳이 아니고, 그곳의 간이한 도로는 20세기 60년대 골짜기 입구에 저수지를 지을 때 만들어진 것으로, 안으로 단지 5킬로미터만을 들어가 있으며 7킬로 평촌(坪村)에 이르면 그친다. 번광춘(樊光春) 각석 위에 청(淸) 함풍삼년(咸豊三年) 하남(河南) 포정사(布政司) 고평강(古平江) 등의 머리말이 있는 것을 살펴보면 섬서(陝西) 관중(關中)에서 명대(明代) 성화(成化) 23년(1481년)·가정(嘉靖) 34년(1556년) 이 두 차례의 대지진이 있었을 때 마애 상의 각석은 아직 흔들려 떨어지지 않았으므로 뒤의 견해가 비교적 믿을 만하다고 증명된다.

4. 김가기 사적(事迹)에 대한 고찰과 탐색

　신라인 김가기에 대하여 『속선전』・『태평광기』・『운급칠첨』 등 도교전적의 기재로 인하여 중국도교사 및 한・중관계사 상의 한 인물이 되었다. 한국의 허다한 도교문헌 혹은 역사전적이 김가기에 대한 기록이 있지만 그 역사전적의 유래가 기본적으로 위에서 말한 중국 도교전적을 근거로 한 것이다.[15] 아래에서는 자오곡 마애비 및 유관문헌을 결합하여 김가기에 대하여 한발 더 나가 고찰할 것이다.

　『속선전』 및 마애비 등은 모두 김가기가 신라인 즉 지금의 한반도 남부에서 건국한 신라국 사람이라고 말한다. 그의 관적은 더 이상 살필 수 없다. 그가 어느 시기, 어떤 신분으로 당시 중국 당조에 와서 유학하였는지도 고찰해내기 어렵다. 한국학자 도광순(都珖淳)이 지은 『한국의 도교』라는 글에 의하면 『영연재집(氷淵齋輯)』・『해동전도록(海東傳道錄)』의 기록을 다음과 같이 인용하고 있다: 그에 의하면 신라말기 즉 당(唐) 문종(文宗) 개성(開成) 연간(836-839년)에 김가기는 최승우(崔承佑)・승(僧) 자혜(慈惠) 등과 함께 세 사람이 당에 들어와, 종리권(鍾離權)으로부터 도서(道書)와 구결(口訣)을 전수 받고 3년의 수련을 거쳐 마침내 단을 이루었다(득도하였다)라고 한다. 그 후 김가기는 또한 당으로 들어 온 최치원(崔致遠)・이정(李靖) 등에게 구결 등을 전수하였다고 한다.[16]

---

15) 예를 들면 『海東繹史』 卷六七에 『金可記傳』이 있다. 문자로서 살펴볼 때 『태평광기』의 김가기조에서 베낀 것이다.
16) 日本 福井康順 등이 감수한 『道敎』 第三卷 中譯本(1990年, 上海古籍出版社), 제71쪽을 볼 것. 이 속의 "李靖"은 아마도 착오인 듯하며, 이것은 마땅히 李同으로 875년 빈공과에 급제하였으며, 최승우 역시 신라의 賓貢科에 합격한

이것은 분명 전해들은 것일 것이다. 왜냐하면 김가기는 대중 12년 이미 자오곡에서 '승천'하였으며, 이 때 최치원은 겨우 두 살인데17) 어떻게 도교구결을 최치원에게 전수할 수 있다는 말인가? 그러나 그 속에 기록된 김가기가 당 개성 연간에 입당(入唐)하였다는 것은 하나의 설을 갖출만하다.

김가기는 입당 후에 '빈공진사(賓貢進士)'가 되었다거나 혹은 '빈우국(賓于國)'이라는 것은 당나라 수도 장안의 국자학(國子學)의 신라(新羅) 생원(生員) 가운데 한 사람이라는 의미이다. 당조(唐朝) 정관(貞觀) 13년(639년)부터 국자감은 '학사(學舍)를 천이백구로 증축하고……사이(四夷) 즉 고려(高麗)・백제(百濟)・고창(高昌)・토번(吐蕃)과 같은 나라가 계속하여 자제를 보내어 입학시켜 마침내 팔천 여명에 달했다.'18) 논자 가운데 이 연도로서 신라가 유학생을 파견하려 입당하기 시작한 해로 삼는 이가 많다. 이 후 신라왕・귀족자제 가운데 당으로 와서 국자학에 유학하는 자가 날로 증가하여, 사이(四夷) 각 나라 가운데 수위를 차지하였다. 단지 당 개성 2년(837년) 수도 국자학에 유학한 신라 생원만도 216명에 달하였다.19) 수많은 신라 유학생 가운데 성명을 확인할 수 있는 자는 학자들의 통계에 의하면 39명이다.20) 신라 등의 국가 유학생원

進士이다.
17) 최치원은 신라 憲安王 元年 丁丑(唐 大中 十一年)에 태어나 景文王 八年 戊子(咸通 苟年)에 入唐하였다.(『崔文昌侯全集』을 볼것.(성균관교인본, 1191年))
18) 增築學舍至千二百區……四夷若高麗・百濟・高昌・吐蕃, 相繼遣子弟入學, 遂至八千餘人.『新唐書』卷四四의『選擧志』를 볼 것. 또한『資治通鑑』卷一九五 唐 貞觀 十五年條에서는 이 일을 정관 십사년 二月에 두고, 또한 다음과 같이 말한다: "于是四方學者雲集京師, 乃至高麗・百濟・新羅・高昌・吐蕃諸酋長亦遣子弟請入國學, 升講筵者至八千餘人."
19)『唐會要』卷三六『附學讀書』條에 보인다.

이 당에 머무는 기간에 '옷과 식량을 예에 따라 지급(衣糧準例支給)'21), 즉 당왕조 홍여사(鴻臚寺)에서 공급하였다.

당 왕조는 또한 사이 유학생이 과거시험에 참가할 수 있도록 허용하고, 그것을 전문적으로 진행하는 것을 '빈공(賓貢)'이라 불렀으며, 진사에 급제하면 관직도 주었다. 한국『동문선(東文選)』권 팔사(卷八四) 최해(崔瀣) 『송봉사이중부반조서(送奉使李仲父返朝序)』에 기재된 것에 의하면 다음과 같다: "진사로 사람을 뽑는 것은 본래 당대에 성행하였다. 장경(長慶) 초(初: 약 821년) 김운경(金雲卿)이라는 자가 처음 신라인으로 빈공에 급제하여 두사예방(杜師禮榜)이라 이름하였다. 이로부터 시작하여 천우(天祐)에 이르러 끝났는데(약907년) 무릇 빈공과에 등용된 자가 58명이다." 엄경망(嚴耕望) 『신라의 당 유학생과 중들(新羅留唐學生與僧徒)』(『당사연구(唐史研究)』총고(叢考), 제9편(第九篇), 1969년 구룡신아연구소판(九龍新亞研究所版), 제432-433쪽에 있음)라는 글의 고증에 의하면 신라인으로 빈공과에 급제한 이는 약 26명이며 그 가운데 곧 김가기도 포함하고 있다.

김가기는 언제 진사에 급제한 것일까? 만약 앞서 말한 당 개성 연간에 입당하여 유학한 것이 확실하다면 그가 급제한 것은 마땅히 회창(會昌: 841-846년) 및 대중(大中) 초에 해당한다. 청(淸) 서송(徐松)이 지은 『등과기(登科記)』권27 부고(附考)·진사과(進士科)는 『태평광기』에서 『속선전』이 김가기를 기록하고 있는 것을

---

20) 楊昭全『中朝關係史論文集』(1988年, 世界知識出版社)을 보면 제16쪽에 38명의 姓名을 나열하고 있다. 그리고 張菲菲·王小甫『中韓關係史』(1988年, 社會科學文獻出版社), 제135쪽과 『全唐史』 卷九二二에 의하면 崔仁滾 한 사람이 나온다.
21) 15)번 주와 같음.

들고는 있지만 급제한 시기가 없다. 단지 주(注)에서 "'기(記)'가 '기(紀)'로 되어 있음"이라고 말한다. 또한 한국『동사강목(東史綱目)』권5(卷五) 상(上) 문성왕(文聖王) 경응삼년(慶膺三年: 唐 會昌元年) 조에 "뒤에 김이어(金夷魚)·김가기(金可記)라는 자가 있어 이어 당 과거시험에 급제하였다"라고 기록하고 있지만 여전히 김가기의 등제(登第)시기에 대해서는 기록이 없다. 사실상 자오곡 마애비 김가기전 속에 그가 '선종조빈우국(宣宗朝賓于國), 수탁진사제(遂擢進士第)'라고 하고 있는데 이것은 그가 빈공진사제에 합격한 것이 선종 대중 초라는 말이다.

『속선전』등에는 김가기가 "학문을 널리 섭렵하였으며 기억력이 뛰어나며 글을 맑고 수려하게 지었다(博學强記, 屬文淸麗)"라고 기록하고 있지만 안타깝게도 그의 시문은 단지『전당시일권(全唐詩逸卷)』중에『제선유시(題仙遊寺)』일시(逸詩) 잔구(殘句)만이 기록되어 있을 뿐이다. 시에서 다음과 같이 말한다:

"널린 바위 거친 물결 철썩이니
오래도록 빗물처럼 흘러내리고,
성긴 소나무 사이 거친 바람 불어 치니
가을인 듯 모두들 몸을 눕히는구나
(波沖亂石長如雨,
風激疎松鎭似秋)".

마애비 및『속선전』등 김가기가 진사시험에 합격한 후에 벼슬을 하지 않고, 즉 도교 명당자리인 종남산 자오곡 안에 은거하며

73

손수 꽃과 과수나무를 가꾸고, 언제나 향을 사르고 고요히 앉아 『도덕경』이나 여러 선경을 독송하거나 호흡수련이나 신체를 단련하며 은일구도(隱逸求道)의 길로 달려갔다고 기록하고 있다. 이것은 당 왕조 조야상하(朝野上下)의 도교숭상의 기풍과도 얼마간 관련이 있다. 다들 아는 바와 같이 당 1대(一代) 황실(皇室) 이씨(李氏)는 전설상의 도교시조인 이이(李珥)를 조상으로 삼고 도교를 숭상하였다. 특히 현종, 무종, 선종 등의 조대에 더욱 성행하였다. 무종은 불교를 멸하고 도교를 일으켰으며 선종은 그것을 이어 도사(道士)를 중용하여 치국치신(治國治身)하였다. 장생불로(長生不老)의 방술을 구하기 위해, 무종, 선종 등의 황제는 모두 도사가 준 단약(丹藥)을 먹고 사망하였다. 그리하여 선종조에 장안에 유학하던 신라인 김가기가 자연스럽게 이런 숭도 분위기의 영향을 받았다.

 자오곡에서 수도한 지 3년 뒤에 김가기는 "본국을 그리워하며 돌아가고자 하여, 바다로 배를 타고 떠났다(思歸本國, 航海而去)". 이 일과 관련하여 『전당시(全唐詩)』 권506에 장효표(章孝標)의 『신라로 돌아가는 김가기를 전송하며(送金可紀歸新羅)』라는 시가 실려 있다:

登唐科第語(原注: '一作諳')唐音,
당 과거에 급제하고 당나라 말을 하지만
望日初生憶故林.
해가 막 떠올라 오는 것을 바라보니 고향 생각만 간절하네.
鮫室夜眠陰火冷,

깊은 밤 고래등 같은 방에 누웠어도 도깨비 불만 차갑게 떠다니고

蜃樓朝泊曉霞深.

그 아침 신기루에 젖었다가 노을 빛이 짙어서야 개이는구나.

風高一葉飛魚背,

바람에 나뭇잎 높이 날고 물고기 펄쩍 뛰어 등을 뒤집을 제

潮淨三山出海心.

물결 고요히 뭇 산을 맑게 비추니 그저 바다로 떠나는 마음이라.

想把文章合夷樂,

글귀를 동쪽 나라 장단에 맞추고

蟠桃花里醉人參.

도화 속에 서리고 앉아 인삼으로 빚은 술에 그윽이 취하는구나.

시 제목의 '김가기(金可紀)'는 '김가기(金可記)'이다. 이 시의 앞 구절은 김가기가 진사시험에 합격하였으며 행동거지가 중국적 풍모를 지니고 있으며, 자오곡에 은거 생활을 하면서 동쪽의 일출을 바라보며 즉 바다 동쪽의 신라 고향을 그리워하는 것을 말한다. 뒤의 두 구절은 김가기가 배를 타고 귀국하는 배 안 및 바다 경치를 형상적으로 묘사하고 있다. 마지막 구의 경우는 김가기가 당나라와 신라의 문화교류에서 일으킨 그 작용에 대하여 비유적 수법을 통하여 적고 있다.

장효표는 『전당시』 소전(小傳)의 기록에 의하면 다음과 같다: "동려(桐廬: 지금의 절강성 동려) 사람이다. 원화 14년(819년)에 진사시험에 합격하였다. 비서성(秘書省) 정자(正字)를 제수받았다. 태화 중에 대리(大理) 평사(評事)에 임용되었다. 시 한 권이 있다."

앞에서 말한 김가기가 개성 연간에 입당하여 유학하였으며, 대중 초에 빈공과에 급제하였다는 것으로 보아 장효표의 연령이 그 보다 많고 또한 원화 14년에 함께 등과한 것이 아니다. 두 사람 사이의 교왕에 대해서는 더 이상 고찰할 방도가 없다.

김가기가 고향 신라에서 머물었던 시간은 그리 길지 않다. '얼마 안 있어(未幾)' 다시 당나라로 돌아와 종남산 자오곡으로 들어가 '도복을 입고(衣道服)', '수양에 더욱 정진이 있었다(修養愈有功)'. 또한 다른 사람을 돕는 것을 자신의 기쁨으로 여기고 '힘써 음덕을 실천하였다(務行陰德)'. 당 대중 11년 12월에 그는 황제에게 편지를 올려 말하였다: 옥황상제의 조서를 받들어 천궁 영문대의 시랑이 되었으므로 장차 내년 2월25일(혹은 2월 15일)에 신선이 되어 승천할 것이다. 도교를 숭상하던 선종은 그를 매우 중시하여 궁녀를 하사하고 중사를 파견하여 그를 잘 모시도록 하였다. 그 기간이 닥치자 김가기는 과연 '승천'하여 떠났다. 만약 앞에서 말한 도가 미신적 언급을 제거한다면 김가기는 대중 12년 2월 자오곡에서 사망하였다.

요컨대 당대(唐代)부터 내려오는 당대 유효표의 시 및 『전당시 일권』에 남겨져 있는 김가기의 시를 통하여, 우리는 신라의 빈공진사 김가기라는 인물이 있었음을 확실히 알 수 있으며, 그 사적이 결코 완전히 허구는 아니지만 단지 '승천'하였다는 설은 순전히 도가의 미신적 언급이다. 그리고 장안 종남산 자오곡 신라인 김가기 마애비는 비록 김가기 본인 또는 당나라 사람이 서각한 것이 결코 아니라 단지 후인(아마도 북송시대의 사람)이 다른 곳에서 베끼어 새겨 놓은 것이다. 그러나 그것은 『속선전』 김가기전 등의 문헌과 서로 보충하여 증명할 수 있으며 또한 그 서법 및 문자가 모두 취할 만한 곳이 있다. 또한 중국도교사·한·중문화교류사를 위해서도 진귀한 하나의 실물자료를 보태었으므로 소중하게 여길 가치가 있다.

자오곡선적기

· 번광춘 ·
섬서성 사회과학원 도학연구센터 주임·연구원

　　자오곡은 장안현 자오진 남쪽 2킬로미터 지점에 있으며, 유명한 고요도(古棧道)는 - 자오곡의 기점이다. 일찍이 그 신묘함을 한 번 탐사해보고 싶었지만 숱한 기간 동안 좋은 기회를 얻지 못했었다. 가을빛이 짙어 가는 시기에 마침 한국의 벗이 조상의 과거자취를 탐방하고자 하니 그런 인연으로 함께 동행에 나섰다.

　　멀리서 산골짜기를 바라보면 마치 옹이 같으며, 산비탈 위에 마치 양들이 이리저리 흩어져 먹을 것을 찾고 있는 듯하지만 가까이 다가가서 보면 풀 속에 숨겨있는 흰 돌들이 드문드문 산 사이에 들어차 있다. 골짜기 입구에는 저수지가 하나 있는데 굽이굽이 흐르는 시냇물을 막고 끊어서, 물길이 북쪽 산 밖 평원으로 흐른다. 골짜기로 다시 1킬로 정도 들어가면 다리 하나가 시냇물 위로 가로 걸쳐있으며, 그 다리 아래에 고잔도 유적이 흡사 남아 있는 듯이 보인다. 시냇물 옆에는 거대한 돌덩이가 하나 누워있고 그 측면에 문자가 쓰여 있는데 안진경체의 해서이며 글자의 크기는 주먹만하다. 오른쪽 반편은 두보의 『두보가 원일인의 현도단을 기리는 노래(贊元逸人玄壇歌)』라는 시가 있는데 다음과 같다:

오래 전에 나의 벗이 동몽봉에 숨어 지내더니,
벌써 순수하고 늠름한 기상을 지녔더라.
이제 벗이 자오곡에서 은일하며,
외로이 벼랑 끝에 띠풀로 엮어 초막을 지었더라.
오랜 옛적부터 전하는 현도단이 초막 앞에 자리하고,
이끼 낀 푸른 바위는 오늘도 그 자리에서 찬바람을 맞는구나.
밤새 두견새 울음 산 대나무 갈라지 듯 애절하며,
낮이면 서왕모 구름 깃발 휘날리며 하늘에서 내려오는구나.
그대의 간곡하고 정성스런 맘 늘 변함 없음을 아노니
영지와 옥돌이 날로 자라나는 구나.
쇠고랑이 높이 드리워져 오를 수 없다하여도
몸은 이미 명당에 두었으니 그 어찌 쓸쓸하리오.

오른 편은 『태평광기』 속의 『김가기전』을 절록하였는데 대략 다음과 같다: 김가기는 신라 사람이다. 당 선종 때 장안에서 유학하여 진사시험에 합격하였다. 천성적으로 도를 좋아하고 꽃과 과수를 아꼈다. 관직을 사직하고 종남산 자오곡에 은거하며 기이한 꽃과 과실을 두루 가꾸었고, 향을 사르고 고요히 앉아, 『도덕경』을 끊임없이 외웠다. 3년이 지난 뒤, 고향이 그리워 배를 타고 본국으로 떠났다. 다음해 다시 장안으로 돌아와 도사의 의복을 입고 여전히 종남산에서 머물렀다. 대중 11년 황제에게 표를 올려 옥황상제의 조서를 받들어 영문대 시랑이 되었다고 자칭하였다. 선종이 아뢰는 말을 듣고서 중사 두 사람을 보내어 그를 잘 모시고 살피게 하였다. 김가기는 홀로 조용한 방에 기거하여 중사는 접근할 수 없었다.

매일 밤 방안에서 항상 어떤 사람과 담소를 나누는 소리가 들렸다. 중사가 몰래 이것을 엿보자 선관과 선녀가 각각 용과 봉황의 위에 앉아 있었다. 다음해 2월 15일 상서로운 구름, 흰 학, 새 깃털로 만든 우산, 오색찬란한 깃발로 온 하늘을 물들였다. 김가기는 그를 호위하는 하늘의 병사들의 인도 아래 하늘로 승천하였다.

  이 마애석각이 주로 기술하고 있는 것은 신라인 김가기(紀)의 선화(仙話)이고, 그것에 덧붙여 두보의 친구인 원일인의 이야기를 소개하고 있다. 자오곡은 고대에 남북을 잇는 목구멍에 해당할 뿐만 아니라 신선이 출몰하는 훌륭한 지방이라고 설명하는 것 같다. 한국의 벗이 탐방한 것은 바로 이곳의 유적이다.

  나는 큰 산 속에서 태어나서 큰 산 속에서 자라나 천성적으로 산을 오르기를 즐긴다. 친구들이 석각문구를 연구하여 읽고있는 틈을 타, 나는 졸졸 흐르는 시냇물을 따라 대체로 서늘한 맛이 나는 맑고 신선한 공기를 호흡하며, 발길 닿는 대로 남쪽을 향했다. 눈앞에 나지막한 산비탈이 나타나고 감나무가 가득 길게 늘어서 있었다. 땅 위는 낙엽으로 가득 덮여있고 가지 위에는 붉게 물들어 반짝반짝 빛나는 조그만 감들이 잔뜩 매달려 있었다. 눈을 들어 먼 곳을 바라보며 걸으니 눈 가득히 신선한 빛이었다. 다시 높은 곳으로 가니 몇 리에 걸쳐 단풍나무가 엷은 안개 속에서 바람결 따라 흔들리며, 한 무더기 불처럼 붉은 것 가운데 드문드문 청록색을 내비쳤다. 한참을 서성거리다 보니 산 하나가 우뚝 서 있었다. 어지러이 널린 바위들이 구름을 뚫고 소나무와 삼목이 해를 가리고 있었다. 봉우리 꼭대기는 인공적으로 쌓여 육각형을 이루어 모습이 마치 소라고둥처럼 보이고 주위는 절벽이었다. 산촌민에게 물어보니 그 봉우리는 석루봉(石樓峰)이라 부르고, 산 꼭대기는 소장대(梳粧臺)라고 부르며, 과거에 봉우리 정상에 신묘(神廟)가 세워져 있었지만 '문화대혁명' 중에 훼손되었다는 것을 알게 되었다. 생각해보니 이 소장대는 아마도 두보 시 중의 '현도단'이리라. 오랜 세월이 지나고 선인은 떠났으므로 주민들에게 소장대만이 남은 것이다. 산 정상에 올라 한 번 그 귀착지를 둘러본 심산이었지만 총림 중의 가시나무가 길을 가로막혀서 아쉽게도 돌아올 수밖에 없었다.

돌아오는 도중에 우연히 한 노인을 만났는데 학처럼 흰 머리에 어린아이처럼 생겼고 긴 수염이 가슴까지 날리며 어깨에는 한 다발의 가시나무를 메고 바람같이 다가왔다. 그에게 어디에 사느냐고 물으니 모퉁이만 돌면 바로 그곳이라고 답하였다. 다시 가시나무를 무엇에 쓸려고 하는지 물으니 광주리를 엮을 것이란다. 그래서 그를 따라 갔다. 산 벼랑을 지나자 환하게 시야가 트였다. 산 골짜기를 흐르는 물소리가 졸졸 나고 계단식 밭이 층층이 쌓여 있었다. 이곳은 고요한 작은 산촌 마을이었다. 시냇물이 양편으로 흐르고 몇 집 농가가 흩어져 있었다. 붉은 벽돌에 청색 기와를 이고 있어 산뜻하고 깔끔했다. 처마 아래로는 누런 옥수수가 걸려있고, 집 옆의 감나무에도 붉은빛을 띤 감들이 있어 먹고싶어 입가에 군침이 감돌았다. 희디흰 큰 돌 위에 신선한 곶감이 널려 있었다. 양들은 시냇가에서 풀을 뜯고 닭들은 집 뒤뜰에서 벌레를 잡고 있었다. 게으른 두 마리 검은 개는 햇빛에 말리고 있는 푹신한 옥수수 껍질 위에 누워, 낯선 이가 와도 개의치 않고 나를 보고도 그대로 쭈그리고 앉아 단지 정겹게 느릿느릿 기지개를 폈다. 마을 속은 적막함이 감돌았다. 먼 곳에서 우연히 전기착암기 소리가 들려오는데 그것은 산 마을 사람이 돌을 캐내어 산 밖으로 날라 건축자재로 만들고 있는 것이다. 간간이 돌을 운반하는 차가 울퉁불퉁한 길 위를 덜컹거리며 지나가고 난 뒤 또 다시 적막이 흘렀다. 하지만 그것은 편안하고 온화한 적막감이었다. 촌 아낙 몇몇이 쭈그리고 올라가 지붕 위에서 곶감을 빛에 말리며 도란거리는 소리가 일상의 생활을 이끌어 내고, 붉은 곶감은 그들의 뺨을 발그스레 물들이며 빛을 내고 있었다. 두 명의 나이든 아낙은 문 앞에서 나의 구두창을 들여놓고, 바쁠 것 없는 손인 나를 사근사근하게 맞이하며, 진정으로 나를 집으로 들어와 차를 마시기를 청하였다. 나는 그들이 겪은 풍상의 얼굴로부터 한가하면서 만족스런 모습을 볼 수 있었다. 그것은 세상의 그 무엇과도 바꿀 수 없는 행복한 모습이었다. 아마도 이런 상태가 바로 천년 전 '선인'들의 생활모습이거나 그게 아니면 내가 꿈에 그리던 도화원(桃花源)이 아닐까. 동한 때 허신(許愼)이라는 노선생이 "선(仙)이란 사람이 산 위에 있는 모습이다"라고 일찍이 말하였다. 이는 자오곡 속의 선인을 말하는 것이 아닐는지?

2001. 12

후 기

가을에 그곳에 간 이후로 나는 다시 일곱 차례 자오곡에 갔었다. 그 중 두 차례는 석루산에 올랐다: 한 번은 2002년 4월에 누관대(樓觀臺) 감원조리(監院助理)인 임흥지(任興之) 일행과 함께, 한 명의 산주민을 청하여 안내자로 삼았다. 다른 한 번은 8월 초인데 한국 금선학회(金仙學會)의 최병주(崔炳柱) 회장 및 성도교협회(省道教協會)의 고혜법(賈慧法) 선생 일행과 함께 했는데 내가 안내역할을 맡았다. 산 꼭대기에 수많은 옛 벽돌과 기와 그리고 건축에 쓰였던 유적들이 있어서, 그곳이 그 옛날 도관 터였다는 것을 의심할 수 없었다. 김가기가 이곳에 머물렀다는 것 역시 단정할 수 있었다. 그리하여 우리는 이 산정상을 금선봉(金仙峰)이라고 불렀다. 이 외에 마지막으로 그 곳에 들어갔던 것은 8월 23일에 골짜기 안의 마애석각이 이미 그곳 현지의 문화재관리소에 의해 잘리어 옮겨져, 원래의 터에는 잔돌 무더기만이 남아있었다.

3

해동과 道로써 맺은 인연
(海東道緣)

2천년 전 진시황이 서복으로 하여금 삼천 동남동녀를 데리고 동쪽 바다 건너 발해 가운데 있다는 봉래 삼신산을 찾도록 보냈지만 한 번 떠나간 이후로 돌아오지 않았다. 현재 옛날에는 신선이 사는 섬이라 여겨졌는데 이제는 정다운 이웃 나라인 한국과 일본학자들이 서쪽으로 여행하여, 마침내 봉래 삼신산의 문화소식을 가지고 왔다. 하나의 숨결로 서로 이어져 내려오는 도교학술은 세 나라 학자들의 공통의 화제가 되었다.

― 편집자 수기

한국 고대의 선도 전통

· 최일범 ·
한국 성균관대 교수

1. 서론

고대인들은 옛부터 불로장생을 염원하여 깊은 산 어디에 죽지 않는 신선이 살고 있을 것이라고 생각하고 그러한 신선의 세계를 동경하였다. 즉 보통 사람들도 선도의 방술을 닦거나 불로장생의 선약(仙藥) 혹은 금단(金丹)을 제조하여 복용함으로써 불로장생할 수 있다고 믿었던 것이다. 진시황의 전설에 보이는 삼신산(三神山)은 고대인들의 신선사상을 보여주는 좋은 예이다. 선도사상은 신선들이 사는 이상적인 세계가 산(山)의 어디엔가 있다고 하여 산을 신성시하는 일종의 산악신앙을 내포한다. 또한 신선사상은 중국의 전국시대에 유행했던 방사(方士)들의 사상에서 비롯된 것으로서 인간의 수명을 연장하는 비법이나 음양오행의 우주 법칙을 이용하여 인간의 운명과 길흉을 점치는 방술(方術)을 가리킨다고도 한다.

선도의 불로장생의 방술에는 도인(導引), 벽곡(辟穀), 조식(調息), 단약(丹藥) 등의 방법이 있다. 도인은 오늘날의 체조와 같은 것이며, 벽곡이란 생식을 주로 하는 일종의 식이요법과 같다. 조식이란 호흡을 조절하는 법이고 단약은 각종 약물을 조합하여 불사약을 제조하는 법을 가리킨다. 이러한 방법들은 후대에 연금술로도 발전하였고 특히 의학을 발전시키는 토대가 되었다. 한국의 대표적인 한의학서인 동의보감에도 선도사상에서 나온 양생법이 다양하게 소개되어 있다. 이렇게 보면 선도는 고대의 산악 신앙과 샤머니즘에서 비롯되어 방사들의 도인, 벽곡, 단약 등 방술을 내포하는 신선 양생 사상을 가리킨다고 할 수 있다.

일반적으로 선도 전통은 고대 중국에서 발원한 것으로 알려져 있지만 한국의 고대에도 선도 전통이 면면히 계승되어 왔음을 알 수 있다. 한국의 지금의 영토는 압록강과 두만강 이남의 한반도에 불과하지만, 한국이 역사를 대략 4천여 년으로 본다면, 고대 한국인의 역사적 활동 무대는 한반도를 넘어 지금 중국의 동북부가 중심이 된다. 고조선 시대에 한국인의 활동은 주로 지금 중국이 동북부 지역이었으며, 이 지역을 중국 측에서는 예로부터 동이족(東夷族) 지역이라고 하였다. 동이족이란, 화하족(華夏族)이라고 불리우는 중국민족과 달리, 지금의 중국 동부 지역과 한반도에 분포하여 거주하던 족속들을 가리키며 고대 한국인 역시 동이족에 속한다.

동이족의 연원은 매우 오래되었다. 중국 신화에는 일찍이 화하족의 족장인 황제(黃帝)와 동이족에 속하는 치우(蚩尤)라는 족장의 전쟁에 관한 전설이 마치 고대 그리스의 트로이 전쟁 설화처럼 실려있다. 또한 중국 고대 왕조인 하(夏), 은(殷), 주(周) 중에서 은(殷)왕조는 동이족이 세운 것이며, 중국의 고전인 맹자에는 중국 고대의 전설적인 제왕인 순(舜)이 동이족이라고 기술되어 있다. 중국인들은 일찍이 동이족을 군자(君子)라고 표현하였는데, 중국의 고전인 논어에도 공자가 동이 지역을 군자가 거주하는 곳이라고 불렀다는 사실을 기록하고 있다.

이 밖에도 중국의 전설과 역사적 기술들은, 중국 민족의 문명과는 다른, 그들만의 독특한 문화를 가진 동이족에 대한 기술이 적지 않다. 그리고 고조선 지역에서 출토되는 생활용구인 토기나 청동기의 형태와 주거 양식과 무덤도 중국의 그것과는 사뭇 달랐다. 이로써 보면 한국 민족은 아득한 고대로부터 한국 민족의 독특하고 고유한 문화를 형성하여 발전시켜 왔음을 알 수 있는 것이다.

이로써 보면 한국 민족의 고유한 문화적 원천은 중국과 함께 오랜 역사를 가지고 있으며, 우리는 그것을 한국의 신화나 역사 자료는 물론 중국의 신화와 역사 자료를 통해서도 찾아 볼 수 있다. 한국 민족에게 계승되어 온 단군신화는 바로 이러한 한국 민족의 고유한 역사와 문화에 대한 신화적 형태를 대표하는 것이다. 즉 단군신화는 바로 고조선의 건국신화로서, 중국인들이 동이라고 부른 한국 민족의 고유한 고대의 선도 전통의 연원에 대한 신화인 것이다.

단군신화 외에도 고대 한국의 여러 부족국가의 건국 신화에도 선도적인 성격이 나타나 있다. [삼국사기]에 기록된 한국 고대 부족국가 중에서 북부여, 동부여, 고구려, 신라 등의 건국 신화도 단군신화와 유사한 선도적 의미를 갖고 있다. 즉 한국 고대 국가의 건국신화에는 천인합일을 통한 신인의 탄생이라는 특징을 공통적으로 보여주고 있는 것이다.

한국 고대의 선도 전통을 알 수 있는 또 하나의 자료는 신라 말기의 유학자이면서 불교와 도교에도 해박했던 최치원은 난랑비서라는 글에서 한국에 본래 현묘한 도인 풍류가 있어서 중국에서 전래한 유교, 불교, 도교 등 삼교를 수용하여 백성들을 교화하였다고 전하였다. 신라에는 특히 선도와 관련된 신화와 전설이 많이 남아 있는데 최치원이 난랑비서에서 말한 풍류는 바로 삼국 시대의 선도 전통을 보여주는 것이다. 그러므로 우리는 풍류 사상을 분석함으로써 단군 신화와는 또 다르게 표현된 한국 고대의 선도 전통을 살펴 볼 수 있다. 즉 단군 신화가 한국 고대의 선도 전통을 원시 종교(巫)의 신화 형태로 전하는 것이라고 한다면, 풍류는 한국 고대의 선도 전통을 직접 전하는 자료라고 할 수 있다.

2. 단군 신화와 신선 사상

오랜 역사와 문화적 전통이 있는 민족이라면 대부분 소박한 원시 형태의 종교 문화를 가지고 있으며 그것은 신화의 형태로 전승되어 온다. 단군 신화는 한국 민족의 건국 신화로서 그 속에 민족의 역사와 문화에 대한 연원적 의미를 담고 있다. 그러나 단군 신화에는 단순히 한국 민족의 문화와 역사에 대한 연원적인 의미만이 내포되어 있는 것은 아니다. 어떤 신화든지 처음에는 단편적인 이야기들이 입에서 입으로 구전되어 오다가 어느 시기에 하나의 신화로 재구성되고, 거기에는 신화를 재구성하는 시대적 배경과 역사적 의미가 실려 있게 된다.

우리는 단군 신화에서도 그러한 양상을 발견할 수 있다. 단군 신화가 보이는 최초의 문헌은 고려 시대의 승려 일연(一然)이 지은 삼국유사(三國遺事)이며, 비슷한 시기에 이승휴에 의해 지어진 제왕운기에도 역시 단군 신화가 실려있다. 삼국유사에 의하면, 단군 신화는 일연이 지은 것이 아니라 위서(魏書)와 고기(古記)에 실려

있는 기록을 모아서 하나의 신화로 구성한 것이며, 이승휴의 제왕운기(帝王韻紀)는 구삼국사(舊三國史) 본기(本紀)를 인용하여 단군 신화를 전하고 있다.

먼저 삼국유사에 전하는 단군 신화의 내용을 소개하면 다음과 같다.

위서(魏書)에 이런 말이 있다. '지금부터 2000년 전에 단군왕검이 있어 아사달에 도읍을 정하고 새로 나라를 세워 조선이라 하였으니 (중국의 왕인)요(堯)와 같은 때였다.'

고기(古記)에 이런 말이 있다. '옛날에 환인(桓因)이 서자 환웅(桓雄)이 있었는데, 하늘 아래에 뜻을 두어 인간 세상을 탐하였다. 아버지는 아들의 뜻을 알고 삼위 태백을 내려보니 인간을 널리 이롭게 할 만 하였다. 이에 천부인 세 개를 주고 가서 다스리게 하였다. 환웅이 무리 3천명을 이끌고 태백산 신단수(神檀樹) 아래에 내려와 그곳을 신시(神市)라고 하니 환웅천왕이다. 풍백과 우사, 운사를 거느리고 곡식, 운명, 질병, 형벌, 선악 등 인간의 360여 일들을 주관하면서 세상을 다스리고 교화하였다.

이때 곰 한 마리와 호랑이 한 마리가 같은 굴에서 살았는데 환웅에게 사람이 되게 해 달라고 빌었다. 그러자 환웅은 신령스러운 쑥 한 심지와 마늘 스무 개를 주면서 말하기를, "너희들이 이것을 먹고 백일 간 햇빛을 보지 않는다면 사람이 되리라"라고 하였다. 곰과 호랑이는 그것을 받아서 먹었는데, 곰은 그대로 지켜 21일 만에 여자의 몸을 얻었으나 호랑이는 지키지 못하여 사람이 되지 못했다. 웅녀는 혼인할 짝이 없어 신단수 밑에서 환웅에게 아이를 낳기를 기도하였다. 그러자 환웅이 잠시 사람으로 변하여 혼인하여 마침내 아들을 낳자 이름을 단군왕검(檀君王儉)이라 하였다. 중국의 요(堯)임금이 왕위에 오른 지 50년인 경인(庚寅)년에 평양성에 도읍을 정하고 처음으로 조선(朝鮮)이라고 하였다. 후에 기자가 조선에 봉해지자 단군은 아사달 산에 숨어 산신(山神)이 되었다.'22)

이상 단군신화의 내용을 정리해 보면 다음과 같다.

ㄱ) 하늘의 제왕인 환인의 서자 환웅이 하늘 아래의 인간 세상을 다스리고자 하여 인간을 널리 이롭게 할 만한 땅을 골라 천부인 3개를 주어 내려가 다스리게 하다.

ㄴ) 환웅이 바람의 신 풍백(風伯)과 비의 신 우사(雨師) 그리고 구름의 신 운사(雲師)를 거느리고 태백산 신단수 아래 내려와 곡식, 수명, 질병, 형벌, 선, 악 등 인간의 360여 가지 일을 맡아서 주관하였다.

ㄷ) 그 때 곰과 호랑이가 사람이 되기를 원하여 환웅에게 빌자, 환웅은 쑥과 마늘을 주고 굴에서 백일간 기도하라고 한다. 호랑이

---

22) 魏書云 乃往二千載 有壇君王儉 立都阿斯達(經云無葉山 亦云白岳 在白州地 或云在開城東 今白岳宮是) 開國號朝鮮 與高同時 古記云 昔有桓因(謂帝釋也) 庶子桓雄 數意天下 貪求人世 父知子意 下視三危太伯 可以弘益人間 乃授天符印三箇 遣往理之 雄率徒三千 降於太伯山頂(卽太伯今妙香山) 神壇樹下 謂之神市 是謂桓雄天王也 將風伯雨師雲師 而主穀主命主病主刑主善惡 凡主人間三百六十餘事 在世理化 時有一熊一虎 同穴而居 常祈于神雄 願化爲人 時神遺靈艾一炷 蒜二十枚曰 爾輩食之 不見日光百日 便得人形 熊虎得而食之 忌三七日 熊得女身 虎不能忌 而不得人身 熊女者無與爲婚 故每於壇樹下 呪願有孕 雄乃假化而婚之 孕生子 號曰壇君王儉

는 견디지 못하고 곰은 21일간을 기도하자 여인의 몸을 받고 웅녀가 되어 환웅과 혼인하여 단군왕검(檀君王儉)을 낳는다. 단군은 아사달에 도읍을 정하고 조선(朝鮮)을 개국하니, 중국의 요(堯)임금과 같은 시기이다. 후에 단군은 아사달에 숨어 산신이 되었다.

단군신화에는 풍부하고 깊이 있는 원시 문화적 의미를 보여 주고 있다. 단군신화에는 하늘과 땅 그리고 인간을 신격화한 다양한 神의 세계가 등장한다. 환인과 환웅은 천신(天神), 곰은 지신(地神)이며, 단군은 산신(山神)을 나타내고 있는 것이다. 그리고 이 삼신(三神)은 다른 민족의 신화에서는 찾아볼 수 없는 특이한 관계를 구성함으로써 우리 민족의 독특한 사유와 문화 체계를 설명하고 있다.

먼저 주목할 것은 천신인 환인과 환웅의 의미이다. 환인이 하늘 세계를 지배하는 지고무상한 천신이라면, 환웅은 지상의 세계로 내려와 인간의 몸으로 변화하여 웅녀와 결합함으로써 단군을 낳는다. 이것은 무엇을 의미하는 것일까?

하늘이란 고대인들에게 있어서 인간 세계를 초월한 절대적이고 이상적인 세계를 의미한다. 즉 단군신화는 환인을 통해서 우리 민족이 절대적이고 초월적인 신을 신앙하고, 이상세계를 지향하는 종교적 사유가 있음을 설명하고 있는 것이다. 한편 환웅은 하늘이라는 이상적인 세계가 단지 하늘에만 존재하지 않고 지상에도 실현됨을 나타낸다. 즉 환인의 초월성은 환웅을 통해서 지상 세계로 운반되는 것이다. 그런데 우리가 단군신화에서 주목할 것은 막상 지상 세계에 하늘의 이상적인 모습을 실현할 주체는 천신인 환웅이 아니라 인간인 단군이라는 것이다.

 신화 속에서 단군은 평양에 도읍을 정하고 나라를 세워 조선이라고 한다. 즉 지상 세계를 다스리는 주체는 환웅이 아닌 단군이 되는 것이다. 이것은 하늘의 이상적인 의지를 지상에 실현할 주체는 하늘이 아니라 바로 인간이라는 의미를 나타내고 있다. 즉 인간은 하늘의 의지를 지상 세계에 실현할 실천 주체로서 뚜렷한 존재의 의미를 갖게 되는 것이다. 하늘의 의지를 실현할 터전이 지상 세계이니 만큼 인간에게는 하늘과 땅의 의미가 조화롭게 융화하지 않을 수 없다. 신화에서 환웅과 웅녀가 결합하여 단군이 탄생한다는 것은 바로 인간이 주체가 되어 하늘과 땅을 융화함을 의미한다고 보아야 할 것이다.

 인간이 하늘과 땅을 조화롭게 융화한다는 것은 바로 인간이 주체가 되어 천신이며 아버지인 환웅의 의지를 받들어 지상세계에 실현하는 것을 의미한다. 그런데 여기에서 우리는 웅녀의 의미를 생각하지 않을 수 없다. 신화에 보이는 바와 같이 웅녀는 인간의 몸을 얻기 원하여 마늘과 쑥만을 먹으며 굴에서 햇빛을 보지 않고 수련하고 기도하는 과정을 거치게 된다. 이러한 자기 정화의 과정을 거친 후에 비로소 웅녀는 환웅과 결합하여 단군을 잉태하게 되는 것이다. 그러므로 웅녀의 기도는 바로 인간이 하늘과 땅을 조화롭게 융화하여 실현할 주체자가 되기 위한 수련 과정을 상징한다고 할 수 있다. 즉 웅녀가 자기 수련의 과정을 거친 후에 환웅과 혼인하여 낳은 단군이 신선이 된다는 것은 단군신화가 고대 한국의 선도 전통을 말한다는 것을 알 수 있다. 환인, 환웅, 단군이 삼신일체의 신격(神格)으로 자리 잡고 인간을 널리 이롭게 한다는 홍

익인간의 정신은 한편으로는 우리 민속에서 무속의 형식을 통해 민중종교로서 깊은 뿌리를 내려 왔다.23)

이상으로 단군신화의 내용과 그 의미를 살펴보았다. 정리해보면 단군 신화에는 우리 민족의 고유한 경천(敬天), 신선(神仙)사상이 나타나 있고, 나아가서 하늘과 땅 그리고 사람이 하나가 되는 삼신일체(三神一體)의 사상이 있으며, 인간이야말로 하늘의 의지를 받들어 땅에서 홍익인간을 실현할 주체자라는 인도(人道)주의 정신이 드러나 있는 것이다. 이와 같이 인간을 중시하고, 인간이 주체가 되어 하늘의 뜻을 지상에 구현한다는 단군 신화의 인도주의 정신은 우리 민족의 역사 속에서 계승되어 유교, 불교, 도교 등 외래 사상을 주체적으로 수용하고 융화하는 축으로 작용한다.

단군신화에 보이는 이러한 정신은 신라 말에 최치원에 의해 풍류의 삼교합일 정신으로 표현되었다. 풍류를 닦은 신라의 화랑들은 수려한 자연에서 신인합일하는 정신적 수련을 통해서 유·불·도 삼교를 융화함으로써 통일된 이념으로 삼국 통일의 위업을 달성하였다는 것이다.

3. 한국 고대의 무속과 신선사상

무속은 기본적으로 신령들이 세계와 인생을 지배하고 있다고 믿

---

23) 단군신화가 고대 한국의 선도와 연관된 것은 趙汝籍의 靑鶴集에도 보인다. 靑鶴集에는 東方仙派의 계보가 제시되어 있다. 즉 桓因은 明由에게, 明由는 廣成子에게 선도를 전수받았다고 한 것이다. 莊子 外篇 在宥篇에도 黃帝가 空洞山으로 廣成子를 찾아가 선도를 전수받았다는 기록이 있다. 그런데 廣成子가 중국의 동쪽 靑邱에 살았다고 하는 기록이 있는 것으로 보아 한국 고대의 선도와 연관성도 짐작할 수 있다.

는 신앙이다. 자연계는 물론 인생의 길흉화복은 모두 신령이 지배하므로 인간은 신령과 교제하지 않으면 안 된다고 믿으며 그것을 위해 굿이라는 제사 형태의 종교 의식을 치른다. 굿을 치르면서 무당의 정신은 점차 엑스터시(Extacy)의 상태로 들어가 마침내 신을 체험하게 된다. 이렇게 굿을 통해 신령을 부르고 인간의 정성을 바침으로써 신의 힘을 빌어 소원을 성취한다는 것이다.

한국의 무속 신앙에는 단순히 굿을 하는 무당뿐 아니라, 점치는 사람, 경(經)을 읽는 사람, 관상이나 사주를 보거나 풍수지리를 보는 사람들까지 실로 잡다한 성격의 인물들이 섞여 있어서 거대한 민간 신앙의 형태를 이루고 있다. 무속을 이끄는 무당은 일종의 종교적 체험인 신병(神病)을 앓고 난 후 신과 대화하고 교통할 수 있으며 때로는 신의 영적인 능력을 대신 발휘하는 영매(靈媒)이다. 즉 우리나라의 무당이 신앙하는 신은 산신(山神), 칠성신(七星神), 천신(天神), 용신(龍神) 등 자연신과 장군신이나 조상신 등 다양하며, 무당은 이들 신의 영력에 의해 길흉화복 등 인간의 운명을 점치고 굿을 통해 조절하는 능력을 보인다.

이러한 한국 무속신앙의 특징은 다음과 같이 정리되기도 한다. 첫째, 자연신을 숭배함으로써 다신교적 경향을 보이며 둘째, 특정 부족의 생존과 번영을 일정한 동물과 연관짓는 토템 신앙이 두드러지며 셋째, 만물에 정령이 깃들어 있다는 애니미즘적 특성이 있고 넷째, 신성관념과 부정관념이 있어 부정관념에 의한 금기의 개념이 나타나며 다섯째, 영혼의 불멸을 믿고 시조신이나 조상신의 관념을 통해 혈연 공동체 의식과 일체감을 불러일으킨다는 것이다.

우리 민족에게 무속은 선사시대부터 전래된 것으로 그 뿌리가 매우 깊다. 근래 고고학계에서는 청동거울, 청동방울, 청동단검 등 청동기 유물을 통해 우리 무속의 역사가 기원전 1000년 전부터 시작된다고 한다. 즉 무당이 청동거울을 통해서 예언하고, 청동 방울을 흔들어 신을 부르며 청동단검으로는 짐승 등 희생을 베어 제단에 바치는 제사 의식이 이 시기에 한반도 전역에 퍼져 있었다는 것이다. 아시아 북방 문화권에 속하는 모든 민족에게서 샤머니즘은 보편적인 원시 종교현상이며, 우리의 무속은 동북아-시베리아 샤머니즘 종교문화권에 속해 있다고 한다.

고대 우리 민족의 종교 생활은 신화와 제사 의식에 대한 기록을 통해서 볼 수 있다. 신화가 원시 종교를 설명한 일종의 논리체계라면 제사 의식은 신화의 실제적 드러남이라고 할 수 있다. 신화에 대해서는 단군 신화를 대표적으로 들 수 있고, 제사 의식은 부여(夫餘)와 고구려(高句麗) 그리고 예(濊)에서 국가적 행사로 거행했다는 영고(迎鼓), 동맹(東盟), 무천(舞天)이 있었음을 알 수 있다. 이는 단순히 제사 의식이라기보다는 국민 전체가 참여하는 국가적 축제였다. 중국의 사서인 삼국지(三國志) 위지(魏志) 동이전(東夷傳)에 전하는 부여의 영고에 대한 기록을 보면 다음과 같다.

은(殷)나라 정월(正月)에 하늘에 제사 지냈다. 나라에 대회(大會)를 열어 연일 음주가무(飮酒歌舞)를 하였으며 이를 영고라고 불렀다. 이 때에는 형벌도 금하고 죄수들도 풀어주었다. 전쟁이 있을 때도 또한 하늘에 제사 지냈다. 소를 죽여 그 발굽을 보고 길흉을 점쳤다.[24]

---

24) 以殷正月祭天國中大會連日飮酒歌舞名曰迎鼓於是時斷刑獄解囚徒--有軍

이처럼 하늘에 제사를 지내면서 국민이 모두 음주가무(飮酒歌舞)하는 것은 고대 우리 민족의 독특한 종교 의식이었다. 하늘은 최고의 신앙 대상이었으며, 음주가무는 단순한 오락이 아니라 군중이 음주가무 함으로써 신령과 인간이 서로 교감하는 일종의 무속적 종교 체험으로 해석될 수 있다. 즉 음주가무를 통해서 정신적으로 일종의 신들림을 체험하는 것이다. 이는 지금도 우리가 '신난다', '신명난다', '신바람 난다'는 말을 쓰는 것으로써 확인할 수 있다.

이러한 집단적 종교 의식은 단순히 종교적 의미를 넘어서 원시 계급사회의 갈등을 해소하는 정치적·사회적 의미도 아울러 갖는 것이었다. 그러므로 고대 우리 민족의 원시 종교는 크게 두 가지 의미로 해석될 수 있다. 하나는 원시 제정일치 사회에서 종교가 담당했던 정치적·사회적 의미이고, 다른 하나는 순수한 민속 종교적 의미이다. 이렇게 보면 오늘날 민간에서 전하고 있는 무속 신앙은 단지 기복적인 민속 신앙의 형태만을 전함으로써 고대 우리 민족의 원시 종교가 갖는 근본적인 의미를 온전하게 전승한다고 할 수 없다.

단순한 기복 신앙의 형태가 아닌 고대의 우리 민족의 원시 종교가 전승된 흔적은 삼국시대에 시작하여 고려까지 이어진 국중 행사인 팔관회(八關會)에서 찾을 수 있고, 또한 그 정신은 고대로부터 계승된 것으로 알려진 신라의 풍류(風流) 혹은 화랑도(花郞徒)와 선가(仙家)를 통해서 알 수 있다.

事亦祭天殺牛觀蹄以占吉凶蹄解者爲凶合者爲吉

4. 풍류(風流)와 화랑도(花郞徒)와 선가(仙家)의 전통

신라 말기의 유학자 최치원은 난랑비서라는 글에서 풍류에 대해 다음과 같이 말하였다.

우리나라에 현묘(玄妙)한 도(道)가 있으니 풍류(風流)라고 한다. 풍류가 설립된 연원은 선사(仙史)에 자세히 기록되어 있는데, 삼교(三敎)를 포함하여 백성을 교화하였다.[25]

이 글을 통해서 우리가 알 수 있는 것은 첫째, 우리 민족에게 옛부터 풍류라는 고유한 도(道)가 있었다는 것이며, 둘째, 풍류는 유불도 삼교 등 외래 종교를 수용하여 민중들을 교화한 현묘한 도라는 것이며, 셋째, 풍류는 선가(仙家)에 속하는 종교 내지는 사상이라는 것이다. 다시 말하면 우리 민족에게는 중국으로부터 삼교가 전해지기 전에 이미 고유한 도인 풍류를 가지고 있었으며, 풍류가 주체가 되어 삼교를 수용했다는 것이다.

풍류의 실체는 화랑도에 대한 기록을 통해서 살펴 볼 수 있다. 삼국사기에서는 화랑에 대해 다음과 같이 전하고 있다.

그들은 서로 도의(道義)를 연마하기도 하고 혹은 가락을 즐기기도 하면서 산수에 노닐며 가지 않는 곳이 없었다. 이로써 서로 누가 옳고 그른지 알아 좋은 사람을 가려 조정에 추천하였다. [26]

---

25) 國有玄妙之道曰風流設敎之源備詳仙史實乃包含三敎接化群生
26) 三國史記 卷4 眞興王37年條. 或相磨以道義或相悅以歌樂游娛山水無遠不至因此知其人正邪擇其善者薦之於朝

여기에서 가락을 즐기며 산수에 노닐었다는 기록은 풍류의 의미를 짐작할 수 있는 단서가 된다. 고대인들에게 노래와 음악은 단순히 즐기기 위한 오락이 아니라 종교적 의미가 있는 것이었다. 고대의 의례인 영고(迎鼓), 무천(舞天), 동맹(東盟)에서 연일 진행된 음주 가무 역시 하늘에 제사를 지내는 의식이었던 것과 같이 화랑들의 노래와 음악도 역시 이러한 종교적 전통을 계승한 것이었다. 그것은 삼국유사에 화랑들이 노래로써 재앙을 물리쳤다는 기록이 여러 번 나오는 것을 보아도 알 수 있다. 진평왕 때 융천사(融天師)는 혜성가를 노래하여 혜성을 사라지게 하고 왜병(倭兵)을 물리쳤으며, 경덕왕 때 월명사(月明師)는 향가(鄕歌)인 도솔가(도率歌)를 지어 태양이 두 개가 된 변괴를 물리쳤다고 한다.

화랑도가 민족 전래의 도라는 것은 이들이 국선(國仙)으로 불리었다는 점에서도 알 수 있다. 즉 화랑도는 또한 선인(仙人)으로서 선도를 닦는 무리였으므로 그들을 대표하는 선인은 국선으로 불리었던 것이다. 삼국사기에 보이는 김유신에 관한 기록에 의하면, 김유신은 삼국 통일의 대업을 이루기 위해 산 속에 있는 석굴에 들어가 하늘에 맹세하며 기도한 끝에 마침내 산신(山神)을 만나 방술(方術)을 얻게 된다. 이러한 김유신의 수업과정은 바로 화랑들이 산수에 노닐면서 도의를 연마한 과정이 단군신화에 보이는 무속적 상징과 같음을 알 수 있게 한다. 즉 화랑들은 하늘을 신앙하며 산 속의 동굴에서 심신을 수련하여 마침내 하늘과 하나가 되는 종교 체험을 거치게 되는 것이다. 삼국사기 열전에 보이는 김유신전에서 김유신이 방술을 익히고 그것을 전쟁에 사용했다는 내용을 보면 다음과 같다.

公(공)의 나이 15세에 花郎(화랑)이 되었는데, 당시 사람들이 洽然(흡연)히 복종하였으며, (郎徒(낭도)들을) 龍華香徒(용화향도)라고 일컬었다. 眞平王(진평왕) 建福(건복) 28년 辛未(신미)에 公(공)의 나이 17세였는데, 고구려・백제・말갈이 국경을 침범하는 것을 보고 慷慨(강개)하여 寇賊(구적)을 평정할 뜻을 품었다. (그래서) 혼자 中嶽(중악) 石窟(석굴)에 들어가 齋戒(재계)하고 하늘에 고하여 맹세하기를 "敵國(적국)이 무도하여 豺狼(시랑)과 범이 되어 우리 疆域(강역)을 侵爆(침폭)하여 거의 평안한 해가 없습니다. 나는 한낱 미약한 신하로서 재주와 힘을 헤아리지 않고 뜻을 禍亂掃淸(화란소청)에 두고 있사오니 上天(상천)은 下監(하감)하시와, 나에게 手段(수단, 能力)을 빌려주십시오" 하였다. 거기에 있은 지 4일에 문득 한 노인이 褐衣(갈의)를 입고 와서 말하기를 "이 곳에는 毒蟲(독충)과 猛獸(맹수)가 많아 무서운 곳인데, 貴少年(귀소년)이 여기에 와서 혼자 거처하니 어찐 일인가?" 하였다. [庾信(유신)이] 대답하기를 "어른께서는 어디서 오셨습니까? 尊名(존명)을 알려주실 수 있겠습니까?" 하니, 노인이 "나는 일정한 주소 없이 인연을 따라 행동을 하는데, 이름은 難勝(난승)이라 한다"고 하였다. 公(공)이 이 말을 듣고는, 그가 非常(비상)한 사람인 것을 알고 再拜(재배)하며 나아가 "나는 新羅(신라) 사람입니다. 나라의 원수를 보니, 마음이 아프고 근심이 되어 여기에 와서 만나는 바가 있기를 원하고 있었습니다. 바라옵건대 어른께서는 저의 정성을 애달피 여기시어 方術(방술)을 가르쳐 주시옵소서" 하였다. 노인은 잠잠하여 말이 없었다. 公(공)이 눈물을 흘리며 간청하여 6, 7차까지 마지않으니 그제야 노인은 "그대는 아직 어린데 三國(삼국)을 병합할 마음을 가졌으니 장한 일이 아닌가?" 하고, 이에 秘法(비법)을 傳(전)하면서 "조심해서, 함부로 전하지 말라. 만일 不義[불의:不適當(부적당)]한 일에 쓴다면 도리어 재앙을 받을 것이다" 하였다. 말을 마치고 작별을 하며 2리쯤 갔는데, 쫓아가 보니 보이지 않고 오직 山(산) 위에 5色(색)과 같은 찬란한 빛이 나타나 있을 뿐이었다.

建福(건복) 29년(西紀(서기) 612)에, 이웃 賊兵(적병)이 점점 迫到(박도)하니, 公(공)은 더욱 비장한 마음을 激動(격동)하여, 혼자서 寶劍(보검)을 들고 咽薄山[인박산:慶州] 깊은 골짜기 속으로 들어가서, 향을 피우며 하늘에 고하고 祈願(기원)하기를 마치 中嶽[중악:見上(견상)]에서 맹세하듯이 빌었더니, 天官神(천관신)이 빛을 내려 寶劍(보검)에 靈氣(영기)를 주었다. 3일 되는 밤에 虛宿(허숙)·角宿(각숙) 두 별의 뻗친 빛이 환하게 내려 비추니 劍(검)이 動搖(동요)하는 것 같았다.[27]

신라의 선도는 신라의 시조인 박혁거세가 선도성모(仙桃聖母)의 소생이라는 설화에도 보인다. 선도성모는 본래 천제(天帝)의 딸로

---

27) 公年十五歲爲花郎 時人洽然服從 號龍華香徒 眞平王建福二十八年辛未 公年十七歲 見高句麗百濟靺鞨 侵軼國疆 慷慨有平寇賊之志 獨行入中嶽石崛 齊戒告天盟誓曰〔齊 當作齋〕 敵國無道 爲豺虎以擾我封場 略無寧歲 僕是一介微臣 不量材力 志淸禍亂 惟天降監 假手於我 居四日 忽有一老人 被褐而來 曰此處多毒蟲·猛獸 可畏之地 貴少年爰來獨處 何也 答曰 長者從何許來 尊名可得聞乎 老人曰 吾無所住 行止隨緣 名則難勝也 公聞之 知非常人 再拜進曰 僕新羅人也 見國之讐 痛心疾首 故來此 冀有所遇耳 伏乞長者憫我精誠 授之方術 老人默然無言 公涕淚懇請不倦 至于六七 老人乃言曰 子幼而有幷三國之心 不亦壯乎 乃授以秘法曰 愼勿妄傳 若用之不義 反受其殃 言訖而辭行二里許 追而望之 不見 唯山上有光 爛然若五色焉 建福二十九年 鄰賊轉迫 公愈激壯心 獨携寶劍 入咽薄山深壑之中 燒香告天 祈祝若在中嶽 誓辭仍禱 天官垂光 降靈於寶劍 三日夜 虛角二星光芒赫然下垂 劍若動搖然

서 신선의 방술을 익히고 신라에 와서 신선이 되었다고 한다. 지금도 신라의 수도였던 경주에는 성모사(聖母祠)가 있어서 선도성모에게 제사를 올린다고 한다. 이 밖에 영랑, 술랑, 남랑, 안상 등 사선(四仙)의 설화에도 신라의 선풍이 나타난다. 사선은 화랑들 중에서도 신선의 경지에 도달하였다고 하며, 그들이 노닐었다는 유적이 오늘날 속초의 영랑호의 명칭에 남아 있다.[28]

화랑도의 특수성은, 전래의 무속적 전통을 계승하고 있으면서도 단순히 종교적인 의미에 머물지 않고, 도의를 닦아 우수한 인재를 조정에 추천하는 교육적이고 사회적인 기능까지 갖고 있었다는 점에 있다. 신라로부터 고려에 이르기까지 계승된 것으로 알려진 팔관회(八關會) 역시 단순한 종교 의식이 아닌 사회적 기능을 갖는 것이었다. 팔관회란 천령(天靈) 오악(五嶽)의 명산 대천과 용신(龍神) 등에게 제사를 지내면서 나라에서 대회를 열어 연일 임금과 신하 그리고 백성들이 함께 가무를 즐기며 단합하는 대축제였다.

고려 의종(毅宗)이 내린 다음과 같은 칙령에 의하면 팔관회와 선도가 같은 전통임을 알 수 있다.

仙風을 숭상하라. 옛 신라에서는 선풍이 크게 행하여 천룡이 기뻐하고 백성과 만물이 편안하였다. 그래서 조종 이래로 그 遺風을 숭상한지 오래되었다. 근래에 양경의 팔관회가 날로 쇠락하여 유풍이 희미하니 이제부터 팔관회를 열되 양반가에서 재물이 풍족한 자를 선가로 정하여 고풍에 따라 행하여 백성과 하늘이 다 기뻐하

---

[28] 사선의 전설은 청학집과 동문선 71의 李穀의 東遊記에도 보인다. 사선 중에서 영랑이 환인의 선도를 문박씨를 통해서 전수받았다고 전한다.

도록 하라.29)

　이로써 보면 화랑과 풍류 그리고 선가는 다같이 우리 민족 고유의 전통이며 종교로서 인식되었음을 알 수 있다. 이와 같이 고려시대에도 고대로부터 전승된 선도의 전통이 있었음을 알 수 있다. 화랑과 풍류의 전통이 있었던 신라 시대에는 최치원이 지적한 바와 같이 유불도 삼교가 서로 대립하지 않고 수용하였는데 예를 들면 화랑들을 위해 만든 세속오계에는 불교뿐 아니라 유교와 도교의 가르침이 함께 있었던 것과 같다. 다시 말하면 이와 같이 서로 다른 종교들을 조화롭게 수용할 수 있는 근거가 풍류에 내재되어 있었다는 것이다.

　이와 같이 서로 다른 종교적 이념을 수용하여 조화롭게 포용할 수 있었던 근거야말로 풍류에 내재한 전통적 지혜라고 할 수 있다. 하늘에 제사를 지내는 종교적인 제천의례를 나라에 대회로 승화하여 통치자와 백성이 함께 즐길 수 있는 계기로 이끌었고, 또한 심신의 수련을 통해 천인합일하는 종교적 체험을 나라를 위해 인재를 선출하는 도의의 연마로 승화시켰던 것이 고대 우리 민족의 원시 종교인 무속을 계승한 풍류와 화랑의 전통이었다는 것이다.

5. 결론

　지금까지 한국 고대의 선도 전통에 대해서 개략적으로 살펴보았

---

29) 遵尙仙風, 昔新羅仙風大行, 由是龍天歡悅民物安寧, 故祖宗以來崇尙其風久矣 近來兩京八關之會日減舊格遺風漸衰, 自今八關會預擇兩班家産饒足者定爲仙家依行古風致使人天咸悅

다. 이로써 보면 한국의 선도 전통은 고대 동이족의 원시문화에서 그 연원을 찾을 수 있다. 한국 민족에게 계승되어 온 단군신화는 바로 이러한 한국 민족의 고유한 역사와 문화에 대한 신화적 형태를 대표하는 것이다. 즉 단군신화는 바로 고조선의 건국신화로서, 중국인들이 동이라고 부른 한국 민족의 고유한 고대의 선도 전통의 연원에 대한 신화인 것이다. 단군신화 외에도 고대 한국의 여러 부족국가의 건국 신화에도 선도적인 성격이 나타나 있다. 『삼국사기』에 기록된 한국 고대 부족국가 중에서 북부여, 동부여, 고구려, 신라 등의 건국 신화도 단군신화와 유사한 선도적 의미를 갖고 있는 것을 발견할 수 있다. 즉 한국 고대 국가의 건국신화에는 천인합일을 통한 신인의 탄생이라는 선도적 특징을 공통적으로 보여주고 있는 것이다. 이러한 전통은 후에 신라의 화랑으로 계승된다. 화랑을 청년 수련단체로서 산수를 오가며 혹은 서로 연마하고 기도하면서 인격을 수양하였다. 그들을 통해서 한국 고대에 중국으로부터 전래된 유불도 삼교는 서로 갈등 없이 하나로 수용될 수 있었다. 이는 국가적으로는 팔관회라는 의식으로 남아 고려시대까지 지속되었다. 그리고 이러한 선도의 전통은 조선시대로 이어지게 된 것이다. 한국의 역사와 사회에서 선도는 일반적인 종교와는 다른 특이한 역할과 기능을 하였으며, 지금도 그것은 계속되고 있다. 즉 하나의 독립된 종파나 종교로 존재하여 다른 종교와 대립하는 것이 아니라 자연히 민간에 하나의 수련 문화로 수용되어 다른 종교 간의 이질성을 융화하는 기능을 한다는 것이다. 이러한 특성은 선도가 한민족에게 원형적인 문화로서 자연스럽게 존재하기 때문이라고 생각한다.

고대 일본과 도교

• 野崎充彦 •
일본 대판시립대학 교수

1. 서언

일본 고대의 사상 연구계에서 도교사상의 영향에 관해서 부정적 견해가 지배적 위치를 차지하고 있다. 그 이유는 다음과 같다: 복영광사(福永光司)는 본거선장(本居宣長: 1730-1801년) 등의 국수주의 사상가 및 불교학자들의 영향을 받았기 때문이라고 생각한다.[30] 즉 전자는 고대 일본은 외국의 영향을 받지 않고, 순수한 일본의 종교세계(神道)로서 존재하였다. 그리하여 일본의 황국주의 사관의 기초를 이루었다. 그리고 후자의 경우는 불교 이외의 종교를 저속한 것으로 여기어 배타적 태도를 취한 결과 야기된 것이다.

이런 기초 위에 필자는 여기서 시험삼아 고대 일본에 영향을 준 조선문화가 무시되거나 경시되고 있다는 문제를 제기할 것이다. 요즘은 이 문제에 관하여 이미 상당한 정도의 개선과 수정이 이루어지긴 하였지만 여전히 불충분하다. 수당시대를 고찰해보면 일본이

---

30) 福永光司, 『일본 고대사와 중국의 도교』(『도교와 일본문화』)에 수록되어 있음.(人文書院, 1982년)

수당으로 파견한 외교사절이 20여 차례에 달하고, 발해로 파견한 사절이 13차례, 신라로 파견한 사절이 30여 차례에 달한다.31) 반대로 고구려, 백제, 신라 및 발해로부터 온 일본사절의 수량을 다시 살펴보자면 이들 피차간의 영향관계의 심원함을 이루다 상상하기 어렵다. 도교사상도 그 예외가 아니다. 본문은 여기서 조선과의 관계를 중점으로 삼아 고대일본과 도교라는 문제를 논술할 것이다.

2. 고대 일본의 신선이야기

『고사기(古事記)』(712년 엮음)·『일본서기(日本書紀)』(720년)와 같이 고대일본을 기재하고 있는 서적 속에서 우리는 약간의 신화이야기를 볼 수 있다. 예를 들면 수인천황(垂仁天皇)(제11대, 재위 B.C. 29 - A.D. 70년)32)이 재위할 때 天皇의 명을 받고, '상세국(常世國)'을 방문하여 '비시향과(非時香果)'를 가지고 돌아왔다는 전도간수(田道間守)의 이야기가33) 바로 그 가운데 하나이다. 여기서 말하는 '상세국'은 전도간수가 귀국한 후 말하는 "만리에 걸친 파도를 밟고, 머나먼 약수를 건넜다. 이 상세국은 신선들의 신비한 곳으로 속인들이 이를 수 있는 곳이 아니다"34)라는 단락으로부터 그것이 신선세계를 가리킨다는 것을 알 수 있다.

---

31) 池田溫, 『隋唐世界와 日本』(『唐과 日本』)에 수록되어 있음.(吉川弘文館, 1994年)
32) 第一代 神武天皇(재위 B.C. 660-585년)으로부터 第十六代 仁德(재위 A.D. 313-399년)에 이르기까지의 재위연한은 후세의 위작이라고 여겨지며 그 신뢰도가 낮다.(津前左右吉, 『神代史의 硏究』)
33) "九十年春二月庚子朔, 天皇命田道間守, 遣常世國, 令求非時香果"(『日本書紀』垂仁天皇 九十年條).
34) 위와 같은 책, 垂仁天皇 九十九年條: 萬里踏浪, 遙渡弱水. 是常世國, 則神仙秘區, 俗非所臻.

107

이 외에도 죽은 뒤에 백조가 되어 날아갔으며, 관 속에는 단지 옷가지만을 남겨 놓았다는 일본 무존(武尊)의 전설[35]은 분명히 시해선(尸解仙) 이야기를 싣고 있는 것이다. 더욱이 어떤 고기 잡는 사람이 바다에서 한 마리 큰 거북이를 낚았는데 그것이 여자로 변하자, 그는 그녀를 취하여 아내로 삼고서, 함께 바다 속의 봉래산(蓬萊山)으로 달려갔다는 이 포도자(浦島子) 전설 속에도 농후한 신선이야기 색채가 충만하다.[36]

이와 같은 이야기는 비록 신선사상의 심각한 영향 아래 형성된 것이지만 조선·중국 등 외국의 영향이 완전히 배제되었다. 이런 이야기들은 일본만이 가진 이야기로서 철저하게 강조되고 있지만 방향을 바꿔 보다 역사성을 지닌 무대로부터 볼 때 사실상 결코 이와 같지는 않다. 아래의 일절은 시험삼아 역사적 사실로부터 나온 것을 도교와의 관련된 자료에 나가서 분석한 것이다.

3. 도교의 전래와 침투

"겨울 십일월 경오 그믐에 백제 국왕이 돌아가는 사절인 대별왕 등에게 부탁하여, 경론 약간 권과 아울러 율사, 선사, 비구니, 주금사, 불상을 만드는 장인, 절을 세우는 장인 등 여섯 사람을 바쳤다.……"[37]

---

35) "仍葬于伊勢國能褒野陵, 時日本武尊化白鳥, 從陵出之, 指倭國而飛之. 君臣等因以開其棺槨而視之, 明衣空留而尸骨無之."(위의 책, 景行天皇, 四十年條)
36) "丹波國余社郡管川人瑞江浦島子, 乘舟而釣, 遂得大龜. 便化爲女. 于是, 浦島子感以爲婦. 相逐入海. 至蓬萊山, 歷睹仙衆."(위의 책, 雄略天皇, 二十二年條)
37) 冬十一月庚午朔, 百濟國王, 付還使大別王等, 獻經論若干卷, 幷律師・禪

이것은 『일본서기』 제20권 중의 민달천황 6년(577년)의 조목이다. 위의 글에서 볼 수 있는 주금(呪禁)이라는 말은 원래 경부·좌도·고독 등과 관련 있는 민간 방기의 일종이지만 후에는 의술의 하나가 되었으며 후한으로부터 수당시대에까지 태의령(太醫令)에 속했던 것은 중국이 백제를 거쳐 일본으로 전해졌기 때문이다. 여기서 그것의 도교적 색채는 담박하지만 아래의 기록의 경우는 매우 두드러지고 뚜렷해 보인다.

"십이월 겨울에 백제 승려인 관륵이 왔다. 력서 및 천문지리에 관한 책 그리고 둔갑방술에 관한 책을 바쳤다. 이 때 서생 서너 명을 선발하여, 그들로 하여금 관륵에게서 배우도록 하였다."38)

이것은 추고천왕(推古天王) 10년(602년)의 기록이며, 여기서 말하는 '둔갑방술(遁甲方術)'은 의심할 여지가 없는 도교적 방술이다. 따라서 그것은 일본 최초의 도교와 관련된 서적의 전래에 대한 기록이 된다.

그 외에 『고사기』 속의 응신천왕(應神天皇: 재위 270-310)39) 때 왕인(王仁)이 백제(百濟)로부터 "『논어』 열 권과 『천자문』 한 권으로 모두 열한 권의 책"40)을 지니고 왔다는 기록이 있는데, 당시 이 속에 방술과 관련된 서적이 포함되어 있을 가능성이 매우 크지만

師·比丘尼·呪禁師·造佛工·造寺工六人……
38) 冬十月, 百濟僧觀勒來之. 仍貢歷本及天文地理書, 幷遁甲方術之書. 是時, 選書生三四人, 以俾學習于觀勒矣.(앞과 같은 책, 卷二十二)
39) 주3에서 기록하고 있는 것처럼 이것은 결코 정확한 재위연수가 아니다. 진실한 연대는 마땅히 아래로 더욱 멀리 거슬러 내려간다.
40) 論語十卷·千字文一卷, 幷十一卷.

이것은 단지 추측에[41] 한할 따름인 것이 아쉬울 따름이다.

그렇다면 추고천황 15년(607년)에 창건된 법융사(法隆寺)에 있는 약사여래상(藥師如來像)의 드러난 등에 '지변대궁치천하천황(池邊大宮治天下天皇)'이라는 글자가 새겨져 있다. 이로부터 진전좌우길(津田左右吉)은 '천황'이라는 칭호가 그 시기부터 사용되기 시작하였다고 생각한다.[42] 진전(津田)은 중국의 『춘추위(春秋緯)』·『사기(史記)』의 천관서(天官書)와 봉선서(奉禪書)·『진서(晉書)』천문지(天文志)와 갈홍(葛洪)의 저작으로 여겨지는『침중서(沈中書)』및『신이경(神異經)』등 수많은 문헌자료를 연구함으로써 아래와 같은 결론을 얻어냈다: "본래 천황은 천제(天帝)의 의미를 갖으며, 후에 북두성(北斗星)의 명칭이 되는 동시에 신선(神仙)으로 여겨져, 종교신앙의 대상이 되었으며, 천제의 개념과 함께 결합되었다."

천황이라는 칭호가 중국에서 기원한 것임은 이미 다방면에서 이끌어 낼 수 있지만 그것이 사용되기 시작한 시기에 대해서는 진전이 약사여래상의 광배명(光背銘)을 근거로 삼는 것과 연결하여, 광배명의 시간연한이 추고조(推古朝)를 거슬러 올라갈 수 없다고 생각하는 점 및 중국의 자료가 일본으로 전래된 시간과의 관계 등 각 방면으로부터 보면 이 칭호가 곧 천무조(天武朝: 재위 673-686년) 이후에 형성된 것이라는 견해가 현재로서는 다수를 차지한다고 말할 수 있다. 그래서 추고조를 거쳐 도교신앙이 신속하게 일본국내

---

41) 王仁에 대한 기록은『日本書紀』卷十에 근거하고, 應神天皇 十六年(A.D. 條에 보인다. 그러나 기록 중에 구체적인 서적명칭은 나오지 않는다.)
42) 津田左右吉,「天皇考」(『東洋學報』제10권 3호, 東洋協地調査部, 1920년. 그 뒤『津田左右吉全集』卷三에 수록됨.)

로 침투되었다는 이 현상은 더욱 분명해진다.

칠월 가을에 동국(東國) 부진하(不盡河) 주변사람인 대생부다(大生部多)가 마을 사람들에게 벌레에 대하여 제사를 지내라고 권하며 말하길, "이것은 상세신(常世神)이시다. 이 신께 제사를 드리면 부귀와 장수를 불러온다"라고 하였다. 무격 등이 마침내 신의 말에 거짓되이 의탁하여 "상세신께 제사를 드리면 가난한 자는 부자가 되며 늙은이는 젊어진다……"라고 말하였다.[43]

이것은 황극천황(皇極天皇) 원년(元年)(643년)의 조이다. 위의 서술에 따라 우리는 수도(首都) 대화(大和: 奈良)뿐만이 아니라 동국의 부진(不盡: 富士)하(河) 지대(地帶)에서도 부귀와 불로장생을 가지고 온다는 '상세신'과 같은 도교신앙이 두루 퍼졌음을 알 수 있다. 저 일대에 일찍이 조선으로부터 왔다고 하는 도계씨족(渡系氏族)의 진씨집단(秦氏集團)이 거주하고 있다는 것은 그들이 이 상세신앙과 어떤 관련성이 있을 가능성이 매우 크다고 생각할 수 있다.

마찬가지로『일본서기』권26의 제명천황(齊名天皇) 원년(元年: 605년)에 다음과 같은 조가 있다:

5월 여름 경오 그믐날에 공중으로 용을 타고 오는 자가 있었는데 그 용모가 당나라인(唐人) 같았다. 청유립(靑油笠)을 쓰고 있었

---

43) 秋七月, 東國不盡河邊人大生部多, 勸祭蟲于村里之人曰, 此常世神也, 祭此神者, 致富與壽. 巫覡等遂詐托于神語曰, 祭常世神者, 貧人致富, 老人還少…….(『日本書紀』卷二十四)

으며 갈성령으로부터 은생구산으로 달렸다. 오시에 이르자 주길송령 위로부터 서쪽으로 달렸다.44)

이것은 공중을 나는 한 기인을 기술하였다. 그 용모가 '당나라인(唐人)'과 유사하다는 점이 결코 '당'이 곧 중국이라는 것을 의미하지는 않는다. 왜냐하면 훈독(일어의 고유음)할 때 '당(唐)'과 '한(韓)'은 모두 'Kara'라고 읽으며, 많은 경우 그것을 구분할 수 없기 때문이다.

동시에 인물이 활동한 무대인 갈성령은 사람들의 입으로 전해내려 오는 잘 알려진 곳으로, 산 정상과 정상 사이에서 비상하며 자유로이 귀신을 부리고, 이 같은 요술로 백성들을 미혹시킨 것 때문에 유배에 처해진 역소각(役小角)이 활동한 무대이다.45) 그의 제자로서 단정되는 한국연광족(韓國連廣足)이라는 이름이 나타내는 것처럼, 그의 조상이 조선과 깊은 연원관계를 지닌 가문출신이라는 점을46) 거울삼아, 여기서 출현하는 당인 역시 마찬가지로 조선과 깊은 연원을 지니고 있을 것이라는 생각은 자연스런 것이다. 그 뿐만이 아니라 이 한국연광족은 또한 줄곧 부(符)나 주(咒)와 같은 방술을 지닌 명인으로서 대대로 전해 내려져 왔다.47)

---

44) 夏五月庚午朔, 空中有乘龍者, 貌似唐人. 着青油笠, 而自葛城嶺, 馳隱生駒山. 及至午時, 從于住吉松嶺之上, 向西馳巨.
45) 『續日本紀』, 文武天皇 三年(699년) 五月條.
46) 『속일본기』, 桓武天皇 3년(790년) 십일월조. 동시에 이곳의 韓國連이라는 氏族名은 廣足의 조상 鹽兒가 조선 남부로 파견되었다는 이야기로부터 얻은 이름으로, 비록 渡來氏의 민족은 아니지만 조선과의 깊은 연원관계는 변하지 않는다고 말할 수 있다.
47) 『東大寺要錄』卷二, 緣起章, 辛(kara)國이야기를 참고할 것.

4. 도교천황(道敎天皇) 천무제(天武帝)의 등장

위에서 우리가 둘러본 내용으로부터 고대일본에서 신선이야기를 중심으로 삼는 도교사상이 광범위하게 퍼진 후에 스스로 도교방술을 부리는 천황이 마침내 등장하기 시작한다는 것을 알 수 있으며, 그는 바로 제40대의 천무천황(天武天皇: 재위 673-686년)이다. 그는 이처럼 '천순중원영진인(天淳中原瀛眞人)'이라는 순전히 도교와 같이 부드러운(和風) 시호를 가진 천황(天皇)은[48] 도교를 주체로 삼는 황족 가운데 유일한 것이다.

『일본서기』 가운데 천무천황은 '천문둔갑'에 능한데, 그 구체적 일례로서 주어진 것은 그의 형 천지천홍이 죽은 후 그가 그의 형의 아들(천무의 조카)과 황제의 자리를 다툴 때 "장차 황하에 미치자 먹구름이 끼었는데 그 넓이가 열길 남짓 하늘에 걸려 있었다. 이 때 천황이 이것을 이상하게 여기고, 친히 촛불을 잡고 식말 하길, 천하가 양분될 조짐이다. 그러나 짐이 마침내 천하를 얻겠구나"[49] 라고 말한 것처럼, 식점(式占)을 거행하였고 그와 동시에 "이날 밤 우뢰와 번개가 치고 비가 심하게 내리자, 천황이 신께 '천신 지신 이시어 짐을 보살피는 이여 번개와 우뢰를 그치소서'라고 빌었다. 말이 그치자마자 우뢰와 비가 그쳤다"[50]라고 이처럼 기술하는 것은[51] 그 역시 마음대로 천기(天氣)를 좌우할 수 있는 위력을 지니

---

48) 上田正昭, 『和風諡號와 神代史』(『古代의 道敎와 朝鮮文化』(人文書院, 1989年)에 실려있음.)
49) 將及黃河, 有黑雲, 廣十丈餘經天. 時天皇異之, 則擧燭親秉式占曰, 天下兩分之祥也, 然朕遂得天下歟.
50) 此夜, 雷電雨甚, 天皇祈之曰, 天神地祇扶朕者, 雷電息矣. 言訖卽雷雨止之.
51) 모두『日本書紀』卷二十八, 卽位前紀六月條와 같다.

고 있다는 것을 말한다. 그렇다면 천무는 어떻게 이런 도교방술을 장악하여 변하게 하는 것이 가능한 것일까? 백제의 영향을 무시할 수 없다고 생각할 수 있다.

　백제는 일찍이 중국의 송조(宋朝)에 사자(使者)를 보내어(450년) 『역림(易林)』의 식점(式占)과 요노(腰弩)의 일을 얻기를 희망하는 것으로부터 우리는 알 수 있다. 일찍이 중국 남조 때에 백제는 중국의 불전·오경·의약·방술 등 각종 각양의 문물을 이끌어들였으며, 또한 7세기 초엽에 이르러서는 송의 원가력(元嘉曆)을 사용하고 있었다. 앞에서 말한 백제 승려 권륵(勸勒)이 가지고 돌아온 것 역시 이것과 상관 있는 서적이며, 백제가 멸망(664년)한 뒤 떠도는 백제인들로 인해 그 영향력이 급속히 증가되었을 것이라는 것 역시 쉽사리 상상된다. 일본에서 가장 오래된 불교고사집인 『일본영이기(日本靈異記)』(약 824년에 성립) 속에 몸에 뛰어난 방술을 품고 있었던 백제 승려들의 기이한 이야기가 많이 보존되어 있다.

　천무천황이 직접 백제인 혹은 백제 승려에게서 방술을 배웠다는 기록은 존재하지 않지만 나중에 천무의 병이 명치부분에 들었을 때 당시 백살의 장수를 자랑하던 백제 승려 상휘(常輝)에게 포상하였다는 것(장수를 사람들이 본받아야할 것으로 여김)과 마찬가지로 백제 승려였던 법장(法藏)이 백술(白術)을 헌상하고 천무를 위하여 '초혼(招魂)'하였다는 일[52]을 고려해 본다면 천무에게 도교방술을 전수한 이가 백제 이외의 사람이라고 생각할 수 없으며 또한 말이 지나친 것이 아니라고 말할 수 있을 것이다.

　도교 이외에 불도(祓刀)를 바치거나 한어(漢語)를 이용하여 사

---

52) 『日本書紀』 卷二十九, 天武天皇 十四年 十月 十一日條.

(詞)를 외우는 '대불(大祓)'이라는 궁정 제사의식에서도 한직문부(漢直文部)와 같은 백제계(百濟系)의 도래인(渡來人)들과 관련이 있다는 점53) 역시 그들이 일본 조정에서 지울 수 없는 존재였다는 것을 엿볼 수 있다.

5. 맺는 말

이 이후에 장실왕(長室王: 684?-729년)이 비밀리에 좌도를 친근히 하며, 국가를 전복시키려 시도한 반역죄에 처하여 죽음에 이르렀던 것처럼 몇 번이나 도교방술을 이끌어 온 정변(政變)이 없었던 것이 아니다. 고대일본은 도교사상이 가져온 영향은 천무(天武) 조에 절정에 달하였고 그 이후는 점차로 쇠퇴해 갔다. 이것은 율령체제를 점차로 정비해 가는 대화조정(大和朝廷)에 대하여 말한다면 이전에 이로써 왕권을 지지해 주던 막대한 위력의 방술(方術)이나 부주(符咒)의 존재와 필요성이 이미 쇠약해졌으며 이런 방술이나 부주조차 점차로 하나의 위험요소로 간주하게 되었다.

그러나 도교가 일본으로 전해져 오는 과정 중에 백제의 영향이 발휘한 작용은 매우 견고한 것이다. 평안경을 개척한 환무천황(재위 781-806년)으로서 그는 중국 고대의 천제제사를 본받아 익혀서, '백제왕씨(百濟王氏)'라고 불리워지는 도래인이 몰려 사는 교야지(交野地)에서 호천상제(昊天上帝)에게 제사를 드렸다.54) 그리고 그의 생모인 고야신원(高野新垣)은

---

53) 『令義解』卷二「神祇令」. 이외에 文部는 동서로 나뉘어, 東文部는 곧 백제인 阿直岐의 자손이고 西文部는 낙랑인 王仁의 자손이다.
54) 『續日本紀』卷三十九, 桓武天皇, 延歷四年(785年) 十一月條.

(뒤에) 먼저 백제 무녕왕의 아들 순타태자로부터 나왔으며……
그 백제의 먼 조상인 도모왕(都慕王)은 하백의 딸이 해의 정기(日
精)를 감하고 태어났다……55)

   시조신화 속에 분명하게 기재되어 있는 것은 백제계 가세출신을 지닌 여성이다. 황후의 이 출신씨족은 그녀로 하여금 천황릉 묘지(天皇陵墓地)에서 조차 한 자리의 땅을 다투도록 하였다.56) 고대 일본사회가 매우 강한 모계사회의 특징을 띄고 있다는 것과 관련시켜보면 환무(桓武)의 호천제사(昊天祭祀) 중에는 반드시 모계혈통으로부터 온 어떤 필연적인 영향이 감추어져 있을 것이라고 미루어 생각할 수 있다.
   이상은 고대일본이 백제를 중심으로 삼아, 조선을 거쳐 도교사상을 받아들였다는 문제에 대하여 간략하고 거칠게 한 고증이자 연구이다.

---

55) 상게서, 卷四十, 延曆八年(789年) 十二月條: (後)先出自百濟武寧王之子純陀太子, ……其百濟遠祖都慕王者, 河伯之女感日精而所生…….
56) 水野正好, 『墳墓』(朝日出版社, 1987年).

북창 정렴의 내단사상

· 김낙필 ·
원광대 교수

1. 머리말

『龍虎秘訣』의 저자인 북창(北窓) 정염(鄭磏, 1506-1549)은 조선 내단사상(內丹思想)의 흐름을 이해하는 데 매우 중요한 위치를 차지한다. 그는 실천적 체험을 통해 내단사상을 심화시키고 후세에 전해주었기 때문이다. 정렴의 자(字)는 사결(士潔), 호(號)는 북창(北窓)이며 그 외에도 청패(靑破), 청계도인(淸溪道人), 양정도인(陽井道人) 등으로 불리어졌다. 북창은 유(儒)·불(佛)·선(仙) 삼교(三敎)에 폭넓은 식견을 지녔으며 천문, 의약, 복서(卜筮), 율려(律呂) 등에도 두루 해박하였다고 전해진다.[57]

조정에서는 북창이 천문, 의약, 율려에 능통하다 하여 장악원 주부(掌樂院 主簿)로 임명하였다. 후에 북창은 관상감(觀象監), 혜민서(惠民署) 교수를 역임하고 포천 현감을 맡았다. 얼마 후 관직에서 물러나 경기도 양주에서 은거하여 두문불출하고 고요한 수양에 전념하였다.[58] 북창은 스스로를 상강(謫降)한 신선에 비유하고 유

---

[57] 持平 許穆撰「北窓先生行蹟」, 鄭樂勛 編, 『溫城世稿』.

유자적하는 방외(方外)의 삶을 누렸다.

手把靑蛇斷世緣 손에 검을 잡고 세상 인연 끊어버리고
幾從笙鶴上蒼天 선학을 좇아 몇 번이나 푸른 하늘을 올라갔던가
曾經物外三千劫 일찍이 물외에서 삼천겁을 지냈고
又謫人間二十年 또 인간에 적강하여 20년을 지냈구나
肘後丹方深寂寂 주후단방 탐구하기 적적한데
腹中黃卷擩玄玄 품속의 도서는 더욱 현묘하도다
蓬丘桃熟須臾事 봉래산의 복숭아 익는 것도 잠깐인데
塵海茫茫歲屢遷 속세는 아득하여 여러 해가 바뀌었구나59)

하루는 자신의 만장(挽章)을 스스로 짓고 단정하게 앉은 채 세상을 떠났다.

一生讀罷萬卷書 한평생 만 권의 책을 읽고
一日飮盡千鐘酒 하루에 천 종의 술을 마셨네
高談伏羲以上事 높은 담론은 복희전 이야기요
俗說從來不掛口 속설은 본래 입에 담지 않았네
顔回三十稱亞聖 안회는 삼십에 아성이라 부르는데
先生之壽何其久 선생의 수는 어찌 그리 길던고 60)

---

58) 위와 같음.
59) 「自述」, 「北窓先生詩集」, 『溫城世稿』.
60) 「自挽」, 『北窓先生詩集』, 『溫城世稿』.

그의 가계도(家系圖)에 의하면 북창 가문에는 대대로 내단수련가(內丹修煉家)들이 배출되었으며 특히 북창은 계향당(桂香堂) 정초(鄭礎, 1495-1539), 고옥(古玉) 정작(鄭碏, 1533-1603)과 함께 일가삼선(一家三仙)으로 불리어졌다고 한다.[61] 이러한 가풍은 그 후 총계당(叢桂堂) 정지승(鄭之升, 1550-1589), 동명(東溟) 정두경(鄭斗卿, 1597-1673), 정돈시(鄭敦始, 1756-1785) 등으로 계승되어 조선조의 대표적 선가가문(仙家家門)을 형성하였다. 오숙(吳䎘)은 고대 한국 선가(仙家)의 걸출한 인물로서 김가기(金可紀), 최치원(崔致遠), 영랑(永郎), 술랑(述郎) 등을 꼽고 그 이후의 대표적 인물로 계향당(桂香堂), 북창, 고옥 등을 제시한 바 있다.[62]

북창의 내단사상을 알 수 있는 기본자료는 내단수련의 방법을 기술한 『용호비결』(龍虎秘訣)로서 신돈복(辛敦復)에 의해[63] 『단학지남』(丹學指南), 또는 『양생지남』(養生指南)이라고도 불리어졌다. 『용호비결』은 서문과 폐기(閉氣), 태식(胎息), 주천화후(周天火候) 등 세 가지 항목으로 구성되어 있는데 이들은 모두 내단수련의 구체적 방법에 관해 논한 것이다. 본문 사이에 주석 같이 보이는 내용이 첨가되어 있는데 후에 첨가된 것인지, 아니면 원래부터 『용호비결』의 내용인지 구별하기가 어렵다. 여기서는 일단 모두 『용호비결』의 내용으로 간주하기로 한다.

이밖에 『북창고옥시집』(北窓古玉詩集)에 실린 한시(漢詩) 가운데에도 내단사상에 침잠한 흔적이 적지 않게 나타난다. 이들 자료

---

61) 梁銀容, 「新出 丹學指南과 北窓 鄭礦의 養生思想」, 韓國道教思想研究會 編, 『道教의 韓國的 受容과 轉移』, 1994, P.377.
62) 首陽 吳䎘, 「北窓古玉先生詩集拔」, 『溫城世稿』.
63) 『丹學指南』 p.50, 『道教의 韓國的 受用과 轉移』, 韓國道教思想研究會編, 1994, p.409.

및 그의 행적에 관한 기록을 종합하여 그의 내단사상을 살펴보려고 한다.64)

2. 북창 내단사상의 연원

득양자(得陽子) 한무외(韓無畏, 1517-1610)의 『해동전도록』(海東傳道錄)에서는 한국 내단사상의 흐름을 기술하면서 북창이 조선조 초기의 인물 청한자(淸寒子) 김시습(우별호 : 梅月堂, 1435-1493)의 선맥(仙脈)을 계승하였다고 말한다. 이 책에서 밝히는 『용호비결』로부터 북창에 이르는 선맥의 흐름은 다음과 같다.

김시습 - 정희량 - 승 대주 - 정렴, 박지화

『해동전도록』에서는 또 김시습이 허암(虛庵) 정희량(鄭希良, 1469-?)에게 『옥함기』(玉函記)와 『내단지요』(內丹之要)를 전수해 주었다고 기록하나 그 문헌들의 구체적 내용은 알기 어렵다. 『해동전도록』에서는 통일신라 말엽 입당(入唐) 유학생들에 의해 신원지(申元之)의 소개로 중국의 종리권(鍾離權)으로부터 내단사상이 전래되었다고 기록한다. 북창 내단사상의 연원을 중국의 종리권, 신원지로 소급시키는 셈이다.

이 내용 중 북창이 김시습으로부터 실제로 선맥을 전수 받았는가는 확인하기 어려우나 내단사상을 이해하는 과정에서 도움을 받

---

64) 『丹學指南』은 辛敦復의 저서라는 반론이 있어 여기서는 포함시키지 않았다. 다만 『丹學指南』속에 포함된 『養生指南』은 『龍虎秘訣』의 또 다른 판본으로서 중시하였다.

았을 가능성은 크다고 본다. 김시습은 이미「복기」(服氣),「수진」(守眞),「연용호」(鍊龍虎) 등 내단사상에 관한 상당한 식견을 보여주는 글을 남겼으며 그 자신 상당한 정도 내단수련을 체험하였기 때문이다. 김시습은 손사막(孫思邈, 581-682)과 진단(陳摶, 871?-989)의 풍모를 흠모했다고 한다. 손사막은 저명한 의학가이자 양생가로서『천금요방』(千金要方)이란 저술을 남겼다. 이 가운데「양성」편은 내단수련의 기초가 되는 호흡법을 자세히 기록하고 있다. 김시습의 복기(服氣)에 관한 조항은 대부분 양성편의 내용을 그대로 인용하고 있다. 이를 통해 그의 도교사상의 바탕에 손사막의 양생사상이 자리잡고 있음을 추측할 수 있다.65) 진단은 유・불・도 삼교에 해박한 바탕에서 독특한 내단이론을 전개한 인물이다. 이는 김시습이 지닌 삼교융합적 삶의 모습과 관련이 깊다고 볼 수 있다.

북창이 박지화(朴枝華, 1513-1592)와 비슷한 사상적 흐름에 서 있다는 내용도 신뢰할 만하다. 박지화와 북창 형제는 교분이 두터웠으며 함께 내단사상에 침잠하였기 때문이다. 북창이 박지화에게 보낸 다음의 시는 그러한 정황을 보여주는 한 예이다.

道同嘉穀要除蝗 도는 좋은 곡식과 같아 해충을 제거해야 하니66)
細讀黃庭靜炳香 『黃庭經』을 숙독하며 조용히 향불을 피우네.
秘訣不煩休問我 비결은 번거롭지 않으니 나에게 묻지 마오
山中石髓不曾甞67) 산중의 석수를 아직 맛보지 못했네.

---
65) 安東濬,『金時習 文學思想硏究』, 韓國精神文化硏究員 博士論文, 1995, p.95.
66) 三尸虫을 제거해야 함을 비유한 것 같다.

정희량(1469-?) 역시 선가적(仙家的) 풍모가 농후한 인물이므로 북창이 그 영향을 받았을 가능성이 크다. 북창이 김시습과 정희량을 통해 실제로 내단사상의 선맥을 전수 받았는가는 확인하기 어렵다. 그러나 김시습, 정희량 등의 사상적 영향을 받은 것은 부인하기 어렵다. 따라서 이들간의 상호 관계에 관한 『해동전도록』의 기록은 상당한 설득력이 있다.

박지화의 시를 통해 교유관계를 살펴보면 북창 고옥형제, 남사고 등 화담(花潭) 서경덕(徐敬德, 1489-1546)의 학풍을 직접, 간접으로 계승한 인물들과 친밀했음을 알 수 있다.68) 북창 자신도 화담을 존경하며 스승처럼 섬겼다. 이는 서경덕의 인품과 산림에의 은거생활 및 도학, 역학, 수학 등 북창과 유사한 학문적 경향 등에 연유한 것으로 보여진다.69) 다음 시에서는 그러한 일면이 잘 나타나고 있다.

病中聞說花潭逝 병중에 화담이 서거했단 말을 듣고
驚起推窓占少微 놀라 일어나 창을 열고 소미성에 점을 친다
死者如今不可作 떠난 분은 살릴 수 없으니
強顏於世俗何依 염치 모르는 나는 누구를 의지할꼬 70)

다만 북창 내단사상의 연원에 관해서는 좀더 검토할 필요가 있다. 북창이 명(明)에 가서 담론할 때 한국에 삼신산(三神山)이 있고

---

67) 「酬朴君實三首」, 『北窓先生詩集』의 七言絶句, 『溫城世稿』.
68) 申炳周, 『南冥學派와 花潭學派研究』, 一志社, 2000, p.249.
69) 孫燦植, 『朝鮮朝 道家의 詩文學研究』, 國學資料院, 1995, p.102.
70) 「聞花潭損世」.

독자적으로 유구한 선맥이 있음을 강조하였기[71] 때문이다. 이는 스스로 그 선맥을 계승했음을 시사하는 것으로 받아들일 수 있다. 그가 남긴 다음의 시에서는 자신이 술랑, 남랑, 영랑, 안상 등 신라의 사선의 맥을 이었음을 암시하고 있다.

四仙飛上白雲端 사선은 흰 구름을 타고 비승하였으며
壁上靈書不改丹 벽에 쓰인 靈書에는 새로이 단청을 칠하지 않았네.
陳跡偶尋千載後 지난 자취 천년 후에 우연히 찾아드니
前身疑是舊仙班 아마도 전생의 도반인 듯 의심되네.[72]

북창의 후손인 동명(東溟) 정두경(鄭斗卿, 1597-1673)의 "우리 동방에는 산수가 웅장하여 단군, 기자 이래 복기(服氣), 연형(鍊形)하고 바람을 호흡하며 이슬을 마시는 사람들이 반드시 많이 있었을 것이나 우리 민족이 숭상하지 않은 탓으로 잘 전승되지 않았으니 이것이 물외지사(物外之士)가 심히 애석하게 여기는 바이다." 라는[73] 언급에도 주목할 필요가 있다. 북창의 가문에서는 한국 고유의 선맥을 확신하고 이를 계승하려는 사명의식이 있었던 것으로 보인다.[74] 이를 고려하면 북창의 내단사상의 연원은 고유의 선맥

---

71) 許穆撰 北窓先生行蹟, 『溫城世稿』, "東國有三神山 白日昇天 尋常見之 何足貴乎"
72) 「四仙亭」, 『北窓先生詩集』, 『溫城世稿』. 洪萬宗의 『海東異蹟』에는 四仙亭이 江原道 固城 海邊에 있다고 기록되어 있다. 金剛山 附近에 四仙의 遺跡이 많은 것과 관련이 깊다.
73) 我東山水 雄於六合 自檀箕以來 服氣鍊形吸風飲露之輩 必多矣 不尙故不傳 是以物外之士甚恨之, 洪萬宗, 『海東異蹟』, 李錫浩 譯注, 乙酉文庫 241, 1981, p.215.
74) 鄭在書,「溫城世稿를 통해본 朝鮮朝 丹學派의 理念的 性格」, 『道敎文化硏

과 중국에서 전래된 내단사상의 접합점에서 찾는 것이 타당하다고 본다. 필자의 사견으로는 입당유학생들을 통해 당의 내단사상이 통일신라에 전래됨을 계기로 두 가지가 결합한 것으로 본다. 이는 앞으로 좀더 논의가 필요한 부분이다.

3. 삼교융합적 경향

북창은 내단사상에 침잠하긴 했지만 유·불·선 삼교에 해박한 식견을 지니고 있었다. 송기수(宋麒壽)는 그의 행적을 기록하면서 다음과 같이 그의 사상편력을 기술한다.[75]

"신선되는 방술이나 불경에 이르러서도 모두 통찰하였으며 선불교의 돈오(頓悟)나 방외(方外)의 화후공부(火候工夫)도 경험하지 않음이 없었다. 더욱 귀한 것은 아는 것이 이미 해박한데도 오로지 성학(聖學)으로써 마음을 세우는 근본으로 삼았다는 데 있다."

위의 글을 통해 북창이 선·불의 사상을 폭넓게 섭렵했을 뿐 아니라 실제적인 수련을 체험했음을 알 수 있다. 그러면서도 성리학적 성학을 기본적 입각지로 삼았다는 것이다. 이는 성리학을 존중하는 당시의 사상적 분위기를 반영한 것으로 생각된다. 이를 감안하면 그가 유·불·선 삼교의 이론과 실천 양면에 고루 조예가 깊

究』, 제 11집, 韓國道敎文化學會, 1997, p.362.
75) "至於仙方佛經 亦皆洞曉 禪學頓悟方外火候工夫 無不歷驗 尤可貴者 所知旣博 專以聖學爲立心之本", 吏曹判書宋麒壽撰, 「北窓先生行蹟」, 『溫城世稿』.

었음을 알 수 있다.

정광한(鄭光漢)이 찬(撰)한「북창선생묘기」(北窓先生墓記)에 의하면 동생인 고옥이 항상 "공은 타고난 바탕이 탁월하여 삼교에 박통하였다. 수양하고 섭생함은 도에 가깝고 해오함은 선에 가까우며 인륜강상에 바탕하여 떳떳이 행함은 한결같이 우리 유학에 바탕하였다"라고[76] 말했다고 한다. 즉 도교적 수양과 불교적 깨달음, 유교적 인륜의 실행이라는 세 가지를 조화시킨 인물이라는 것이다. 이 표현대로라면 북창은 전통사상에서 모색되었던 하나의 이상, 즉 유·불·선을 조화한 인격에 근접한 인물이었던 것 같다. 송대 이후 삼교융합을 지향했던 내단 제파(諸派)의 이상이 바로 유교적 인륜의 실천과 불교적 깨달음, 도교적 명공(命功)의 수련을 종합하려는 것이었음에 유의할 필요가 있다. 북창이 중국의 내단사상에 어느 정도 접했는가는 알기 어려우나 결과적으로는 매우 유사한 사상적 경향을 지니게 된 것이다. 그렇다면 이러한 사상적 개방성은 어디에서 연유하는 것일까? 근본적으로는 개인적인 성향에서 연유한다고 하겠으나 굳이 영향관계를 생각해보면 우선 삼교에 넘나든 김시습의 사상적 개방성에서[77] 그 연원을 찾을 수 있다. 나아가 그 사상적 연원을 멀리 한국 고대의 풍류도(風流道)에서 찾는 견해도[78] 일리가 있다고 본다. 한편 허목(許穆)도 유사한 입장에서 다음과 같이

---

76) "公生而靈異 博通三教 其修攝似道 解悟類禪 倫常行誼 一本吾儒",『溫城世稿』.
77) 李栗谷은 그러한 김시습의 사상적 開放性에 관해 아래와 같이 평한 바 있다. "於道理 雖少玩索存養之功 以才智之卓 有所領解 橫談竪論 多不失儒家宗旨 至如禪道二家 亦見大意 深究病源"『栗谷全書』, 卷 14,「雜著」, 金時習傳.
78) 鄭在書,「溫城世稿를 통해본 朝鮮朝 丹學派의 理念的 性格」,『道教文化研究』, 제 11집, 韓國道教文化學會, 1997, p.358.

언급한다.79)

"선생은 삼교를 관통하였으며 그 근본은 우리 유교를 주체로 삼았다. 그러므로 자신의 운심처사나 다른 사람을 가르치는 것이 공자의 사상에서 벗어난 것이 없었다. 항상 '성학은 인륜을 주로 하나 선·불은 명심견성(明心見性)을 주로 하니 이것이 삼교가 다른 점이나 선·불은 대동소이하다'라고 말하였다."

위의 내용에서는 선·불을 대동소이하다고 본 점이 눈에 띈다.80) 이는 송대 이후의 내단사상에서 엿볼 수 있는 선불동원론(仙佛同源論)과 흐름을 같이 하는 것으로 생각된다. 다만 명심견성을 중심으로 하여 선·불의 본질을 파악하는 것은 이례적인 일로서 논의의 여지가 있다.

이러한 선불동원론적 시각은 그 후 권극중(權克中, 1585-1659)의 『참동계주해』(參同契註解), 신돈복(辛敦復, 1692-1647)의 『직지경』(直指鏡), 『중묘문』(衆妙門)등에서도 발견되는 공통된 입장이므로 조선 내단사상에서 하나의 전통으로 형성되었다고 말할 수 있다.

---

79) "先生貫通三敎 其本一以吾儒爲主 故處己敎人無一外於孔子之術者 常論三敎曰 聖學主人倫 仙佛主明心見性此三敎所以異 仙佛大同小異",「北窓先生行蹟」,『溫城世稿』.
80) 宋麒壽가 撰한「北窓先生行蹟」의 기록도 비슷하다. "聖學以人倫爲重 不論其要妙處 仙佛則專以修心見性爲本 故上達處多 下學處專闕 此三敎所以異 仙佛則大同小異"

4. 내단주체론(內丹主體論)과 역추론(逆推論)

『용호비결』에서는『참동계』(參同契)를 단학(丹學)의 비조(鼻祖)로 받아들이고 이를 내단적 입장에서 이해한다. "『참동계』일편은 실로 단학의 비조로서 천지의 도에 계합시키고 역의 괘효(卦爻)에 비유함으로써 초학자들이 헤아릴 수 있는 바가 아니다"81)라고 말한 것이 그것이다. 나아가 "수단(修丹)이 내 기식(氣息)중에 있음을 알지 못하고 밖으로 금석(金石)에서 구하며 장생을 얻으려다 도리어 요절한 자가 많았다"82) 라고 말함으로써 내단주체의 입장을 분명히 한다.

그러나『용호비결』은 주로 수련의 방법론에 역점을 두어 밝히기 때문에 더 이상의 상세한 이론적 설명은 보이지 않는다. 김시습의 용호에 관한 설명을 보면 정기(鼎器), 약물(藥物), 화후(火候) 등 내단사상의 삼요소에 관한 내용을 이미 잘 인식하고 있음을 보여준다. 즉 인체를 정기로 삼고 수화이기(水火二氣)를 약물로 삼고 문화무화(文火武火)를 화후로 삼아 성태(聖胎)를 이루는 과정을 잘 밝히고 있다.83) 여기서 용호는 수화이기를 의미한다. 북창이 스스로의 수련법을『용호비결』로 부른 것은 북창과 김시습과의 관계를 고려할 때 김시습의 용호론(龍虎論)과 관련이 깊다고 추측된다.

김시습의 용호론은 원대(元代)의 전양자(全陽子) 유염(兪琰, 1258-1314)이 지은『참동계발휘』(參同契發揮)에 관한 깊은 연찬

---

81) "參同契一篇 實丹學之鼻祖 顧亦參天地比卦爻 有非初學者之所能蠡測"
82) "不知修丹於吾氣息之中 而外求於金石 欲得長生 反致夭折者 多矣"『용호비결』, 서문.
83)『梅月堂集』, 卷 17. 雜著.

에 바탕한 것이므로84) 『참동계』에 관한 송대 이후 내단적 주석을 충분히 수용한 산물이었다. 북창은 김시습의 용호론과 그 배경이 되는 중국의 참동계학을 섭렵했을 가능성이 많다. 이를 고려하면 신돈복(辛敦復)이 지적하듯85) 『용호비결』은 『참동계』에서 제시한 내단사상에 접근해 들어가는 구체적 방법론의 의미를 지닌다고 볼 수 있다.

다만 『용호비결』에서 단편적인 언급이나마 주목할 만한 것은 내단사상을 정초하는 데 중요한 이론적 기초가 되는 역추론이다.

"고인이 말하기를 순(順)하면 사람이 되고 역(逆)하면 선인이 된다고 하였다. 무릇 一(太極)이 二(陰陽)를 낳고 二가 四(四象)를 낳고 四는 八(八卦)을 낳고 八에서 六十四(六十四卦)에 이르러 만사로 분화되는 것이 人道이다.(順推功夫) 가부좌를 틀고 단정히 앉아 발을 드리운 듯 눈을 감고 만사의 어지러운 잡념을 걷어치우며 一도 없는 太極에 돌아가니 이것이 선도이다.(逆推功夫)"86)

'順'한다는 것은 태극에서 만물로 분화되어 가는 과정에 순응한다는 의미이며 '逆'한다는 것은 분화과정(分化過程)을 소급하여 태극으로 복귀하는 반본환원(返本還源)의 수련을 의미한다. 이는

---

84) 金侖壽, 「淸寒子 金時習의 龍虎或問의 分章校勘」, 李鍾殷先生古稀記念 『韓國道敎文化硏究論叢』, 亞細亞文化史, 2000, p.4.
85) "朱子論參同契云 眼中見得了了 旦無下手處 今見北窓先生指南一篇 爲養生者襄野之指迷 而言其下手處" 『丹學指南』 p.50, 『道敎의 韓國的 受容과 轉移』, 韓國道敎思想硏究會編, 1994, p.409.
86) "案古人云 順則爲人 逆則爲仙 盖一生二 兩生四 四生八 以至於六十四 分以爲萬事 此人道也 (順推功夫) 疊足端坐 垂簾塞兌 收拾萬事之紛繞 歸於一無之太極者 仙道也 (逆推功夫)", 『용호비결』, 서문.

불교의 순관과 역관을 연상시킨다. 십이인연의 과정을 따라 번뇌와 고(苦)로 전개되는 삶이 중생의 세계요 이를 보는 것을 순관이라 하고, 십이인연의 최초인 무명(無明)부터 소멸해 들어감으로써 열반에 들어가는 것이 부처의 세계로서 이를 보는 것을 역관이라 한다.

마찬가지로 천도(天道)의 변화에 순응하는 것을 평범한 사람의 도(道) 즉 인도(人道)로, 천도의 변화의 근원에 소급하여 태극으로 복귀함을 선도로 규정하는 것이다. 이러한 순, 역의 개념은 송대 무렵부터 중국의 내단사상에서 거의 일반화되어 있었다. 다만 태극 또는 도에서 만물로 분화되어 인간이 형성되고 인간이 다시 수련을 통해 태극에 복귀하는 과정에 관한 성명방식에서 약간 다를 뿐이다. 그 성명방식은 『용호비결』과 같이 『역』의 태극 - 양의 - 사상 - 팔괘 - 만물의 유형을 따르는 것 외에도 『도덕경』 42장에서 밝힌 도 - 一 - 二 - 三 - 만물에 의거하는 것과 주돈이(1017 - 1073)의 「태극도설」에 보이는 태극 - 음양 - 오행 - 만물의 유형에 의거하는 것이 있다. 이것은 내단사상 내에 『도덕경』과 『역』 및 「태극도설」의 우주생성론이 다양하게 수용되어 있는데서 기인한다. 어떤 유형을 따르더라도 내포된 의미에 큰 차이가 있는 것은 아니다.

조선 초 정도전(1342-1398)을 비롯한 유교지식층에서는 내단수련이 천리(天理)에 거슬리며 인륜을 소홀히 한다고 비판하였다. 따라서 선도를 역추로 규정하는 것에는 그러한 비판에 대응하여 내단사상의 정체성과 탁월성을 드러내려는 의미가 내포되어 있다. 그러므로 이때 역의 의미는 태극의 근원에 소급하여 복귀한다는 의미일 뿐 천리에 거슬린다는(역천리) 비난을 수긍하는 것은 아니다.

'역'이라는 표현을 사용한 것은 일상적인 삶에 거슬린다는 의미에 지나지 않는다.

북창은 성리학의 비판을 인식하고 역추론을 제시하는 한편 도덕적 실천을 경시하지 않는다는 입장을 천명하였다. 그는 자손들에게 남긴 "무릇 제사는 일체 주문공 가례에 의거하고 속례를 참작하되 인정에 합치되도록 힘써야 한다. …… 나의 말이 무엇을 힘입은 것인가?『근사록』,『소학』은 초학의 단계이나 세속에서는 이것들을 읽지 않는다.87)"라는 유훈을 통해 인륜의 실천을 강조한 바 있다. 북창의 이러한 언급은 그가 기본적으로 송대 이학을 치신(治身), 치가(治家)의 바탕으로 삼고 있다는 것을 의미한다.88)

『용호비결』에서는 一도 없는 태극에 돌아감에 관해『참동계』의 "뜻을 놓아두고 허무에 돌아가게 하며 무념으로 항상된 마음을 삼는다."89)라는 내용으로 해석하고 무(無)를 태극의 본체로 해석한다.90) 이렇게 태극의 근본성격을 무로 규정하는 견해는91) 태극을 이(理)로 규정하는 성리학적 관점과 다른 것으로서 도교적 성향을 잘 드러낸다. 성리학적 시각에 의하면 태극의 성격을 무극이라고 규정하더라도 이는 초감각적이며 시간·공간의 국한을 초월한 존

---

87) "凡祭祀一依朱文公家禮 參以俗禮 務合人情…予言何賴焉 近思錄小學初學之逕蹊 而世俗不之看",『溫城世稿』.
88) 鄭在書, 앞의 論文, p.356.
89) "委志歸虛無 無念以爲常"
90) "無者 太極之本體也",『용호비결』, 서문.
91) 도교적 사유의 경우 無極을 궁극적 존재로 내세우고 太極을 無極에서 파생된 一氣로 간주하는 견해도 있고 無極과 太極을 동의어로 보는 견해도 있어 한결같지 않다. 北窓의 견해는 분명히 알기 어렵다. 太極을 無라고 규정한 것을 보면 太極 외에 따로 無極을 설정하지 않은 것 같기도 하고, 수련과정을 설명하면서 "不知 我之有形 形之有我 窈窈冥冥 恍恍惚惚 已在太極未判之前矣"라고 한 말을 보면 太極 이전의 존재를 따로 가정한 듯도 하다.

재임을 드러내기 위한 표현에 불과하다. 북창보다 약간 앞선 인물인 회재(晦齋) 이언적(李彦迪, 1491-1553)과 망기당(忘機堂) 조한보(曹漢輔) 간에 발생한 태극논쟁을 보면 성리학의 입장을 잘 알 수 있다. 조한보가 태극의 성격을 무(無)나 적멸(寂滅)로 규정하려는 데에 대해 이언적이 반박하면서 전개된 논변이 그것이다. 이는 공부방법론상에서 조한보가 무극지진(無極之眞)에 노니는 상달(上達)의 방법을 주장하는 것에 대한 반론도 포함하였다. 이언적은 대신 일상생활에서부터 공부해 들어가는 하학이상달(下學而上達)을 주장한다.92) 이러한 면을 고려하면 『용호비결』에서 태극을 무(無)로 해석하는 것은 도교적 성향을 뚜렷이 드러낸 것으로 이해할 수 있다.

5. 폐기, 태식, 주천화후

『용호비결』에서는 이론적 기초로서 내단주체론과 역추론을 언급하는 한편 내단수련의 구체적 방법으로서 폐기, 태식, 주천화후 등을 제시한다. 폐기(閉氣)란 호흡을 멈추고 기운을 축적하는 것을, 태식(胎息)이란 외부의 호흡에 의존하지 않고 태아와 같이 내부의 호흡을 하는 것을, 주천화후(周天火候)란 뜨거운 열기가 몸 전체를 두루 유통하여 몸의 음기를 태우고 몸을 원기로 가득 차게 변화시키는 것을 뜻한다. 이러한 내용을 제시한 동기에 관해 다음과 같이 밝힌다.

---

92) 김교빈, 「태극을 둘러싼 주자학적 이해와 비주자학적 이해의 대립」, 『논쟁으로 보는 한국철학』, 예문서원, 1995, 118쪽.

" 내단수련의 도는 지극히 간이한데 지금 그에 관한 책이 마차와 서고에 가득할 정도이다. 또 그 표현이 너무 어렵고 모호해서 알기 어렵다. 그러므로 고금의 학자들이 수련에 착수할 방법을 알지 못하여 장생을 얻으려다 도리어 요절한 자가 많았다."[93]

즉 추상적 입론(立論)이 아닌 구체적인 수련 방법을 모색하는 것이 주된 동기라는 것이다. 따라서 북창보다 앞서 내단수련의 방법을 소개한 김시습의 복기, 연용호와 비교할 때『용호비결』의 이론적 면은 역추론을 제외하면 오히려 소박한 편이다. 이에 관해 이진수는 "김시습대의 현학적이고 철학적인 수련방법이 북창의 대에 와서 건강을 위한 예방의학적인 면으로 변화되어 가는 과정이 보이고 있다."[94]고 지적하고 북창이 김시습의 용호론을 알기 쉽게 실제적으로 해석한 것도 한의학적 측면에서 접근한 때문이라고 말한다.[95] 즉 풍부한 의학적 지식이 반영되었기 때문에 보다 실질적인 특징을 지녔다는 것이다.『용호비결』에서도 "변화하여 선계에 비승하는 방법은 내가 감히 말할 바가 아니다. 그러나 몸을 기르는 데에 있어서는 수많은 약과 비방이 이것과 비교할 수 없다. 이를 행하여 한 달만 지나면 백가지 질병이 소멸될 것이니 마음을 다하지 않겠는가?"[96]라고 말한다. 신비적, 초월적인 측면보다 실질적으로 유효한 양생법임을 강조하고 있는 것이다.

---

93) "修丹之道 至簡至易 而今其爲書 汗牛馬充棟宇 且其言語太涉 恍惚難了 故古今學者不知下手之方 欲得長生 反致夭折者多矣",『용호비결』, 서문.
94) 李鎭洙,『韓國養生思想硏究』, 漢陽大學校出版部, 1999, p.46.
95) 같은 책, p.48.
96) "變化飛昇之術 非愚所敢言 而至于養身 千方百藥莫之與比 行之彌月 百疾普消 可不爲盡心乎"

중국의 내단사상은 중국 고대의 방선도에서부터 단초가 나타나며 시대를 지날수록 점차 체계화된다. 정기신론(精氣神論)에 바탕한 연정화기(煉精化氣), 연기화신(煉氣化神), 연신환허(煉神還虛) 등의 체계가 세워진다. 특히 후에 선불교, 성리학과의 교섭을 거치면서 삼교융합적 성격을 지니면서 보다 함축적이고 철학적인 내용이 첨가된다. 따라서 소박한 원형을 찾으려면 방선도나 한대의 초기경전에서 찾을 수밖에 없다. 이중 초기의 설화적 인물인 팽조(彭祖)의 수련법을 보면 음식조절법, 도인법 외에 내단수련법의 전신에 해당하는 조식법으로서 폐기내식법이 제시되어 있다. 나아가 이를 통해 몸 전체에 기를 운행시켜 건강한 몸을 만든다는 것이다.[97] 구체적 내용은 『용호비결』에 비해 매우 소략하지만 폐기, 태식, 주천화후(周天火候)와 매우 근사한 구조를 보여준다.[98] 『후한서』(後漢書) 왕진전(王眞傳)을 보면 당시에 외부의 기를 마시는 데 중점이 있는 복기(服氣)와 달리 내부의 원기를 중시하는 태식법이 행해지고 있음을 알 수 있다. '실능행태식(實能行胎息) 태식지방(胎食之方)'이라 한 내용이 그것이다. 이에 대한 이현(李賢)의 주석에서는 '왕진의 자는 숙경으로서 상당사람이다. 폐기를 익혀 삼켰는데 이를 태식이라고 부른다. 혀끝의 침을 삼키는 것을 태식이라고 말한다.'[99]이라고 풀이하였다. 폐기와 태식은 갈홍(葛洪)의 『포박자』에서도 중요한 내련법의 하나로 강조되고 있으며[100] 당 말 무렵부

---

97) 葛洪의 『神仙傳』, 彭祖.
98) 『丹學指南』에도 閉氣를 주로 밝힌 彭祖의 「調息訣」이 포함되어 있다.
99) "王眞字叔經 上党人 習閉氣而呑之 名曰胎息 習嗽舌下泉而咽之 名曰胎息"
100) 葛洪의 從祖인 葛玄과 老師인 鄭隱은 모두 閉氣와 胎息을 실천했다고 한다. 『抱朴子』, 「釋滯」.

터 내단사상의 중요한 기법으로 정착되었다. 외단(外丹)에서 내단(內丹)으로 사상적 변화가 이루어지는 가운데 내적 원기의 호흡법으로 부각된 것이다. 당대에 널리 유포된 수행방법은 태식 외에도 복식과 방중이 있다.101) 복식과 방중이 외부의 기를 받아들이는 기법이라면 태식은 내적인 호흡법으로 개발된 것이었다. 당말 송대 이후 내단사상은 태식법을 바탕으로 하여 내적 원기를 중심으로 하는 심화된 내단수련의 원리를 제시하게 된다.

요컨대 태식은 근원으로 환원한다는 역추의 이론에 바탕하여 모색된 방법으로서 여기에 도달하는 구체적 방법은 문헌에 따라 조금씩 다르다.102)『용호비결』은 이중 폐기와 직결된 방법을 택하고 있다.

이상의 논의를 종합할 때『용호비결』의 내용은 내단수련의 실질적 방법론의 원형적 성격을 지니는 것으로 파악할 수 있다. 바꾸어 말하면 이론적 외피가 별로 첨가되지 않은 소박한 초기도교적 분위기가 농후하다는 의미이다.

내단사상의 이론적 기초인 정·기·신론도『용호비결』에는 보이지 않는다. 물론 내용상으로는 전제가 되어 있다고 말할 수 있으나 어쨌든 대신 보다 원형적 성격을 지닌 형·기·신의 표현이 나온다. "이른바 불로써 약을 제련하여 단도(丹道)를 이룬다는 것은 신으로써 기를 제어하고 기로써 형을 유지시켜 서로 떨어지지 않게 함으로써 장생하는 것에 불과하다"103)라 한104) 것이 그것이다.

---

101) 李遠國,『道教氣功養生學』, 四川省社會科學出版社, 1988, p.228.
102) 卿希泰 主編,『中國道教』3, 知識出版社, 上海, 1994, , pp.281-282.
103) "所謂以火煉藥 乃成丹道者 不過以神御氣 以氣留形 不須相離者長生",『용호비결』,「周天火候」.
104) 이 내용은 판본에 따라 출입이 있다. 여기서는 李能和의『朝鮮道教史』本에

이는 한대(漢代)의 초기 도교에 널리 유포된 사고 즉, 형과 신이 분리되면 죽는다는 형신일체론에 바탕한 입장으로 간주된다. 매개체로서의 기를 설정하여 신(神)으로써 기(氣)를 제어하고 기로써 형(形)을 유지시킴으로써 세 가지를 분리시키지 않음으로써 장생(長生)에 도달한다는 관점이다. 이 경우 형(形)·기(氣)·신(神)은 모두 넓은 의미의 기의 양태에 속한다.

『용호비결』에는 당말 이후 내단사상에서 중요하게 거론되는 현빈일규(玄牝一竅)의 개념도 나타난다. 현빈일규는 현관, 또는 현빈이라고도 불리어지는데 내단수련의 중요한 관문으로 간주되어 왔다. 문헌에 따라 그 의미가 다양하게 규정되고 있으며 신체상의 위치에 관해서도 일치된 견해가 없다. 어느 경우는 규정이 매우 추상적이어서 도와 거의 동의어로 사용되는 경우도 있다. 『용호비결』의 경우 현빈일규를 얻는 방법에 관해 신과 기를 단전에 머물게 하여 오래 지나면 저절로 열리는 것으로 밝힌다. 현빈일규의 위치도 배 밑에 털이 난 부분이라고 구체적으로 밝히고 현빈일규가 체득되어야 태식이 가능하다고 하여 징험의 단계를 분명히 하고 있다. 모든 호흡이 이를 통해 이루어질 때 이것이 태식이며 이것이『도덕경』에서 말하는[105] '귀근복명'이라는 것이다.[106]

신(神)과 기(氣)를 단전에 머물게 하면 뜨거운 열기가 발생하는데 이를 몸 안에 주류(周流)시키는 것이 주천화후(周天火候)이다. 이 과정을 통해 이환궁(泥丸宮)에 청명한 기운이 응결되면 이를 현주(玄珠), 또는 사리(舍利)라 부른다는 것이다. 현주와 사리를 일치

의거했다.
105)『道德經』第 16章.
106) 以上은『龍虎秘訣』,「胎息」의 내용.

시키는 것은 선·불이 대동소이하다는 관점을 반영한 것으로 보인다. 달마(達磨)의 면벽(面壁)이 태식을 얻어 가능했다는 것도 같은 맥락의 언급이다.107)

한편 북창은 폐기에 관해 복기 또는 누기라는 기의 함양법과 관련이 깊다고 본다. 누기는 특히 『황정경』의 "선인도사가 신비로운 존재가 아니다. 정을 쌓고 기를 모으면 진인이 된다"라고 한108) 언급에서 그 연원을 찾는다. 나아가 "사람들은 모두 음식을 통해 오행의 정기를 마시지만 나는 홀로 음양기를 마시네"109)라는 『황정경』류의 내용110)을 원용하여 태식(胎息)을 뒷받침한다. 음양의 기를 마신다는 것은 태식을 통한 벽곡을 의미한다고 한다.111)

앞에서 살펴본 바와 같이 북창은 『도덕경』의 귀근복명(歸根復命)도 태식을 설명한 것으로 본다. 또한 수련에 관한 중요한 언급으로 풀이되는 '치허극 수정독'(致虛極 守靜篤)도 주천화후(周天火候)에서 긴요한 수행방법으로 인식한다.112) 이는 그가 『도덕경』과 『황정경』의 중요 내용을 내단수련과 관련시켜 이해하고 있음을 의미한다. 이를 종합하면 그는 『도덕경』, 『황정경』, 『참동계』의 중요내용을 주로 실천적 측면에서 폐기, 태식, 주천화후라는 체계 속

---

107) "達磨得胎息法 故能面壁觀心", 『龍虎秘訣』, 「周天火候」. 여기서는 『丹學指南』본에 의거하였다.
108) "仙人道士非有神 積精累氣以爲眞"『黃庭內景經』「仙人章」의 내용. 『龍虎秘訣』에서는 "仙人道士非有神"이 "仙人道士非有仙"으로 약간 달리 표현되어 있다.
109) "人皆飮食五行精 獨我飽此陰陽氣"
110) 『黃庭內景經』「仙人」장에 이와 비슷한 내용이 있다. "人皆食穀與五味 獨食太和陰陽氣".
111) 『龍虎秘訣』, 「周天火候」.
112) 위와 같음. 이 내용은 板本에 따라 出入이 있다. 여기서는 『丹學指南』본에 依據하였다.

에 융해시켰다고 말할 수 있다.113)

6. 맺는 말

북창은 조선 내단사상의 흐름에서 중요한 위치를 차지한다. 문헌적 근거에 의거할 때 그는 도교적 주체의식이 뚜렷한 최초의 인물로 간주될 수 있다. 그는 한국고대로부터 전승된 선맥을 계승하려는 사명감을 지녔으며『용호비결』에서도 도교적 주체의식을 엿볼 수 있기 때문이다.

나아가 그는 성리학적 소양을 기본적 바탕으로 지녔으면서도 불, 선에 해박하였다. 이것도 단지 이론적 천착에 그친 것이 아니라 실천적으로 체험했다는 데 의미가 있다. 이에 그는 유교적 인륜의 실천, 도교적 내단수련, 불교적 깨달음을 종합한 인격으로 칭송되었다. 이에 관한 구체적 내용은 더 이상 알기 어려우나 삼교융합에 대한 하나의 좋은 시사를 제공한다고 본다.

그의 삼교융합사상이 농축된 저서는 남아 있지 않아 유감이나 대신 내단수련의 실질적 방법론을 담은『용호비결』이 남아 있어 다행스러운 일이다.『용호비결』을 검토해보면 외단을 배격하고 내단을 주체로 삼는 입장을 분명히 하는 한편 성리학의 비판에 응답하기 위해 내단수련의 본질을 태극에 돌아가는 반본환원으로 제시하였다. 이때 태극을 무로 해석함으로써 성리학과 다른 도교적 시

---

113) 북창의 行蹟에는『陰符經』,『參同契』,『道德經』,『黃庭經』 등을 援用해 仙人에 이르는 階梯를 밝혀 중국인을 놀라게 했다는 기록이 있다. "先生卽擧 黃庭參同道德陰符等經 洞陳作仙階梯", 許穆撰, 「北窓先生行蹟」,『溫城世稿』.

각을 반영하였다.

폐기, 태식, 주천화후로 구성된 방법론의 체계는 구체적 하수지방(下手之方)으로서의 성격이 뚜렷하다. 형신(形神)을 둘로 보지 않고 기를 축적함으로써 장생한다는 내단의 원초적 사고가 엿보이는 것도 주목할 만하다. 이는 건강을 위주로 하는 의학적 양생론과 일맥 상통할 수 있는 측면이기도 하다.

이 글은 그의 『용호비결』이나 시문을 중심으로 북창의 내단사상을 개괄적으로 살펴본 것이다. 그러나 북창 내단사상의 형성배경이나 주변 선가인물과의 교섭관계에 관한 부분은 소략하여 더욱 엄밀히 연구할 필요가 있다고 본다. 특히 박지화를 비롯한 화담학파의 학문적 경향과 각 인물들의 사상을 연구하는 것은 북창의 사상을 파악하는데 매우 긴요한 작업이 될 것이다. 조선시대의 방외적 인물로서 이인, 기인, 일사 등의 분야에서 회자되는 인물들 가운데 상당수가 화담학파의 영향을 받았기 때문이다. 앞으로 화담학파와 도교사상 일반, 나아가 내단사상과의 관련을 밝히는 작업이 필요할 것이다. 이외에 『용호비결』의 여러 판본을 비교, 교감하여 정본(正本)을 모색하는 것도 중요한 기초작업이라고 생각된다.

북창은 조선조 내단수련가들에게 큰 영향을 끼쳤으며 대대로 그의 가문에서는 도가사상, 또는 내단수련에 침잠한 인물이 많이 배출되었다. 현대에 들어 내단사상, 즉 단학의 대중화에 크게 기여했던 봉우(鳳宇) 권태훈(權泰勳, 1900-1994)이 북창을 높이 평가하는 것도 북창의 도교사상사적 위치를 고려한 때문이다. 권태훈은 북창을 한국 고대로부터 내려온 선도의 전통을 계승한 인물로 꼽고 있다. 이는 여러 가지 점검을 필요로 하는 견해이므로 그 타당성을 속단하기 어렵다. 그러나 권태훈을 통해 김시습, 북창으로 이어지는 단학파의 맥이 일반인에게 크게 알려진 것은 사실이다. 권태훈의 수련법을 따르는 연정원(硏精院)에서도 북창의 수행방법을 부분적으로 수용하고 있다.114) 현대에 이르러 북창의 수행법이 재조명되고 있는 것이다. 따라서 북창사상이 현대의 내단사상, 또는 기공수련에 끼친 영향이나 북창사상이 지닌 현대적 의미를 좀더 탐구할 필요가 있다. 이는 후일의 연구과제로 남겨두기로 한다.

---

114) 權泰勳의 丹學이 지닌 特徵에 관해서는 尹明哲,「鳳宇 先生의 生涯와 思想」,『제9회 精神科學學會 論文集』, 韓國精神科學學會, 1998, pp. 66-70 參照.

최치원과 도교

· 왕서평 ·

王西平, 섬서성 사회과학원 연구원

당말의 시인 최치원(崔致遠)은 자(字)가 해부(海夫)이며 호(號)는 고운(孤雲)으로 신라(新羅) 오구(汚溝: 현재 한국 안에 있음) 사람이다. 열두 살에 집을 떠나 당나라에 가서 열여덟 살에 빈공과에 급제하였다. 그 뒤 율수(溧水: 지금의 江蘇에 속함) 현위(縣尉)라는 관직을 받았다. 그 자리를 그만두고 회남절도사(淮南節度使) 고병(高騈)의 막부(幕府)로 들어가 일했는데, 표(表)·상(狀)·서(書)·첩(牒) 등의 대부분의 문장(文辭)이 모두 그의 손을 거쳐서 나왔다. 얼마 안 있어 고병이 그를 초빙하여 순관(巡官)으로 삼았으며, 조정에 전중시어사(殿中侍御史)로 임명해줄 것을 요청하였다. 고병은 황소(黃巢)를 토벌하기에는 역부족(力不足)이었다. 이에 조정은 그의 병권(兵權)을 삭제하였다. 그리고 황소의 난이 진압되어 평정을 되찾자, 고병은 군정(軍政)을 멀리 물리치고, 신선술에 의탁하였다. 부하들이 모반을 꾀하자 최치원은 광릉(光陵) 촉강(蜀岡)에 들어가 수도(修道)하였다. 주화(中和) 4년(서기 884년) 국신사(國信使)를 맡아, 동쪽 신라로 돌아갔다. 관직에 있었으나 후에 집안을 보살피며 산림에 은거하며, 조용히 수도하며 그의 말년을 보냈다.『신당서(新唐書)・예문지(藝文志)』에『최치원461권(崔致遠四六一卷)』의 기록이 있지만 지금은 그 완전본을 찾기 어렵다. 사부총간(四部叢刊)에 그의『규원필경집(桂苑筆耕集)』이 십권을 싣고 있는데, 그 자서 중에서 말하는 금체부(今體賦) 오수(五首) 일권(一卷)・오언칠언(五言七言) 금체시(今體詩)가 모두 일백수(一百首) 일권(一卷)・잡시부(雜詩賦)가 모두 삼십수 일권・『중산복궤집(中山覆匱集)』1부(一部) 5권(五卷)은 현재로서는 모두 고찰할 도리가 없다. 최치원에 관하여 국내에서 연구발표한 글은 매우 드물다. 어떤 저술은 그의 일생사적을 언급하는데 있어 많은 착오를 범하고 있다. 여기서 우리는 단지 현재 보존되어 있는 '규원집'(桂苑集)을 근거로 삼아 최치원의 일생 및 도교와의 인연과 사상에 대하여 간략하게 탐색할 것이다.

1. 그의 일생에 대한 간단한 고찰

생년에 관하여

최치원은 '규원집'(桂苑集) 권이십 『사허귀친계(謝許歸覲啓)』에서 다음과 같이 말한다:

"일찍이 원외랑군(員外郞君)은 존지(尊旨)를 받들어 전하여, 삼가 은혜와 자비를 입었습니다. 저는 오래도록 별정 위에 있으면서 고향으로 돌아가는 것을 허락해 주시기를 바랬습니다. 우러러 귀중한 허락을 받들어, 경건하게 옥음(玉音)을 허리에 두르고, 바다섬을 찾아 영광스럽게 돌아가니 고금에 이에 비할 것이 없습니다. 또한 물안개를 멀리서 바라보고 있노라니 감읍하여 눈물이 흐릅니다. 고향에 돌아가 머물러도 편안하기 어려울 것 같습니다. 엎드려 생각해 보건대 저는 나이 열둘에 집을 떠난 것을 인연으로 이제는 벌써 열여덟 살이 되었습니다."

열여덟은 『사탐청료전상(謝探請料錢狀)』('계원집' 권18)의 '별정위(別廷闈)는 이미 열여덟'이라는 것과 완전히 일치한다. '계'(啓)나 '상'(狀)은 모두 동으로 신라로 돌아가는 여행길을 나서는 그 해에 쓰여진 것이다. 이로부터 그는 고향으로 돌아가도 된다는 허락을 받았을 때 이미 30살이었다. '계원집' 권이십에 『석봉(石峰)』이라는 시 제목에 대한 주(注)에서 말한다:

"중화(中和) 갑신년(甲辰年) 겨울 시월에 사신으로 동쪽으로 배를 타고 가다가 대주산(大珠山) 아래에서 배가 잠시 머물렀다. 그 때 마침 눈에 들어 온 것을 편명(篇名)으로 불렀다."

중화(中和) 갑신년은 당 희종(僖宗) 중화(中和) 4년으로 서력 884년이다.(『전당시보일(全唐詩補逸)』 권이십 최치원 소전에서 "중화 말에 국신사에 임명되어 동쪽 신라로 배를 탔다"[115]라고 한다. 이것은 쉽사리 사람들로 하여금 중화 5년이라고 착오하도록 만든다. 5년 3월에 광계(光啓)로 개원(改元)하였다.) 이로부터 위로 30년을 미루어보면 최치원은 서력 855년에 태어났다. 그 때는 신라 신무왕(神武王) 우정(祐征) 문성왕(文聖王) 경응(慶膺) 17년으

---

115) 中和末, 充國信使, 東泛新羅.

로 당 선종(宣宗) 대중(大中) 9년이다. 왕원화(王元化)가 주편한 '해외한학총서'(海外漢學叢書) 중의『도교(道敎)』제2권(상해고적출판사(上海古籍出版社), 1992년 11월 출판)은 도광순이 쓴『한국의 도교』로 인해 서기 857년(제65쪽을 볼 것)이라고 말하는데 이것이 무엇을 근거로 말한 것인지 모르겠다. 새롭게 최근에 발행된 계선림(季羨林) 주편의 '동방문화집성'(東方文化集成) 총서 중의 양소전(楊昭全)・하동송(何彤松)이 지은 『중국・조선관계사(中國・朝鮮關係史)』(천진인민출판사(天津人民出版社), 2001년 8월 제일판)의 '입당구학(入唐求學)의 신라학생(新羅學生)' 구절에서 또한 최치원이 서기 857년에 태어났다고 말한다. 이것은 앞의 책을 그대로 따른 것으로 인한 것인지 알 수가 없다. 그러나 그들은 모두 최치원이 직접 쓴『계원필경집』중의 문장을 자세히 읽지 않았음을 아마도 긍정할 수 있을 것이다. 최치원이 12세에 집을 떠나 입당한 것은 옛날 사람이 연령을 계산하는 방식으로 추산해보면 마땅히 서기 866년이어야 하며, 그 때는 당 의종(懿宗) 함통(咸通) 7년이다.『한국의 도교』의 경우는 "전하는 바에 의하면 최치원은 신라 경문왕(景文王) 8년(869년)에 입당 유학하였다"라고 말한다. 이것은 그가 정한 바의 생년을 잘못 정한 것으로 계산하여 빚어진 일로, 이런 계산방식은 고대의 관습과 매우 부합하기는 하지만 주(注)에 있는 '869년'은 착오이며, 경문왕 8년은 사실상 서기 868년이다. 최치원이 '금방제명'(金榜題名)(장원급제)한 시기에 대하여 '계원집' 자서(自序)에서 "관광육년(觀光六年), 금명방미(金名榜尾)(이리저리 떠 돈지 6년 만에 나의 이름이 급제자 명단의 말미에 붙어 있었다)"라고 말한다. 12세 입당한 것에 다시 '관광 6년'(觀光

六年)을 합하면 바로 곧 18세가 되는 것은 바로 이 해에 '빈공과에 급제'(賓貢及第)한 것이고 당 의종 함통 13년으로서 곧 서기 872년이다. 『중국-조선·한국관계사』의 경우는 874년이라고 정해두고 있다.

동도(東都: 낙양)를 떠돌며 자취를 남기다(浪迹東都).

당대의 관례에 따라 진사시험을 치르면 "상제자에게는 이부의 관직을 수여하고(上第, 吏部官之)", "중제자는 출신과 더불게 하며(中第, 與出身)", "하제자는 집으로 돌려보낸다.(下第, 罷歸.)" 최치원은 '빈공급제'로 다른 나라사람이 지방추천으로부터 나온 것으로, '출신'이나 '문음'(門蔭)에 속하지 않는다. 더욱이 또한 '방미'(榜尾)로서 관직을 수여받는 자리가 아님은 매우 당연하다. 설사 이와 같다고 하더라도 그는 또한 매우 기뻤다. 왜냐하면 결과적으로 방(榜)에 자신의 이름이 붙어있었기 때문이다. 이 때 그는 바로 매우 빛을 내는 나이에 속하여, 재능을 뽐내며, "마음 속의 성정을 읊고, 사물에 빗대어 편을 이름하며, 시(詩)라고 하고 부(賦)라고 하는 것이 상자와 궤짝에 넘쳐났다". 이 속에는 분명 많은 좋은 시와 부가 있었을 것이다. "그러나 어릴 적 전각한 것을 장성해서 보면 부끄러운 법이어서, 고기를 잡은 뒤에(자신이 성취하고자 하는 뜻을 얻은 뒤)는 모두 내다 버렸다."(『계원필경집』자서) 이것은 모두 그가 '고기를 잡은' 뒤 자신이 '그 속마음을 읊조리던(諷詠情性)' 작품을 중시하지 않게 되어 그것을 모두 버렸다. 조만간 그는 동도(東都)를 떠돌아다니며 글을 지어, 생활을 영위하면서, 마침내 부(賦) 오수와 시(詩) 일백 수 그리고 잡시부(雜詩賦) 삼십 수를 남겨 놓아, 모두 합하니 세 편이 되었다.116) 이 작품들은 나중에 『중산복궤집』 오권・『계원집』 20권과 함께 고향으로 돌아간 뒤 함께 조정에 바쳤으나 안타깝게도 세상에 전하지 않는다. '동도를 떠돌던' 상황에 대하여 최치원은 후에 『제원별지(濟源別紙)』 속에서 다음과 같이 회고하였다:

"삼가 생각해 보건대 맹진은 별난 땅이고, 연수는 물이 맑다. 바람이 화청하여 베개를 베고 누워 샘물 흐르는 소리를 듣는다. 구름 개이니 산색을 말아올려 깃발처럼 나부낀다. 빼어나게 고운 빛 머금은 경치를 보고 나니 진실로 세상을 벗어나 충화로운 도인 같다. 삼가 매번 조용히 잠자리에서 깨어나 일찍이 자연의 섭리로 귀의하여, 달 속의 꿈을 분명하게 증험하며 천하의 온화한 봄을 이루고자 생각해 본다."117)

제원(濟源)・맹진(孟津) 및 윤수(沇水)는 모두 동도(東都) 낙양(洛陽)과 그리 멀지 않다. 최치원은 당시 붓에 의지하며 생활을 영위하였지만 그의 마음은 도리어 가볍고 자유로웠으며, 생활 역시 시적 정서로 충만하여, 그가 백 여수의 시부를 창작할 수 있었던 것은 놀랍지 않다. 그러나 "붓에 의지하여 생활을 영위했다(筆作飯囊)"는 것은 솔직한 말이긴 하지만 고급 걸식인일 따름이다. 그러므로 이것에 대해 그는 스스로 "좋은 배우자를 그리워하여 이름을

---

116) 浪迹東都, 筆作飯囊, 遂有賦五首, 詩一百首, 雜詩賦三十首, 共成三篇. (『계원집』자서)
117) 伏想孟津別壤, 沇水淸源, 風晴而倚枕泉聲, 雲曉而卷帘山色, 旣見境含秀麗, 固當道脫冲和; 伏惟每愼寢興, 早歸燮理, 顯驗月中之夢, 贊成天下之春.

이룰 수 있었다. 그러나 그 후 고달픈 객지에서 많은 근심이 있었다"118)라고 말하였다.(『계원집』 권십구 『사원랑서(謝元郞書)』) 과거에 붙어 이름을 얻은 이후에 아직 관직을 수여 받지 못하였고, 신라유역에서 중국으로 온 외국인으로서, 그는 마치 바람에 흩날리는 쑥대머리처럼 고달픈 유랑생활을 보냈으니 어찌 근심이 많지 않았겠는가?

율수현위(溧水縣尉)라는 관직을 받은 기간

'객지생활의 고달픔'을 겪었던 유랑생활 후에 다행히도 "그 뒤에 선주 율수현위라는 직위를 받았다. 녹봉은 두터웠지만 직무는 한가하여 종일 배불리 먹을 수 있었다. 관직에 있으면서 여유가 있으면 학문을 하며, 촌음을 버리는 것을 아끼어, 공적사적으로 작업을 하여 모은 것이 다섯 권이다. 부지런히 힘써 산을 이루려는 마음이었다. 그래서 이에 '복궤'(覆匱: 광주리로 흙을 퍼 담아 깊은 연못을 덮어 메운다)라는 이름을 표방하고 그 곳을 '중산'(中山)이라 부르고, 마침내 그 책머리를 꿰매었다".(계원집자서) 도대체 어느 때 율수현위를 받았던 것일까? 나는 율수현지를 찾지 못했으므로 그것이 정확한 기록인지 알 수가 없다. 그러나 내가 조사한 섬서(陝西) 고현지(古縣志)에 따르면 당대(唐代)의 직관(職官)과 관련하여 기록이 남아있는 자가 매우 드물었다. 눈으로 단지 최치원의 저술에 의거하여 하나의 실마리를 찾아냈을 따름이다. 권19 『하제이부시랑(賀除吏部侍郎)』에서 말하였다:

---

118) 因慕善偶獲成名, 爾後客路多愁.

"저는 엎드려 생각건대 세상만리에 의지할 사람이 없이 오래도록 홀로 떠돌아 다녔습니다. 10년이 지나 기회를 만나 다행히도 벼슬길에 훌쩍 뛰어올라, 낯선 땅에서 백발인 부모를 영광스럽게 하였고, 관직의 길에 아름다운 무늬를 가진 피주의(披朱衣)를 입을 수 있었습니다."

'피부'(披朱)는 '피주의'(披朱衣: 붉은 옷을 걸침)를 가리킨다. 당대(唐代)에 사품오품 이상의 자사(刺史)는 비의(緋衣)를 입었는데, 비(緋)란 붉은 색을 말한다. 당나라 제도에 의하면 상현(上縣) 현위(縣尉)는 구품 이상(九品以上)이고, 중하현(中下縣)의 현위는 구품 이하로서 모두 최저의 관직으로서, 이치대로라면 '피주'(披朱)라고 말할 수 없다. 이것은 작자가 의도적으로 관직을 얻었음을 폭넓게 대충 표현한 것이다. '10년'은 아마도 대략적인 햇수이지만 10년 정도를 가리키며 거의 차이가 없다. 권17 『초역헌태위계(初投獻太尉啓)』에서 말하였다:

"나이 열둘에 계림을 떠나, 스물이 되어 앵곡(鶯谷)으로 옮길 수 있어, 바야흐로 푸른 옷깃(靑襟)을 걸친 짝을 만났다. 그 후 잠시 황수(黃綬)의 관직을 옮겨다녔다."[119]

앵처유곡(鶯處幽谷: 앵조가 머무는 깊은 골짜기)은 곤란한 상황에 있는 사람을 비유한 것이다. '스물이 되어 앵곡(鶯谷)으로 옮길 수 있어', '그 후 잠시 황수의 관직을 옮겨다녔다'는 표현은 앞의

---

119) 自十二則別鷄林, 至二十得遷鶯谷, 方接靑襟之侶. 旋從黃綬之官.

'10년 만에 기회를 만나(十年有遇)'와 대체로 그 시간이 일치한다. 고대에 지위가 낮은 관인(官印)은 노랑색 끈(黃綬)이다. 청대(清代) 서위(徐渭)의 『감산개가(龕山凱歌)』의 이(二)에서 "현위의 관직이 낮으면 봉록으로 받는 쌀이 적으며, 교사가 황수(黃綬)이면 융의(戎衣)를 입는다"[120]라고 말한다. 최치원이 말하는 '황수(黃綬)의 관직(官)' 역시 현위(縣尉)의 직책을 가리킨다. 20세는 열둘에 집을 떠난 것과 8년의 거리가 있다. 원문의 '선(旋)'은 그 뒤, 머지 않아 라는 의미로서 시간이 몇 일, 몇 달 혹은 심지어 한 두 해를 말할 수 있다. '10년 만에 기회를 만나'는 그 시한이 10년을 넘어서지 않는다. 우리는 앞에서 그의 입당시기가 서력 866년이라는 것을 추정해 냈는데, 이것을 뒤로 10년을 미뤄보면 876년으로 당 희종 건부(乾符) 3년에 해당한다.

아래 글에서 우리는 최치원이 건부 6년 11월에서 12월 사이에 회남막부에 들어간 것이 그가 스스로 말한 이 해의 겨울 '말단관직을 그만 둔(罷離末尉)' 뒤 얼마 되지 않아서라는 것을 알 수 있다. 당의 제도에 따르면 "무릇 관직에 머무는 기간은 반드시 4년임을 고찰함"[121](『구당서(舊唐書)』 선거지 하(選舉志下)처럼 일반적으로 말해 당대(唐代) 관원의 임직연한은 4년이다. 건부 6년 겨울로부터 4년을 추산해보면 건부 2년 겨울이 된다. 앞뒤를 서로 대조해 보아 율수현위를 제수받은 시기는 마땅히 2년 겨울 혹은 3년 봄이어야 한다.

---

120) 縣尉官卑祿米微, 教辭黃綬着戎衣.
121) 凡居官必四考.

회남(淮南) 고병(高騈)의 막부로 들어가다

최치원은 '계원집' 자서 속에서 말하였다. "미천한 관직을 그만 두게된 시기에 미치어 회남을 쫓았다." 이것은 율수현위를 그만둔 지 얼마 안되어 곧 회남의 막부로 들어갔음을 말한다. 그렇다면 도대체 그것은 어느 시기일까?『전당시보일』에서 '건부(乾符) 말(末)'이라고 분별 없이 말하였다.『당대소칙목록(唐代詔勅目錄)』을 살펴보면 건부 6년 10월에『고병위검교사충회남절도부대사등제(高騈爲檢校司充淮南節度副大使等制)』가 있다. '계원집' 권십칠에『초투헌태위계』·『재헌계』가 있어, 모두 고병이 사도상공이 되었다고 말하는 것으로 최치원이 '헌계'(獻啓)한 것이 건부 6년 10월 이후라고 단정할 수 있다. 권십팔『사직상(謝職狀)』의『장계(長啓)』에서는 말한다:

"저는 동해의 일개 이름 없는 선비에 불과합니다. 예전에 만리 밖의 집을 등지고 나와, 10년 간 이 나라를 돌아보았습니다. 본래 단지 과거시험의 말미에 붙어 강회(江淮) 지역의 현령이 되기를 바랬을 따름입니다. 지난 해 겨울 보잘 것 없는 관직을 그만두고, 좋은 문장을 지으며 산림에 거처하기로 맘먹고, 잠시 물러나 은거하며 배움이 바다와 같이 넓어지기를 바랬습니다. 더욱 내 자신을 갈고 닦았지만 봉록이 다 떨어지고 책과 양식을 구할 수 없게 되자 번번이 빗자루를 잡고 응문(膺門)을 쓸었습니다. 태위상공께서 장려금을 내리고 불쌍히 여겨 봉록을 받는 관직에 임명하심을 어찌 헤아리겠습니까? 자취가 정역(鄭驛)을 달리고 몸은 도창(陶窓)에 깃들어 살며 동곽(東郭)의 가난을 근심하기를 면할 수 있었지만 신하의 용기를 길러주었을 따름입니다".

'지난 해 겨울'이라는 구절에 의하면 최치원이 회남막부에 들어간 것은 건부 6년 11～12이월 사이로서 서력 879년이다. 최근에 출판된 『중국-조선·한국관계사』는 "서력 880년(희종 광명(廣明) 원년(元年))에 고병이 제도행영(諸道行營) 병마도통(兵馬都統)에 임명되어 황소(黃巢)의 난(亂)을 진압하는 데, 최치원을 불러 종사관(從事官)으로 삼고 서기(書記)의 임무를 맡긴 것이 4년이라는 긴 시간에 달했다"라고 언급하고 있다. 이것은 그 시기가 정확하지 않을 뿐만이 아니라 직무에 대해서도 또한 잘못 말하고 있다. 최치원은 『사직상·장계』 속에서 다음과 같이 말했다:

"저는 강외(江外)출신의 상현위는 내전현위(內殿縣尉)라는 관직을 받고 또한 장불(章紱)의 직위를 겸했습니다. 또한 성조(聖朝)의 의관이 빛나는 자제 출신들도 벼슬한 지 2, 30년인데 오히려 푸른 도포를 걸치고 연막(蓮幕)에 나가는 이가 많지 않은데, 하물며 나 같이 이역(異域)에서 온 선비에 있어서랴!"

'헌질'(憲秩)은 어사(御使)의 직책이다. 한대의 어사는 사관이었다. 당대에는 시어사(侍御史), 전중시어사(殿中侍御史), 감찰어사(監察御史)가 있었다. 최치원은 『계원필경집』에서 '승무랑(承務郎)·시어사(侍御史)'라고 서명하였다. 『전당시보일』에서 말하였다: "광명(廣明) 원년에 고병이 제도행영 도통이 되어, 최치원을 순관(巡官)으로 삼고, 전중시어사에 제수해 줄 것을 아뢰었다". 시어

사는 "종육품하(從六品下)로 백료(百寮)를 탄핵하거나 내각에 들어가 조사를 받드는 일을 관장하며 추(推), 탄(彈), 잡사(雜事)를 헤아린다." 전중시어사는 "종칠품하로 궁궐과 조정의 공봉(供奉)의 의례(儀禮)를 관장한다".(『신당서(新唐書)』 백관지(百官志)) 최치원은 스스로 "지난해 겨울 보잘 것 없는 관직을 그만두고", "내전헌질을 제수받았다"라고 말하였다. 정확히 말해 조정어사대(朝廷御史臺)의 전중시어사(殿中侍御史)에 해당하지 결코 '서기'(書記)가 아니다. 당대(唐代) 절도사(節度使) 막부는 절도사·부대사(副大使) 외에 행군사마(行軍司馬)·부사(副使)·판관(判官)·지사(支使)·장서기(掌書記)·추관(推官)·순관(巡官)·아추(衙推) 각 한 사람과 '관역순관(館驛巡官) 네 사람'을 두었다.(『신당서』 백관지) 최치원이 공문서나 임명장을 발행하는 직무를 맡은 '관역순관'이었음은 참으로 명확하다. 『계원집』 권십팔에 『사개직상(謝改職狀)』에서 말하였다: "저는 인자하신 은혜를 입어 공첩(公牒)을 하사받고 관역순관(館驛巡官)으로 다시 배치되었습니다." 그렇다면 언제 직위가 바뀐 것일까? '상'(狀)문 중으로부터 그 연월을 고증해내기 어렵지만 같은 책 권18의 『사직상·장계』에 한 단락의 문자가 정보를 나타내준다. "이에 겨울 말 처분(處分)을 받들어 별개원우(別開院宇)로 사신가기를 원했다". 그는 이 해의 겨울 말에 이 '장계'(長啓)를 써서 '별개원우'(別開院宇)를 구하기를 청하였다. 앞에서 인용한 이 '계'의 "지난해 겨울 보잘 것 없는 관직을 그만두었다"라는 구절과 대조해 볼 때 '이 해'는 당 희종 중화 원년(서력 881년)이 마땅하다. '관역순관'은 '이 해' '겨울 말' 뒤, 마땅히 중화 2년 혹은 그보다 조금 늦게 직무를 바꿨음을 긍정할 수 있다. 이것으로부터 우리는 광명 원년에 최치원에게 '서기의 직책을' 맡겼다는 것은 정확하지 않을 뿐더러 이 해에 '최치원이 순관이 되었다'고 말하는 것 역시 잘못이라는 것을 알 수 있다.

최치원은 회남막부에서 4년 남짓 있었는데 고병의 표상문서(表狀文書)가 모두 그의 손에서 나왔다. 더욱이 그가 직접 쓴 시부표상(詩賦表狀)은 "4년 간 심혈을 기울여 만여 수가 있었다."[122] 그는 '이것을 걸러내어 열에 한둘은 없애고'[123]나서 그 스스로 "감히 모래를 헤집어 보물을 찾고, 추승이 기와를 깨뜨려 그리고 바르는 것에 비견한다"고 생각하였다. 그가 엮어 만든 『계원필경집』의 앞부분 16권 대략 220여 편은 그 대부분이 고병의 명에 응하여 지은 표상서문으로 글이 아름답고 변문의 대구와 성율에 뛰어나다. 뒷부분 사권(四卷) 약 120여 수는 그 자신의 서상시부(書狀詩賦)로서 문필이 맑고 고우며 그 정감과 한이 간절하다. 최치원은 "4년 간 심혈을 기울여"라고 말하였는데 이것은 대략적인 연수이다. 본집(本集) 권일의 『하살황소표(賀殺黃巢表)』에서 황소는 중화 4년 6월 17일에 그의 외조카에 의해 태산(泰山) 낭호곡(狼虎谷)에서 살해당했다고 하는데 이 앞에 그는 고병이 기초한 문고(文稿)라고 설명했다. 이해 추 팔월에 이르러 '봉사동법'(奉使東泛: 사신의 명을 받들어 동으로 배를 타고 간다) 하는데, 그가 광릉(廣陵: 지금의 양주)에 있었던 것이 만으로 세어 5년에 가깝다. 그런데 그가 어떻게 '4년'이라 말한 것일까? 이것은 우리가 아래구절에서 이끌어 설명할 문제이므로 여기서는 더 이상 다루지 않을 것이다.

---

122) 四年用心, 萬有餘首.
123) 淘之汰之, 十無一二.

동쪽 신라로 돌아가다

최치원은 중화 4년 가을에 고향으로 떠나는 여정에 나선다. 우리는 앞에서 이미 "일찍이 원외랑군은 존지(尊旨)를 받들어", "고향으로 돌아가도 된다는 명령을 허락 받았다"라고 언급하였는데, 이것은 그가 일찍이 고병에게 동으로 고향 신라로 돌아가기를 청구하였으며 아울러 '일찍이(早)' 허락을 받아냈음을 설명한다. 곧 바로 실행에 옮기지 못한 원인은 그의 친척을 맞으려고 기다리고 있었기 때문이다. 본집 권20 『사석제서원전상(謝賜弟棲遠錢狀)』에서 말한다: "나의 당제 서원이 집으로 보내는 편지를 맞아들여 본국으로 돌아가려던 참에 마침내 신라국인회남사록사(新羅國入淮南使錄事) 직명(職名)을 빌려, 웅번(雄藩)을 방문할 기회를 얻어 장차 고국으로 돌아가려 합니다".[124] '별지(別紙)'의 사(四)에서 말한다: "우리가 배에 짐을 싣고 떠나 유산(乳山)에 도달한 지 열흘 되는 날부터 기후가 이미 겨울철로 접어들어, 바닷길을 잘 아는 사람도 나가기 어려우니 좀 머물기를 간절히 청하였다." 유산은 산동(山東) 동부에 있으며 남쪽은 황해(黃海)이다. 유산에 도달한 후 열흘 남짓되자 "이미 겨울절기가 닥쳤다". 권20에서 또한 『祭巉山神文』·『將歸海上巉山春望』이라는 시가 있다. 참산은 산동반도 남측에 있으며, 청도(靑島)와 그리 멀지 않은 북만(北灣)에 직면해 있다. 그들의 이번 여행길은 장강(長江)에서 바다로 나와 수로(水路)로 달려 동으로 돌아가는 것이었다.

여행에 나서기 바로 전, 그는 『사호귀근계』에서 고병에게 말했다:

---

124) 卷二十 『上太尉別紙五首』의 一.

"돌아갈 것을 생각해보니 또한 고향을 떠나온 지 많은 세월이 지났고 바닷길은 멀고 험한지라, 부모에 대한 자식의 도리를 저버리고 제 온몸을 바쳐 충성을 다 바쳤습니다. 잠시 동쪽으로 돌아가지만 서쪽으로 다시 돌아올 때 저를 반겨 맞아주시고, 우러러 인자하신 풍모에 의탁하여 길이 제 자취를 편안히 보존하기를 바라는 바입니다.(歸思且緣辭鄉歲久, 泛海程遙, 佳傷烏鳥之情, 去懷犬馬之戀. 唯願暫謨東返, 迎待西來, 仰托仁風, 永安卑迹.)"

그러나 그는 다시는 돌아오지 않았다.『계원필경집』20권은 바로 그가 '동으로 돌아온 지' 1년 후 춘정월에, '淮南幕府時私應酬之作'은 당시의 신라조정에 '손수 엮은 표를 바쳤던' 작품 가운데 주된 작품이다. 살펴보건대 그는 1년을 기다린 후에야 비로소 국내에 남아 벼슬하기로 맘을 정했던 것이다. 당 태종 정관연간에 신라를 정복하고, 고종(高宗) 이치(李治) 영휘(永徽) 원년부터 시작하여 신라는 곧 당대 연호를 받들어 사용하였다. 그리하여 최치원은 당시 조정에 헌납한 작품 가운데 하나인『계원집』자서에 '중화 6년' 정월이라고 적고 있다. 아마도 그 옛날에는 교통이 불편했으므로 정보가 잘 전해지지 않았으므로 그는 이 해가 이미 당 희종 광계 2년임을 알지 못했던 것이다.『전당시보일』의 최치원 시 뒤 절록 남경도서관이 소장한 고려활자교인본『계원필경집』고려인 홍석주・서유개의 두 개의 서에 의하면 다음과 같이 기록되어 있다:

"國信使의 직책으로 東으로 돌아가, 憲康王・定康王을 섬기어 翰林學士・兵部侍郎이 되었으며, 밖으로 나가서 武城太守가 되었다. 眞宗 때 집안 사람들을 이끌고 江陽郡 伽倻山으로 들어가 일생을 끝맺었다. 湖西의 鴻山에서 장례를 지냈다."

마지막에는 고국에서 은거하며 도사(道士)가 되었다.

2. 도교사상

이당(李唐)은 시작하자마자 '황권신수'(皇權神授)의 신화를 만들어 내어 당종실(唐宗室)이 노자 이이의 후예라고 선전하였다. 그리하여 당대의 도교는 줄곧 황제와 신료에 의해 추숭되었다. 뒤에 『도덕경』・『역경』도 과거의 필수과목이 되었다. 이런 영향을 받아 문인학사들 역시 도교를 신봉하는 이가 많았다. 예를 들면 사걸(四杰)・이백(李白)・한유(韓愈)・이상은(李商隱)・이하(李賀) 등이 매우 전형적인 예증이다. 최치원은 다른 나라에서 당으로 들어 온 학자로서 이런 시대적 분위기의 영향을 받는 것은 매우 자연스런 일이었을 것이다. 그러나 그는 결국 중국에 와서 공명을 구하고자 한 것이므로 그가 힘써 배우고자 한 것은 공맹유학에 있었다. 그는 세계에서 여러번 스스로 '해외부유'(海外腐儒)・'단존유도'(但尊儒道)・'유궁모선'(儒宮慕善)……이라고 칭하였다. 이것은 그의 전반생 사상의 주요경향이다. 그가 회남 고병에게 몸을 던져 달려 간 것도 역시 그가 이끌어 주면 자기 자신이 빨리 출세하여 공명을 이룰 수 있을 것이라는 점을 기대했던 것이다. 그가 전중시어사(殿中侍御史)라는 육품(六品)의 관직을 제수 받은 이후 관직이 급상승하여 자신이 바라는 것처럼 보상받을 수 없었다. 원인은 '의종의 깊이 총애'를 받았던 고병이 한 때 전성기에 달한 이후로 갑자기 방향을 바꿔 떨어졌기 때문이다. 공업을 바라고 탐내었고 더욱이 사람을 부당하게 썼으며, 미혹된 말을 잘 곧이 듣고 황소를 대적할 능력이 부족했으므로 조정의 총애를 상실했기 때문이다.『구당서』 권182 고병전(高騈傳)에서 말한다:

"고병은 예전에 병권으로 번진(藩鎭)에 임하여 강남을 삼키고자 하였다. 하루 아침에 이것을 상실하여 위엄과 명망이 갑자기 떨어져 음모가 자신을 가로막았다. 그러므로 여러 번 表를 올리고자 논의를 군건하게 하여 자신의 본래 의도를 회복하고자 하였다."

중화 3년 조정이 병사를 파견하여 황소반란군을 타파하고 경성을 회복하였다.

"고병은 이 소식을 듣고서 온갖 것을 두려워하게 되었다. 그리하여 부하 가운데 모반하는 이가 많았지만 계책을 낼 도리가 없었다. 이에 신선에 의지하고 군사에 관한 일을 팽개쳐 놓았다. 군대의 시비는 여용지(呂用之)에 의해 결정되었다."

여용지는 또한 천기공(薦暨工) 제갈은(諸葛殷) · 장수일(張守一)이 장수법을 지니고 있어, 고병은 나란히 아장(牙將)으로 삼았다. 부(府)의 주택에 따로 도원을 세웠다. 그 도원에는 영선루 · 연화각이 있는데 높이가 80척이고 각종 옥구슬과 금조각으로 장식하였다. 시녀는 수백 명이었으며, 모두 달나라 선녀들의 음악인 우의예상

(羽衣霓裳)에 맞추어, 부드러운 소리로 곡조를 조절하며 천상(天上)의 음악을 본뜨려하였다. 날마다 여용지・제갈은・장수일 이 세 사람과 더불며 도가 법록(法籙)을 전수받고 그들 사이에서 담론을 나누며 지내어, "손님을 모시는 낮은 관원(賓佐)들은 그의 얼굴 보는 것이 드물었다." 여기서 최치원은 도대체 어떤 역할을 맡았던 것인지에 대하여 역사책에 기록이 남아있지 않다.『계원집』(桂苑集) 권15・16에『應天節齋詞三首』・『上元黃籙齋詞』・『中元齋詞』・『下元齋詞二首』・『黃籙齋詞』・『祭五方文』 등의 재사(齋詞)와 제문 열일곱편은 그가 이런 활동에 참여하였던 것으로 보인다. 그러나 그는 막부에서 요직에 있지 않았으며 여전히 낮은 관리로서 "손님을 모시는 낮은 관원(賓佐)들은 그의 얼굴 보는 일이 드물었다"와 같은 류에 속했을 따름이다. 그러나 고병에 대한 존중이 지극하고, 은혜를 깊이 느끼는 최치원으로서는 아마도 그런 영향을 받았을 것이다. 그러나 그는 완전히 고병을 따라 달려가지는 않았다.

본집 권17 『謝借宅狀』에서 말한다:

"저는 어제 객사가 처분을 받들어 관택을 빌려주시어 편안히 지내도록 한다고 전하였습니다.(某昨日客司奉傳處分, 借賜官宅安下者)",

"감히 은거하며 장가를 들지 않으려는 것이 아니라 단지 직접 도에 나아가 스스로 중개하고자 하는 것입니다. 오늘 다행히 교외의 좋은 곳을 만났으며, 하물며 고요한 방에 몸을 깃들여 놓고, 짚신을 신고 오르니 힘들이지 않고 먼 곳을 거닐 수 있고, 소박한 생활이므로 길이 안빈(安貧)을 이룰 수 있는 것에서랴! 어찌 한가로움을 아끼고 진실로 용단(勇斷)을 기를 수 있어서이겠습니까.(非敢隱居而不嫁, 只將直道而自媒. 今者幸遇樂郊, 況棲靜室, 登厲則不勞遠涉, 簞瓢則永遂安貧. 豈謂愛閑, 誠堪養勇.)"

최치원은 회남막부를 떠나 따로 조용한 곳을 찾아 수도했던 것으로 보인다. 이 편 뒤에 이어서 또한 『出師後告辭狀』이 있어, "저는 헛되이 폐와 장이 있어, 바야흐로 거듭 기도하며 빌지만 단번에 힘차게 날아오를 수 있는 깃털과 날개가 없는 것이 안타깝습니다"라고 말한다. 그는 기회를 엿보아 부드러운 말로 이별을 고하고 스스로 수도할 수 있는 곳을 찾는다. 그는 어느 곳에서 수도한 것일까? 건십팔 『謝新茶狀』에서 "蜀岡養秀(촉강은 빼어난 인물을 기른다)"라고 말한다. 촉강은 揚州(당은 이곳에 광릉군·강양현을 두었는데 회남막부는 이 서북쪽에 주둔하였다)의 서북쪽이다. 그가 회남막부 주둔지를 떠났기 때문에 고병의 문고(文稿)들은 다른 이를 기용하여 기초하였다. 권18에 『謝借示法雲寺天王記狀』·『謝示延和閣記碑狀』이 있어 이것을 증명할 수 있다. 그는 고병이 "이에 막객(幕客)으로 하여금 삼가 비사(碑詞)를 짓게 하였다(爰令幕客謹撰碑詞)", "존귀한 옷깃에 신묘하게 적었다(妙寫尊襟)"는 것에 대하여 예찬하였다. 특히 고병이 "친히 갖가지 털을 물들여, 그것으로 하여금 푸른 빛 나는 옥을 새기니, 손의 움직임을 따라 용과 뱀이 꿈틀대고, 창 끝을 맞아 창과 검이 교차한다(親染彩毫, 俾鐫翠琰, 隨手而龍蛇旋活, 迎鋒而劍戟交橫)"에 대하여 나의 송(頌)을 크게 보탰다. 그는 언제 고병의 막부를 떠난 것일까?

권18에 『端午節送物狀』·『謝冬至料狀』·『謝寒食節料狀』이 있어, 그가 가장 늦게 잡아도 중화(中和) 3년 단오절(端午節) 이전에는 이미 떠났음을 설명해준다. 그렇다면 그는 도대체 어떻게 수도한 것일까? 어떤 문파에 속할까? 아래에서 우리는 『계원집』의 한정된 자료를 가지고 거칠지만 탐색할 것이다.

『謝示延和閣記碑狀』에서 최치원이 "선서를 볼 때마다 원대한 뜻이 더욱 돈독해진다(每睹仙書, 更敦壯志)"라고 말하는데, 이것은 그가 늘 도교경전을 읽고 있었으며 매번 도를 닦아 신선이 되고자하는 원대한 뜻을 세우고 있었음을 나타낸다. 고병에 의해 쓰여진 『下元齋詞』에서 그의 마음을 다음과 같이 드러내고 있다:

"매번 곽박의 시에 의지하여 옥석을 정밀히 가리고, 갈홍전 위에 이름 하나를 덧붙일 수 있기를 바란다.(每依郭璞詩中精調玉石, 願向葛洪傳上得寄一名.)"

곽박은 동진시기의 문학가로 시부에 뛰어났으며, 또한 점치는 방법을 좋아하였다. 저서로는 유선시가 있고 나중에 이름이 『洞仙傳』에 열거되었다. 갈홍은 동진시대 도교이론가·의학가·연단술가로서『포박자』·『신선전』이라는 저술이 있다. 최치원은 일찍이 "신선들의 명부(玉籍)에 이름이 오르기를 바랬다(冀標玉籍)". 즉 신선전에 이름이 열거되고자 하는 웅대한 포부를 가지고 있었으므로 곽박이나 갈홍이 자연스럽게 그가 동경하는 대상이 되었을 것이다. 그러므로 한 번 신선술을 닦을 수 있는 기회가 닿자 그는 시기를 놓치지 않고 고요히 거처하며 편안히 수련하기 시작했던 것

이다. 권19의 『謝宋絢侍御書』에서 기쁘고 위안하는 마음으로 다음과 같이 말하였다:

"오늘 점을 치니 이웃이 매우 고요하여 학식(學植)을 이룰 수 있을 것 같다. 오로지 원찬(袁粲)의 문을 닫을 뿐, 풀이 무성한 집을 청소하지 않는다. 단지 좋은 기회를 보아 계획을 세우고, 그에게 권세의 영화로움을 보낸다. 그러나 도를 지키며 가난을 편안하게 여기므로 한가로움을 아낄 줄 아는 즐거움을 넉넉히 얻는다.(今者卜鄰甚靜, 學植可成. 唯扃袁粲之門, 不掃陳蕃之室. 雖乘機立事, 輸他附勢之榮; 而守道安貧, 贏得愛閑之樂.)"

우리는 권18 『謝新茶狀』로부터 그가 실제 수련한 상황을 다음과 같이 엿볼 수 있다.

"생각건대 蜀岡이 빼어난 것을 길러내고 隋苑에 그 향기가 흩날리는 것이 마치 采擷의 功을 일으켜 바야흐로 그 정화를 맛보는 듯하다. 金鼎에 綠乳를 적당히 삶으니 玉甌(옥으로 만든 단지)에 香膏가 퍼진다. 고요히 仙翁에게 절하여 인사하지 않으면 한가로이 羽客과 노닌다. 어찌 신선이 하사하심이 외람되이 평범한 선비에게 미치어, 梅林을 빌리지 않고도 스스로 갈증을 낫게 하고, 선초를 구하지 않고서도 마침내 근심을 잊을 수 있기를 바라겠는가!(伏以蜀岡養秀, 隋苑騰芳, 如興采擷之功, 方就精華之味; 所宜烹綠乳于金鼎, 泛香膏于玉甌. 若非靜揖仙翁, 卽是閑遊羽客. 豈期仙貺猥及凡儒, 不假梅林自能愈渴, 不求仙草始得忘懷.)"

캔다(采撷)는 것은 곧 대약(大藥)을 채집하는 것이다. 금정은 바로 단정을 말한다. 옥구는 옥지(즉 화지)를 가리키는 것 같다. 또한 '녹유', '향고'가 있다. 이것들은 모두 도가 내단공 중의 비유어이다. 이것은 그가 정수로써 내공을 연마하였음을 설명한다. 권19 『迎楚州行李別紙』의 一장 에 또 '緩飛仙棹, 靜雲眞筌'이라는 말이 있다. 진전은 여기서 진기나 진의를 말하는 것과 같다. 이것은 최치원이 정수 중에 진기를 운용하여 내공을 수련하고 있음을 나타낸다. 당말에는 내단학설이 조금씩 일어났다. 이것은 줄곧 신선이 되고자 뜻을 품었던 최치원에게 관심을 품게 하고 그에게 영향을 주지 않을 수 없었을 것이다. 권16 고병에 의해 쓰여진 『求化修諸道觀疏』에 "九轉에 부지런히 노력한다(九轉服勤)"·"一氣를 정묘하게 닦는다(一氣精修)"라는 말이 있다. 권8 고병에게 보낸 『獻生日物狀』 二장에서 또한 말한다:

"태위 상공께서는 신선의 풍격과 유가 성인의 기틀을 갖추시어, 삼대의 뛰어난 자들에게 마음을 미루어보며, 오행의 법칙에 기를 수련합니다.(太尉相公, 漢師仙格, 魯聖儒機, 推心于三代之英, 煉氣于五行之數.)"

여기서 그는 '일기정수'(一氣精修)·'연기'(煉氣)와 같은 개념을 명확히 사용하였다. 이것은 그가 말하는 "眞筌을 고요히 운용한다(靜運眞筌)"는 것이 바로 진기(眞氣)를 조용히 운용하는 것임을 충분히 증명하고 있다.

다음으로 최치원은 성명학에 대해서도 언급한 것이 있다. 그는

사도상공(司徒相公) 고병(高騈)에게 바치는 『七言記德詩三十首』의 『性箴』에서 말한다:

"물결 잔잔한 본성의 바다(性海)에서 깊은 근원을 보았으며, 希夷를 궁구하여 道의 門을 열었구나. 문장도 뛰어나 한 쌍의 아름다운 자취 전하였으니, 어느 틈에 오천언을 다시 쓸 것인가!(波澄性海見深源, 理究希夷辟道門. 詞翰好傳雙美迹, 何須更寫五千言.)"(『桂苑集』 권17)

성명학에 대해서는 송대 단학대가(丹學大家)인 장자양이 『오진편』에서 말하였다:

"때때로 마음을 관조하면 바야흐로 자신의 본성을 깨달을 수 있다. 지극한 도를 체현하고자 한다면 자신의 본래 마음자리를 밝히는 것 만한 것이 없다. 마음은 도의 지도리이다. 사람이 이것을 마음을 관조할 수 있으면 완전한 밝음(본성)이 저절로 나타날 것이다. 힘써 공력을 들이지 않아도 피안의 세계로 갑자기 초월하게 된다. 이것이 바로 최상의 참된 깨달음의 도이다. (時時觀心, 方能見性. 欲體至道, 莫若明乎本心. 心者道之樞也. 人能時時觀心, 則妄想自消, 圓明(本性)自現, 不假施功, 頓超彼岸, 乃無上至眞妙覺之道.)"

최치원이 말하는 '물결 잔잔한(波澄)'이란 바로 정수(靜修)할 때 마음을 물결 한 점 일지 않는 물처럼 고요하게 유지하여야 이 때

비로소 성(性)의 본원(本源)을 볼 수 있다는 말이다. 그는 여기서 불교의 '명심견성'(明心見性)을 수도(修道)에 응용하였다. 권15의 고병을 대신하여 쓴『上元黃籙齋詞』에서 말한다:

"삼가 생각건대 有德과 無德, 無名과 有名을 따지거나 스스로 倏忽(인공적인)의 功을 베풀어서는 希微(自然)의 뜻을 궁구할 수 없습니다. 그러므로 신선들의 고향인 紫府는 마음을 닦음으로써 이를 수 있는 것이며, 玄關은 억지로 힘써서 열 수 있는 것이 아닙니다.(伏以有德不德, 無名可名, 自施倏忽之功, 莫究希微之旨. 是以, 紫府乃修心可到, 玄關非用力能開.)"

여기서 최치원은 '수심'(修心)을 통해서 최종적으로 선인(仙人)이 되어, 신선들이 거처하는 '자부'(紫府) 금궐(金闕)에 도달할 수 있으며, 수심(修心)을 수도(水道)의 관건으로 여기고 있음을 명확하게 나타낸다. 그는 수심양성이라는 이 근본고리를 장악하기만 하면 모름지기 오천언의『도덕경』을 다시 쓰지 않아도 되고, '희미의 뜻(希微之旨)'을 궁구하여, 문자언어 상에서 애써 연구할 필요도 없다고 생각한다. '현관'(玄關)이라는 도가 수련의 비전(秘傳) 중의 비전에 대하여, 최치원은 "억지로 힘을 써서 열 수 있는 것이 아니다(非用力能開)"고 생각한다. 현관이 의미하는 것에 대해서는 여러 가지 학설이 있다. 어떤 경우는 '산종지지'(産種之地)를 가리키고, 또 어떤 경우는 '감진지지'(感眞之地)를 가리키기도 하고, '신중일규'(身中一竅)·'주천지지'(周天之地)·'내신일규'(內腎一竅) 등등을 가리키기도 한다. 그러므로 "현관은 정해진 자리가 없다(玄

關無定位)"라는 설이 있으며, "형질이 있는 것은 모두 바른 것이 아니다. 형질이 없어야 비로소 玄이다(有形有質皆非正, 無質無形始是玄)"라고 말한다. 그런데 최치원이 가리키는 것은 아마도 몸속의 혈규(穴竅-구멍)인 것 같다. 그가 말하는 것이 규오(竅奧)가 맞느냐에 관계없이 그가 도가수련 가운데 최고의 비결에 대하여 연구하였음을 충분히 설명해 준다.

사실 최치원의 도가 내단공에 대한 연구와 탐색은 광범위하고 심층적이었다. 권19『與金部郎中別紙二首』의 一장에서 "삼가고 욕심내지 않는 도를 즐거워하며, 소박함을 기르는 기틀에 진실로 편안하다(旣樂持盈之道, 固安養素之機)"라고 말한다. 지영(持盈)이란 원래의 뜻은 술잔에 가득찬 술을 잡고있는 것을 가리킨다. 이것은 수도중에 삼가고 근신하는 것을 비유한 것이다. 내단수련은 단이 바야흐로 무르익었을 때 부드러운 약한 불로 잘 길러내야지 불을 일으켜서는 안 된다. 이것은 단을 태워버리는 일을 피하기 위해서이다. 반드시 고요한 마음을 지켜야 한다. 마음을 고요히 유지하는 방법은 부드럽고 약한 불로 잘 길러내는 것이다. 소박함을 기른다(養素)는 것은 부드럽고 약한 불로 잘 길러내는 것이며 또한 도를 기르는 것(養道)이다. 도를 기른다는 것은 무엇일까?『武術滙宗』에서 말한다:

"도를 닦는 사람은 관계(關戒)를 풀어버려야 할 뿐만이 아니라 도를 기르는 일을 잘해야 한다. 눈으로는 색을 보지 않고, 귀로는 소리를 듣지 않고 마치 귀머거리나 벙어리들처럼 되면 그것이 바로 도인이다. …… 눈이 움직이면 마음이 흔들리고, 마음이 흔들리면 정신이 혼란해진다. 생사의 기틀이 이 두 가지에 달려 있다.(修道之士, 不惟解除關戒, 猶需善于養道, 目不觀其色, 耳不聞其聲, 學個聾啞, 就是道人. …… 目動則心動, 心動則神動, 生死之機, 在此二者.)"

닦기만 하고 기르는 것을 알지 못하면 결국 아무것도 이루지 못한다. 내가 보기에 최치원은 이런 내단수련의 관건이나 요체가 되는 것에 대하여 이미 마음 속으로 잘 알고 있었으며, 또한 시기를 놓치지 않고 그의 실제적 수련 속에서 그것을 잘 운용하였다. 따라서 그는 우리에게 도가의 수련이 당대의 외단복식(外丹服食)을 중시하던 것으로부터 오대·송의 내단수련으로 궤도를 바꾸는 정보와 자취를 알려준다.

최치원은 내련(內煉)과 동시에 복식(服食)에도 관심을 가졌었다. 고병의 생일축하행사 때 그는 '한국의 사람모습을 닮은 삼 한 구(東海人形蔘一軀)'를 바쳤으며 또한 '세 근의 인삼'(人蔘三斤)과 '한 근의 천마'(天麻一斤)도 바쳤다. 그는 이런 약물이 "만일 약을 찧는 절구에서 그 효력을 이루고자 한다면 반드시 몸을 손상하게 될 것이지만 만약 봉호(蓬壺)에 넣고서 사용할 수 있다면 배를 실하게 할 수 있다(儻許成功于藥臼, 必願損軀; 如能入用于蓬壺, 可知實腹.)"라고 생각하였다. 그가 여기서 말하는 복식이란 당초·중기에 일시적으로 성행했던 금단(金丹)을 복식하는 것과는 이미 다르다. 우리는 당초기와 당 전성기의 태종·고종·현종이 모두 복이양생(服餌養生)의 說을 신봉했으며, 당 중기의 헌·목·경종 때는 더 더욱 열렬했다는 것을 알고 있다. 설사 당말의 무·

선종이라 할지라도 또한 그것에 매우 흥미를 보였다. 신료 가운데 그것을 본받고자하는 이의 수는 더욱 적지 않았다. 따라서 자신의 수명을 누리지 못하고 죽는 일이 때때로 일어났다. 그러므로 금단복식(金丹服食)의 道는 곧 점차 쇠락하였다. 최치원이 말하는 복식은 연홍(鉛汞)이나 금은 같은 종류의 중금속이 아니라 인삼이나 천마(天麻)류의 자양약물이다. 그가 바라는 것은 갑자기 몸이 부양하여 하늘로 오르는 것이 아니라 "신령한 수명을 이어 천천히 늙음을 맞이하고, 신선과 같은 동안을 유지하여 저 하늘의 해처럼 젊음을 오래도록 간직하리라(續靈壽則後天而老, 駐仙顔而與日長新)"는 말처럼, 연년익수(延年益壽)를 추구하는 것으로 실용에 매우 가깝다.

최치원의 전승과 문파에 대하여, 도광순이 지은 『韓國的道敎』('海外漢學叢書' 『도교』 제3권을 볼 것)에 다음과 같은 기술이 있다:

"신라 말기 당 문종 개성 연간에, 들리는 말에 의하면 최승우·김가기·승자혜 등 세 사람이 당나라에 들어가서, 鍾離將軍(鍾離勸)으로부터 도서(道書)와 구결(口訣)을 전수 받았으며, 3년 간의 수련 끝에 마침내 단을 이루었다(득도하였다). 전하는 바에 의하면 김가기는 후에 당에 온 최치원·이정 등에게도 구결을 전수한 뒤 선거(仙去)하였으며[125], 최승우와 승자혜는 귀국한 뒤 그 道法을

---

[125] 『韓國的道敎』는 김가기가 공원859년에 仙去하였다고 단정하고 있다. 그리고 "『列仙傳』과 『海東異迹』의 기록에 의하면 그가 당 대중 12년(857년) 12월 某日에 갑자기 뭇사람들이 둘러싼 가운데 백일승천하여 신선이 되었다"라고 말한다. 『열선전』은 漢代 劉向의 작품인데 어떻게 唐 末期의 사람을 기록할 수 있겠는가? 김가기 사적은 당말의 沈汾의 『續仙傳』 가운데 다음과 같이 기록되

신라에 전하였다고 한다. 이 일은 『氷淵齋集』・『海東傳道錄』 등에 그 기록이 남아 있다. 김가기로부터 도법을 배운 최치원은 귀국 후 신라에 도를 전수하였다. 그리하여 후세 인들에 의해 한국도교의 비조라고 여겨지고 있다."

종리권이 그들에게 전수한 도서와 구결은 『靑華秘文』・『靈寶畢法』・『金告』・『入頭岳訣』・『內觀玉文寶錄』・『天遁煉磨法』 등이다. 도광순은 다음과 같이 생각한다:

"그들이 배운 것은 당대에 형성된 본성(本性)의 단학(丹學)이다. 아마도 金代(1115-1332년)(필자견해: 金의 멸망은 1334년임)에 형성된 전진교(全眞敎)의 본성의 단학의 원류에 해당한다."

그 외에 신라 승려 석현준(釋玄俊)이 입당(入唐)하여 시해파의 비법을 배웠으며, 저서로 『步舍遊引之術』이 있는데 최치원도 그에게 전수 받았다. "귀국 후 최승우・석현준・승자혜로부터 도지(道旨)를 전수 받았으며, 권청(勸淸)과 함께 도법을 연마하였다. 그의 이름이 있는 것으로 『參同契十六條口訣』이 있으며, 저서로 또한 『伽倻步引法』・『量水尸解』・『松葉尸解』 등이 있다." "그는

어 있다: "대중 12년 12월, 갑자기 황제에게 표를 올려 말하였다: '신은 옥황상제의 조서를 받들어 英文臺 侍郞이 되었습니다. 내년 이월 이십오일에 승천할 것입니다'". 기한이 되자 "하늘 한 가득 깃발을 휘날리며, 그를 호위하는 군사들에 에위싸인 채 승천하였다". 우리는 최치원이 당에 들어간 것이 唐 懿宗 咸通 七年(공원 866년)이라는 것을 고증할 수 있다. 『한국적도교』에서는 "듣건대 최치원은 신라 경문왕 8년(869년)에 입당유학하였으며 선배 김가기로부터 구결을 전수받았다"라고 말한다. 그러나 최치원이 입당하였을 때 김가기는 이미 10년 전에 선거하였으므로, 현실적으로 그것은 불가능한 일이다. 만약 道法을 전수했다라고 한다면 그것은 '仙傳'일따름이다.

사람들이 동방의 유종(儒宗)이라고 일컫는 유학가인 동시에 불교와 도교에 대한 造詣도 매우 깊었다."('해외한학총서'의 『도교』제3권 제83쪽) 이곳의 최치원에 대한 평가는 매우 높다.

최치원의 불학・유학사상은 『계원필경집』에 나타난 것이 있는데 아래에서 그 대략적인 것을 논할 것이다. 그는 『계원집』 권15의 『하원재사』에서 다음과 같이 말한다:

"도를 부지런히 실천하고 싫증내지 않는다. 이처럼 싫증내지 않으므로, 만약 '삼보'를 받들어 지닐 수 있다면 반드시 만영(萬靈)을 잘 보호할 수 있을 것이다.(道在勤行不厭. 是以不厭, 苟得奉持'三寶', 必能極護萬靈.)"

'삼보'(三寶)는 불도 양가의 공통용어이다. 불교의 '삼보'는 '佛・法・僧'이고 도교의 '삼보'는 '道・經・師'로서, 각기 가리키는 바가 있지만 그 의미는 서로 같다. 권20 『題海門蘭若柳』에 다음과 같이 기록하고 있다:

"광릉성 근처에서 그녀와 이별하였는데 어찌 바닷가에서 다시 만나기를 생각하겠는가. 단지 관음보살이 아낄까 두려워, 여행길을 떠나도 감히 연약한 가지 꺾지 못하네.(廣陵城垰別蛾眉, 豈料相逢在海崖. 只恐觀音菩薩惜, 臨行不敢析纖枝.)"

중국에는 버드나무를 꺾어 이별할 때 보내는 관습이 있다. 비록 그는 중국을 떠나 멀리 가지만 옛정이 그대로 남아있고, 오로지 경건하게 보살을 섬기고 믿기 때문에 바닷가 흐느적거리는 버드나무 조차 감히 꺾지 못한다니!

우리는 앞에서 최치원의 주요사상은 입세(入世)의 유종(儒宗)이라고 지적하였다. 그러므로 도광순은 『한국의 도교』에서 "사람들이 그를 동방 유학의 아버지(東方儒宗)라고 부른다"고 말하였는데, 이곳의 '동방'이 비록 한국에 한정된 것이긴 하지만 유학이 그의 사상 중에서의 비중 및 한국역사에서의 지위와 후세에 대한 영향을 나타내준다. 바로 이와 같기 때문에 그가 여전히 젊고 정정하였을 때 지나치게 조급히 공문(空門)에 숨어들기를 달가워하지 않고, 언제나 늘 벼슬길에서 큰 일을 하기를 갈망했던 것이다. "더 이상 나아가 취할 것이 없어서(無媒進取)"야 비로소 "(물러나 은거할 뜻을 품고, 시를 엮는 것으로서 자신의 본성을 수양하는 바탕으로 삼으며, 책으로 자신의 몸을 세우는 근본으로 여겼다.(有志退居, 以詩篇爲養性之資, 以書卷爲立身之本.)" 이런 "시름에 잠겨 밤새도록 속마음이 편치 않고(窮愁則終夜難熬)", "현실상황은 냉담하고 세상의 모습은 인정이 야박하기만(時情冷淡, 俗態澆訛)"한 상황을 만남에 "나무그늘을 바라보며 변화를 기대할 뿐이다. 구름이 머무는 집에 한가로이 깃들어 살며, 영원히 천막 위에 집을 짓는 제비와 같은 위태로움이 사라지기를 바란다. 학처럼 세상의 울타리를 멀리 벗어나, 수레를 타는 편리성을 조금 알게 되는구나(唯望庇庥, 得期變化. 所冀燕棲雲屋, 永無巢幕之危; 鶴出塵籠, 稍識乘軒之便." "만약 채찍으로 말을 몰 수만 있다면 반드시 엎드려 숨지는 않을 텐데(如能驅策, 未必跧藏.)". 그는 스스로 "이미 벼슬길에 의지하여, 관리의 길을 대충 잘 알고 있었다(已依宦途, 粗諳吏

道)"라고 말하고, "至人의 힘에 의탁하여(托至人之力)"(앞의 인용문과 같은 책) 임용될 수만 있다면 그는 엎드려 은거하면서 수도할 필요가 없었을 것이다. 그는 고병이 "특별히 직명에 배치한(特署職名)" 후에 "인연을 아무리 찾아도 제철이 아닌 꽃은 떨어져 버리고, 썩은 지푸라기조차 의지할 것이 없어져(尋緣狂花有失, 腐芥無依)", 어쩔 수 없이 "잠시 물러나 은거하기를 바랬다(暫願退居)." "제철이 아닌 시기에 핀 꽃은 떨어지고(狂花有失)"는 암암리에 고병이 조정의 신용을 상실하고, 종일 기도하는 일에 종사하였음을 가리킨다. 최치원은 의지할 곳을 잃고, 그는 이곳에 한적하게 물러나 있는 것을 달가워하지 않았다. 그러므로 『계원집』 권19의 서상(書狀)·별지(別紙)에서 대부분 자신이 알고 있는 중요관직에 있는 사람들에게 글을 써 보내어 이끌어주거나 추천해줄 것을 희망한다. 그러나 "삼가 굽어 살펴주시기를(俯賜念察)" 간절히 바라고, "감사의 말씀을 드리기를 기다릴 따름입니다(只候陳謝)"와 같은 말을 몇 번이나 했는지 모르지만 결국 아무런 소득이 없었다. 어쩔 수 없는 상황에서야 "만리고향으로 돌아갈 계획을 세워(萬里始成歸去計)", "국신과 가신을 겸하여(旣傳國信兼家信)" 국신사에 임용되어 동쪽 신라로 돌아갔다. 여행길에 오를 때 『陳情上太尉』 ('계원집' 권12)라는 시에서 다음과 같이 말한다:

해내의 그 누가 타향의 이국인을 가여워하고,
海內誰憐海外人,
나루터를 물어보아도 어느 곳이 나루터로 통하는 것인지?
問津何處是通津?

본디 식록을 구해서이지 이익을 탐해서가 아니며,
本求食祿非求利,
오직 부모님을 영광스럽게 하기 위해서이지 내 몸을 위해서가 아니거늘.
只爲榮親不爲身.
나그네 길 고향 떠난 슬픔에 젖어있는데 강가엔 비만 내리는데,
客路離愁江上雨,
꿈에 돌아간 옛 동산 날마다 봄에 가까워지고
故園歸夢日邊春.
내를 건너 파도처럼 넓은 은혜를 입었으니,
濟川幸遇恩波廣,
원컨대 무릇 10년 묵은 갓끈의 때 씻어낼 수 있었으면.
願濯凡纓十載塵.

제 1연은 타국에서 온 외역시인으로서 당시에 도와줄 사람을 찾아도 바랄 수조차 없는 곤란한 상황과 고독하고 처량한 심정을 매우 심각하고 절실하게 말하였다. "망망한 바다로 돌아감을 시로 읊는 것을 한스러워 할 따름이다(唯恨吟歸滄海去)"라는 것은 그가 절망과 유감에 싸인 채 섭섭해하며 당나라를 떠난 것이리라!

최치원이 귀국한 해는 신라 헌강왕 5년이다. 이 때로부터 1년이 지나 정강왕이 즉위한다. 이 해 봄 정월에 『계원필경집』 등의 저술을 조정에 헌납한다. 그 두 번째 해에는 진성여왕 김만(金曼)이 즉위한다. 김만의 통치는 지극히 잔혹하였고, 그녀가 섭정한 지 셋째 해(공원 889)에 "국내의 여러 주군에서 세금을 바치지 않아, 창고

는 비고 나라의 재정은 고갈되었다. 왕이 사신을 보내 독촉하자 이로 인해 그곳에 도적이 벌떼처럼 일어났다(國內諸州郡不輸貢賦, 府庫虛竭, 國用貧乏. 王發使督促, 由是所在盜賊蜂起.)"(周一郎 등 주편,『世界通史』中古部分 제115쪽, 人民出版社, 1972년 11월 제2판) 이른바 '도적이 벌떼처럼 일어났다'는 것은 농민이 반란을 일으켜 혼란에 빠져 신라의 정치적 상황이 불안하고 흔들리고 있음을 말한다.『中國-朝鮮·韓國關係史』의 기록에 의하면 "공원 894년(신라 잔성여왕 7년)에 최치원은『時務策』열 개항을 바치지만 진성여왕은 그것을 받아들이지 않고 그를 아찬(阿餐)에 임명하지만 여전히 중용하지는 않았다." 이런 상황에서 본디 도를 닦아 신선이 되고자 숙원했던 최치원이 결연히 관직을 버리고 신선술을 익히게 된 것은 필연적인 형국이다. '계원집' 권18에『謝新茶狀』에서 "아직 산에 깃들어 사는데 이르지 않아 여전히 세속을 좇아 일한다(未遂山棲, 尙從塵役)"라고 말한다. 이 말뜻은 "세속을 쫓아 일하는 것(從塵役)"은 시간이 한정되어 있지만 '산에 깃들어 사는 것(山棲)'이야말로 그의 최종적인 종착지였다. 도광순의『한국적도교』에 다음과 같이 말하고 있다: "귀국 후 對山·天岭·富城 등의 郡太守를 두루 맡아 벼슬하였다. 전하는 말에 의하면 경주의 남산·가야산과 의성의 빙산·지리산·해운대 등의 산천을 두루 돌아다니며 날을 보냈다가, 진흥왕 9년(896년)에 가야산에 들어간 후 선거(仙去)하였다고 한다. 그는 당시에 가장 광범위하고 깊이 단학을 닦아 익혔으므로 후세사람들은 그를 줄곧 한국도교의 비조 혹은 한국단학파의 비조라고 여겨 왔다." 여기서 말하는 공원 896년은 사실상 신라 진성여왕 김만이 집정한 지 8년째 되는 해로서 또한 그녀의 마지막 1년이기도 하다. 도광순이 '진흥왕 9년'이라고 말한 것은 무엇을 근거로 한 것인지 알 수가 없다. 번역 상의 착오일까?

4

고귀한 동양의 보물들

삶을 기뻐하고 죽음을 두려워함은 인간의 천성이 그러한 것이리니, 천년을 살다간 신선도 사실은 아득하고 허무하여라. 금단대약(金丹大藥)으로 수많은 영웅호걸을 미혹에 빠트렸으나, 내단수련으로 건강하게 장수할 수 있는 문을 열어 놓았도다. 이른바 도교의 정수는 삼교합일(三敎合一), 성명쌍수(性命雙修), 공행쌍전(功行雙全)과 같은 것들임에 틀림없으리라. 더욱이 의약으로 세상을 구원하고, 권법을 세상에 세워 놓았으니 이 모든 것은 생명에 보탬이 되고 수명을 오래도록 할 수 있으리라.

— 편집자 수기

갈홍(葛洪)에 대한 소고(小考)
- 도교와 한의학에 미친 영향을 중심으로 -

· 김영록 ·

金泳彔, 한의사

도가사상은 유교사상과 더불어 수 천년 동안 중국과 그 주변국의 생활과 사상을 형성해온 중국 고유의 종교철학이다. 이러한 도가사상은 두 가지의 서로 다른 기원을 배경으로 하고 있다. 첫째는 인간사회의 도보다 자연의 도를 따랐던 전국시대의 철학자들이다. 그들은 권력자에 고용되기를 원하지 않았으며 사색하고 자연을 탐구하기 위해 산림이나 황야에 은둔했다. 도가의 또 다른 기원은 고대에 북방으로부터 전래된 마술사와 샤먼에 있다. 이들은 민간신앙과 밀접하게 결합되어 일종의 자연숭배와 마술의 대표자로서 중국문화에 영향을 미쳐왔다. 도가사상이 종교화되어 나타난 도교는 그 안에 이렇게 상이한 두 가지의 기원이 결합되어 있기 때문에 자연주의와 합리주의를 내포하고 있으면서도 또한 신선사상, 불로장생사상 등의 신비주의가 공존하게 되었다. 이러한 점이 때로는 도교를 난해하게 하기도 하지만, 도가 철학자들의 이러한 자연주의적 경향에 의해 유가의 학자와는 뚜렷이 다른 학문적 성취를 이루게 된다. 즉, 자연의 도를 추구하면서 스스로 실험을 하게 되고, 정신만 쓰는 것이 아니라 손을 쓰는 일의 가치도 인정하게 된다. 많은 과학적 발전의 기원이 되는 연금술이 주로 도가에서 추구되었다는 사실은 이러한 경향적 차이에서 유래한다. 본 글에서는 중국 서진 시대의 도학자인 갈홍에 대해 고찰해 봄으로써 도가사상의 이러한 자연주의적인 특징이 한의학 분야에 미친 영향을 알아보고자 한다.

1. 시대적 배경

역사적인 해석이 필요한 다른 연구와 마찬가지로 갈홍에 대한 이해도 먼저 그 당시의 시대적 배경을 포함한 역사적인 맥락에서 이루어져야 한다. 먼저, 갈홍이란 인물에 대한 간략한 소개와 그가 활동했던 시기의 특징을 도교와 연관지어 알아보자.

1) 갈홍은 어떤 인물인가?

갈홍의 자는 치천(稚川)이고, 호는 포박자(抱朴子)이며, 단양군 구용(지금의 강소성 구용현) 사람이다. 대략 서진(西晉) 무제(武帝), 태강(太康) 5년(284)에 태어나서 동진(東晋) 애제(哀帝), 흥녕(興寧) 2년(364)에 사망했다고 전해지나 그 생존 연수는 확실치 않다. 갈홍은 관료귀족의 집안에서 태어나서 어려서부터 도를 배우는데 뜻을 세웠으나 봉건사회 지식인으로서의 이상을 완전히 버릴 수는 없어서 수많은 유가서를 읽었다. 이후 각고의 노력으로 경서, 사서, 백가지언을 모두 섭렵하고, 활발한 저술 활동을 통해 약 220권에 이르는 저작을 남겼다. 주요 저작으로 그의 호를 따서 명명한 '포박자' 내외편이 가장 유명하고, 그 외에도 '금궤약방'(金匱藥方), '주후비급방'(肘後備急方), '서경잡기'(西京雜記) 등이 있다. 갈홍의 활동 시기는 흔히 위진남북조(魏晉南北朝) 시대라고 일컬어지는데, 이백 여 년 동안 열 일곱 개가 넘는 왕조가 흥망성쇠를 거듭했을 정도로 중국 역사상 가장 치열한 권력 쟁탈전이 벌어졌던 난세였다.

2) 도교의 탄생

황제와 노자의 사상이 황노사상(黃老思想)으로 결합되며 도가사상의 근본 이론으로 자리잡게 되는 것은 (여러 가지 설이 있지만) 대체로 후한 시대의 일이다. 이러한 도가사상의 기반 위에 고대 중국의 샤머니즘이나 다양한 민간 신앙의 요소, 신선설, 참위설 등 복잡 다양한 종교로서 도교가 등장하게 된다. 종교로서의 도교가 초보적이나마 교리 체계와 교단을 갖추는 것은 후한의 신흥 종교인 태평도(太平道)와 오두미도(五斗米道)부터 시작된다.

① 태평도

태평도는 오늘날의 산동성 동남부에 위치한 낭야 출신의 간길(干吉)이라는 인물이 신인(神人)으로부터 내려 받았다는 '태평청령서(태평경)'에 의거한 것으로, 후한 시대에 오늘날의 하북성 남부에 위치한 거록 출신의 장각(張角)이 주창하여 수많은 신도를 얻었다. 간길은 의술과 예언에 밝은 方士로서 향을 피우고 종교 의례를 행한 것은 물론, 주술적인 힘을 지닌 물을 만들어 사람들의 병을 치료했다. 장각 역시 병에 걸린 사람이 스스로 자신의 죄를 고백, 반성하게 하고 부적을 넣은 물을 마시게 하여 치료했다. '태평청령서'는 길흉화복이 개인의 행위에서 비롯된다고 보아 선행을 권장하고 악행을 멀리하라고 가르친다. 또한 선행을 많이 쌓으면 목숨이 연장된다고 주장하며, 방중술이나 조용한 방에서 스스로를 반성하는 것도 강조한다. 184년에 장각은 조직화된 신도들을 이끌고 후한 왕조에 반기를 들어 이른바 황건적의 난을 일으켰다. 피폐할 대로 피폐해진 수많은 농민들이 가담했고, 이것은 중국 역사상 최초의 대규모 농민 반란이었다. 황건적의 난은 후한의 몰락을 재촉한 중요한 요인이기도 하다.

② 오두미도

한편 오두미도는 오늘날의 안휘성 패현 출신 장릉(張陵)이 창시한 것으로, 장릉은 사천(四川) 지방의 학명산(혹은 곡명산)에서 수도하면서 직접 도서를 만들어 신자를 끌어 모았다. 교단에 들어오는 사람으로부터 다섯 말의 쌀을 받았기 때문에 오두미도라 불렸다. 장릉은 주문과 귀신을 부리는 술법을 시행하여 병든 사람을 고침으로써 많은 사람들이 그를 따랐다. 장릉의 손자 장로(張魯)는 한중(漢中) 지방에서 종교 공동체의 성격을 지닌 반독립적인 왕국을 이루어 30년 동안 통치했다. 후한의 중앙 정부가 유명무실해졌기 때문에 가능한 일이었으나, 장로는 215년에 조조에게 항복한다. 조조는 항복한 장로를 우대하여 높은 벼슬을 내리고 그 자손들이 장로의 뒤를 잇게 했다. 오두미도는 장로 대에 와서 본격적인 조직과 체계가 완성되었으며, 장로는 할아버지 장릉을 천사(天師), 아버지 장형을 사사(嗣師), 그리고 장로 자신을 스스로 계사(系師)라 일컬었다. 창시자인 장릉을 천사라 일컬었기 때문에 훗날 오두미도 계통의 도교는 천사도라는 이름으로 불렸다.

2. 도교의 체계화

태평도와 오두미도는 모두 나름의 교리 체계에 입각하여 교단 조직을 갖추었으나, 치병과 주술이 중심 요소였고, 신선(神仙) 사상이 중심적인 위치를 차지하지 못했다. 신자로 하여금 스스로 죄과를 뉘우치게 한다든가 선한 행동을 권장한다든가 하는 윤리적인 요소도 지니고 있었으나, 독립된 종교로서의 확고한 이론적 기반은 부족했다. 많은 민중들은 도교의 교리를 믿었다기보다는 가혹한 봉건통치에 견디지 못해 도교에 의탁하거나 민란에 참가하게 된다. 그러나, 이러한 민란은 통치계급의 잔혹한 진압으로 많은 희생자만 남기는 악순환이 되풀이되었다. 이러한 상황 하에서 갈홍은 사람들이 민간 도교를 민란을 일으키는 데 사용하는 것에 단호하게 반대하였다. 그는 이러한 민간 도교를 '요도'(夭道)라 칭하며 준엄하게 진압할 것을 주장하였다. 이와 함께 불로장생을 추구하는 신선사상에 입각한 신선도교 이론을 제기하여, 도교의 이른바 '성선불사'(成仙不死)사상을 발전시키는 데 크게 기여하였다. 그의 저서 '포박자'를 통해 그가 도교의 체계화에 기여한 내용을 살펴보자.

1) 신선사상의 도입

도교의 중심사상 중의 하나인 신선사상이 발전한 데는 포박자의 영향이 지대하다. 태평도의 경전인 '태평경'에서는, 신선이 되도록 운명이 정해진 사람만이 신선이 될 수 있고, 이러한 사람은 극소수라고 말한다. 따라서, 약을 먹고 기공 단련 등의 양생 비법으로 장수하기를 바라는 사람은 적지 않았으나, 완전히 신선이 되어 죽지 않는 것은 바라볼 수 없었다. 갈홍은 그의 저서 '포박자-내편'의 많은 부분을 할애하여 신선사상을 다루고 있다. 예를 들면 '세상에는 정말 신선이 있는가?', '보통사람도 수련을 통하여 신선이 될 수 있는가?', '신선이 되는 것을 배우고 도를 닦기 위해 가장 중요한 길은 무엇인가?' 같은 문제들이다. 이러한 주제에 대한 '포박자'의 답변은 긍정적이다. 그는 스승의 가르침, 고대의 기록들, 또한 사유를 통해 신선은 확실히 존재한다고 주장한다. 뿐만 아니라, 보통사람도 수련을 통해 신선이 되어 죽지 않을 수 있다고 말한다. 이러한 '포박자'의 이론이 이전까지 도교의 목표였던 '무병장수'를 '성선불사'로 한 차원 끌어올리는 데 공헌한 것은 명백하다.

2) 불로장생의 추구

갈홍은 그의 저서 '포박자'를 통해 신선사상을 제창했을 뿐 아니라, 그 실현을 위해 추구할 수 있는 여러 가지 방법들을 연구하고 제시하였다. 여러 가지 불로장생약과 그 재료 및 제조법, 많은 부적의 종류와 효험, 여러 신선의 종류와 이름, 그에 대한 제사 방법 등을 설명하였다. 특히, 복용하면 불로장생할 수 있다는 신비의 약 금단(金丹)을 만드는데 많은 노력을 기울였으며, 이러한 노력은 연금술의 발전으로 이어져 화학 및 의학의 발전에도 많은 성과가 있었다. 이외에도 방중술을 통한 불로장생법, 특이한 식이요법, 호흡 및 명상법을 소개하고 있으며 심지어 물 위를 걷는 법과 죽은 사람을 살리는 법까지도 다루고 있다. 불로불사에 대한 동경과 추구는 이미 전국시대 말기부터 존재했고, 진시황도 그것에 심취했었다. 전한(前漢) 시대의 무제 역시 신선술의 전문가인 방사의 권유에 따라 여러 신들에게 제사를 지내고 불사의 약을 얻는데 관심을 기울이기도 했다. 그러나 이 때의 신선술은 황제나 고위 관료의 전유물이었고, 일반 백성들과는 거리가 멀었다. 신선술이 도교 안에 본격적으로 자리잡은 것은 '포박자' 때문이었다.

3) 도교의 체계적 정비

이렇게 기존의 도교사상과 신선방술을 접목시킨 것 외에도 갈홍은 도교를 체계적으로 정비하는 과정에서 여러 가지로 노력한다. 먼저, 특징적인 것은 노자(老子)를 신격화했다는 점이다. 그의 저서 '포박자'에서는 노자의 모습을 다음과 같이 말한다. '노자는 은으로 만든 계단이 있는 금루옥당(金樓玉堂)에 거하고, 신령스런 거북을 허리에 두르고, 오색 구름을 옷으로 입고 있다. 그 형태를 본 사람은 장수할 뿐만 아니라 탁월한 지혜를 얻게 된다.' 노자를 신격화한 것은 신선설의 영향일 수도 있고, 유교의 공자나 불교의 부처에 맞먹을 만한 교조가 필요했던 도교의 요구에 부응한 것일 수도 있다.

또한, 박학다재했던 갈홍은 많은 학문을 연구하고 저술하는 과정에서 귀중한 자료들을 인용한다. 특히, 그의 저서 '포박자-내편'은 초기 도교의 많은 사료들을 보존하고 있으며, 그 중 '하람'(遐覽) 편에 기록된 도경의 서명은 사실상 도교사상 최초의 교전, 경전의 목록이다. 후세의 수많은 도사가 도경(道經)을 위조하여 모두 갈홍의 이름을 내세워 명성을 높였을 정도로 갈홍이 도교에서 차지하는 의미는 확고하다.

3. 한의학에 미친 영향

갈홍은 뛰어난 도학자였으며, 동시에 당대에 이름난 명의였다. 그의 저서 '포박자'가 초기 도교를 체계화하는데 공헌하였다면, '주후비급방'(肘後備急方), '금궤약방'(金匱藥方) 등은 의학적 지식을 남긴 저작이었다. 그가 한의학에 미친 영향을 살펴보자.

1) 주후비급방 - 급할 때 요긴한 의서

먼저 그가 저술한 의서인 '주후비급방'을 빼놓을 수 없다. 이 책은 민간에 내려오는 의학지식과 자신의 경험을 집성해서 저술되었다. 이름에서 알 수 있듯이 필요할 때 재빨리 꺼내볼 수 있도록 요긴한 내용을 적은 지면 안에 담고 있다. 갈홍은 서문에서 구하기 어려운 값비싼 약물들로 채워진 기존의 의서를 비판하고, 자신의 책은 '효험이 있을 것', '편리할 것', '가격이 저렴할 것' 등의 세 가지에 주안점을 두었음을 밝히고 있다. 자연주의에 입각한 도학자답게 갈홍은 이 책에서 당시로서는 상당히 뛰어난 의학적 지식을 보여주고 있다.

① 천연두를 다룬 최초의 저서

이 책은 천화(天花, 천연두)의 증상에 대해서 다루고 있는 최초의 서적이다. 이 책에서 묘사하고 있는 천연두의 증상은 두면부와 사지에 완두콩 만한 적은 포진이 생겨난 이후에 단기간 내에 전신으로 퍼지고 포진 안에 하얀 진물이 잡히는 것이다. 각기병에 대해서 이 병은 영남인들이 많이 생긴다고 하였다. 그 증상은 초기에 미미하게 하지가 아프면서 감각이 무디어지는 것인데, 양쪽 대퇴부가 약간 붓는 것을 느끼기도 하고 혹 길을 걸을 때 무력감을 느끼고 혹 아랫배가 감각이 둔해지는 것이다. 어떤 각기병은 아랫배까지 부어 올라 죽게 된다고 하였는데 이것은 이미 각기병의 위급증인 심장에까지 영향을 미친 각기병에 대한 인식이 있었다는 것을 보여준다. 이 책에 묘사된 마풍병의 증상은 매우 구체적이다. 병이 시작될 때 피부의 감각이 점차 무디어지는데 어떤 경우에는 피부 위로 벌레가 기어가는 듯한 느낌이 생기기도 하고 혹은 피부가 적흑색으로 바뀌기도 한다고 하였다. 그리고 이러한 병이 생긴 환자는 격리시켜야 한다고 말하기도 하였다. 진단에 대해서도 잘 기록하고 있다. 황달병 환자가 노랗게 변하는 과정은 먼저 눈의 각막에서부터 노랗게 변하기 시작하여 점차 얼굴과 전신이 모두 노랗게 되는 것이라 하였다. 이것을 진단하려면 소변을 받아서 검사해 보아야 한다고 하였다. 그 방법은 받은 소변을 백지 위에 쏟아서 그 색깔의 변화를 보는 것이다. 이외에도 손가락으로 부종을 검사하는 방법을 기록하였다. 즉 손가락으로 부은 곳을 누르면 손가락 자국이 남는다는 것이다. 질병의 예방에 대해서도 말한다. 질병이 유행하는 해에는 모든 사람들이 매 달마다 약물을 복용하여 질병을 예방하고 있어야 한다는 것이 그것이다. 수종(水腫)과 복만(腹滿)이 있는 환자가 소금을 주의해야 한다는 주장은 현대적인 관점에서 보아도 타당하다. 또한 콩밥을 먹으라든지 신선한 물고기를 먹으라든지 양고기나 거위 등이 영양가가 풍부한 음식이라고 주장하고 있다.

② 임상진료 귀중한 자료

책의 앞부분에 갑자기 발생하는 중오(中惡), 시궐(尸厥), 심통(心

痛), 복통(腹痛), 희란(囍亂), 중풍(中風), 폭혼(暴渾), 혼미폭사(昏迷暴死) 등의 질병들을 기록하고 있다. 특히 중풍, 혼미, 폭사, 복통과 같은 위급한 병이 급작스럽게 발생하였을 때 인중혈(人中穴)을 손톱으로 눌러주는 간편한 방법을 권하여 위급한 상황에 활용하도록 하고 있다. 보통 잘 발생하는 질병에 대해서도 상세히 써놓고 있다. 희란, 상한, 결핵병, 천화, 장기생충과 같은 전염병과, 기생충과 관련된 질병들, 각기병 같은 영양결핍성 질환, 음식곤란, 식중독 같은 위장질환, 전간(癲癇), 광조(狂躁) 같은 정신병, 농종(膿腫), 종괴, 충수교상개창(蟲獸咬傷疥瘡), 피부병 같은 외과질환 등이 그것이다. 또한 오관과질환(五官科疾患), 약물중독 주취오탄이물(酒醉誤呑異物) 돌발 등에 대해서도 상세히 다루고 있다. 그러므로 이 책에서 다루고 있는 질병의 종류는 매우 다양하여 임상각과에 대한 내용들을 총망라하고 있다고 할 만하다.

질병의 치료에 있어서도 약물, 침구, 안마 외에 냉부(冷敷), 열부(熱敷), 수료(水療) 등의 방법을 소개하고 있다. 이외에도 '주후비급방'(肘後備急方)에는 의학문헌을 풍부하게 인용하고 있는데 인용된 문헌 가운데 현재 이미 없어진 것들도 있다. 그러므로 이 책은 임상진료에 도움이 되는 서적일 뿐 아니라 옛적부터 존재했던 자료들을 보존시켜준 공헌을 한 귀중한 서적이다. '주후비급방'은 당시에 사용하여 효과를 본 처방들을 기록하고 황제(黃帝), 기백(岐伯) 등의 이름을 가탁하지 않고 있다. 갈홍은 자서(自序)에서 다음과 같이 말한다.

'세속에서는 오래된 것을 귀하게 여기고 요새 것을 천하게 여기며 옛 것을 옳다하고 지금 것을 그르다 한다. 이 책이 황제, 창공

(倉公), 의화(醫和), 편작(扁鵲) 등의 이름을 가탁하지 않아서 이 책을 이용하지 않을까 두려우니 어찌 억지로 강요할 수 있겠는가?' 이것은 옛 것을 찬양하고 지금 것을 가벼이 여기는 사람들에게 경종을 울리는 말이다. 비록 환경적인 한계와 시대적인 제한성으로 인하여 이 책 속의 내용이 부정확한 부분들도 존재하지만 그 학술적 성취는 결코 가벼이 여길 수 없다 하겠다.

2) 연금술 - 현대화학의 선구자

갈홍의 신선사상에서 신선이 되기 위한 가장 중요한 방법이 환단(還丹), 금액(金液)의 방술이다. 단이란 단사(丹砂 - 황화수은에서 만들어진 암홍색의 광물)를 가리킨다. 단사를 불로 가열하면 백색의 수은을 얻을 수 있으며, 계속 가열하면 산화수은으로 변한다. 이 물질의 외관은 처음의 단사와 비슷한 붉은 색이어서, '단'으로 되돌아온다는 의미로 '환단'이라 불렀다. 화학성질이 안정되어 잘 변하지 않아 귀중한 금속으로 여겨졌던 황금도 사람을 늙지 않게 만들어주는 것으로 믿어졌다. 당시의 연금술은 주로 이러한 단사와 황금을 얻기 위해 연구되었다.

갈홍은 저서 '포박자'에서 주장한 신선사상의 추구를 위해 연단을 비롯한 화학적 연구를 수행하면서, 많은 약물들의 효능을 이해하고 있었다. '포박자'에 나타난 내용들 중에 예를 들면 당산은 학질을 치료하고, 마황은 해천을 치료하며, 대황은 사하시키고, 적석지는 수렴시키고, 송절유는 관절통을 치료하며, 웅황과 애초는 소독 작용이 있다는 것 등이다.

3) 내단술 - 현대 기공요법의 기원

갈홍의 저서 '포박자'는 신선이 되기 위해 추구해야 할 양생법들로서 방중술, 특이한 식이요법, 호흡과 명상법 등을 제시하고 있다. 이 중에서 내단술은 운기를 위주로 하는 일종의 신체단련법으로서 토납술, 도인술이라고도 한다. 이러한 내단술은 현재까지도 많은 사람들이 행하고 있는 기공요법의 기원이라 볼 수 있다.

4. 결론

종합적으로 말하면 갈홍이 ≪포박자≫를 통해서 태평도와 오두미도가 지방 특색이 있는 민간신앙의 도교에서 점차 독립 종교로 되게 하는 이론의 기초를 제공하였다.

그러므로 최초의 도교와 나중에 확립된 도교와의 교량 역할을 하였다. 즉 초기도교의 목표는 무병장수이지만 시간이 지나면서 점차 신선이 되어 불사함으로 발전하였다. 이론뿐만 아니라 실천에 있어서도 구체적 방법을 제공하였다. 또 불로장생의 약초, 재료, 제조방법, 주술적 부적 종류와 효과, 방중술, 식이요법과 호흡, 좌선, 금단의 연단법 등을 제공하였다. 특히 금단 복용이 불로장생한다는 이론에 많은 논술을 하였다. 이러한 노력은 후세의 연금술, 화학, 한의학 등의 발전에 큰 영향을 미쳤다.

한의학 방면으로 볼 때 갈홍의 저작은 민간요법과 본인의 경험을 집대성하여 필요에 따라 쉽게 구할 수 있고 간편하며 속효가 있는 치료방법을 소개하고 있다. 또한 이전 의학서의 진귀하고 찾기 어려운 약물의 제조법을 비평하고 쉽게 구할 수 있고 저렴하며 효과가 좋은 약물의 사용을 적극제창하고 한의학이 일부 귀족층에서 일반 서민들에게도 쓰여지도록 발전하는데 지대한 공헌을 하였다. 그는 ≪주후비급방≫에서 당시의 유효한 약방문을 기록하였고 기존 한의학 이론을 존중하되 그것의 속박을 받지 말 것이며 현실에 적합한 이론을 고양하고 발전시키는 의학의 방향을 제시하였다. 그래서 당시 ≪황제내경≫과 ≪상한론≫ 등의 경전을 고수하는 분위기를 쇄신하였으며 그 당시의 병증을 중시하고 실제상황을 직시하여 적극적으로 약물을 사용할 것을 제창하였다. 이러한 주장은 송나라 금나라 원나라 시대 명의가 탄생하도록 하는 반석이 되었고 현대한의학의 발전에도 중대한 의의를 전하고 있다.

▶ 참고문헌

金南一, 金洪均, 車雄碩, "中國醫學史", 2001 (경원대 강의교재)

Needham, Joseph, "Science and Civilisation in China", 1954

Colin A. Ronan, "The Shorter Science and Civilisation in China, Volume 1", 1978

金永植, 金帝蘭, "中國의 科學과 文明 : 思想的 背景", 1998

<브리태니커 맛보기 서비스> http://www.britannica.co.kr/

불로장생사상(不老長生思想)

주술・복서(卜筮)・점술 등에 의해 신선이 되어 늙지 않고 영원히 삶을 누릴 수 있다는 사상.

중국 전국시대(戰國時代)부터 비롯되어 도교사상의 중요한 요소로 자리잡고 전근대 동양사회에 널리 퍼졌다. 초기에는 인간과 다른 별도의 존재인 불로불사(不老不死)의 신선이 있고, 그들이 사는 삼신산(三神山)에 가서 불사약(不死藥)이나 불로초(不老草)를 얻어와야 한다고 믿었다. 이러한 생각을 실행에 옮긴 대표적인 경우가 진(秦)나라 시황제(始皇帝)이다. 그러나 한대(漢代)에 와서는 무술적(巫術的) 신앙과 양생사상(養生思想)에 연금술이 첨가되어 인간이 직접 신선이 되어 승천할 수 있다는 생각으로 발전했다. 불사의 방법도 여러 가지로 다양해졌다. 이러한 사상을 가장 체계적으로 정리한 것이 갈홍(葛洪)의 <포박자 抱朴子>였다.

갈홍(葛洪)

포박자(抱朴子)라고도 함. (병)Ge Hong (웨)Ko Hung. 283(?) 중국 단양[丹陽]~343 단양.

중국에서 가장 이름난 도교 연금술사.

유교 윤리와 도교의 비술(秘術)을 결합시키려고 애썼다.

어린 시절 유교 교육을 받았으나, 성장한 뒤 도교의 신선도(神仙道)에 깊은 관심을 갖게 되었다. 그의 대표적 저작인 <포박자 抱朴子>는 두 부분으로 나뉜다. 그 첫부분인 내편(內篇) 20장에는 그의 연금술에 대한 견해가 적혀 있다. 여기에서 금단(金丹)이라는 연금약액(鍊金藥液 : 비금속을 황금으로 바꾼다)을 만드는 법, 방중술, 특이한 식이요법, 호흡과 명상법을 소개하고 있으며 심지어 물 위를 걷는 법과 죽은 사람을 살리는 법까지도 다루고 있다. 둘째 부분인 외편(外篇) 50장에서는 올바른 인간관계를 위한 윤리적 원칙의 중요성을 강조하고 당대(唐代) 도교의 개인주의자들에게 퍼져 있던 쾌락주의를 격렬히 비판함으로써 유학도다운 면모를 보여주었다.

포박자(抱朴子) (병)Bao Pu zi (웨)Pao P'u Tzu.

신선방약(神仙方藥)과 불로장수의 비법을 서술한 도교서적.

동진(東晉 : 317~420)의 갈홍(葛洪)이 지었다 (→ 색인 : 갈홍). 내편(內篇)과 외편(外篇)으로 나뉘는데, 내편 20권에서는 수련을 통해 신선이 될 수 있음을 논증하고 있다. 황백(黃白)·금단(金丹)·복기(服氣)의 신선술과 선약을 먹는 수련방법에 대해 소개하고 완전한 체계를 갖춘 도교철학사상을 제시했다. 이것은 중국 진(晉)나라 이전 도교사의 중요한 저작이다. 황백술과 금단술 중에 기록된 화학기술 사료는 중국 고대 연단술(煉丹術)이 현대화학의 선구였음을 증명해준다. 외편에서는 군주가 현명한 사람을 예우하고 유능한 사람을 등용하며 절검(節儉)하고 백성을 사랑해야 한다는 유가의 이론을 제시하고 있어 내도외유(內道外儒)로 도교와 유학이 결합된 갈홍의 사상적 특징이 반영되어 있다.

도가와 도교(道家 — 道敎) Taoism

중국의 전통적인 철학사상 및 종교.

도가사상은 유교사상과 더불어 2,000년 동안 중국과 그 주변국의 생활과 사상을 형성해온 중국 고유의 종교철학이다. 도가사상의 특징은 실용주의적인 유교와는 달리 현실세계에 대한 신비주의적이고 형이상학적인 이론에 있다. 도가에 대한 엄격한 정의에는 3가지 측면이 있다. 즉 도가철학은 <노자 老子> 또는 <도덕경>, <장자 莊子>·<열자 列子> 등과 같은 경전의 사상, '도'를 숭배하는 종교로서의 도교, 도가를 모두 포함한다. 도가사상은 중국문화의 광범위한 범위에 걸쳐 스며 있다. 종교로서 도교는 국교인 유교와 비정형적인 민간신앙의 중간에 위치한다. 도가사상과 도교는 중국문화의 영향을 받은 아시아의 한국・일본・베트남 등지로 퍼져나갔다. 한대(漢代 : BC 206~AD 220)를 전후하여 이전의 위대한 도가사상과 이후의 미신적인 도교로 구분하기도 한다. 사실상 도교는 형성 때부터 고래(古來)의 주술사상과 관련이 깊다.

◆ 도가와 경전

노자와 도덕경

도교의 모든 이론은 노자에 의해 마련되었다. 노자에 대해서는 <장자>에서 처음 나온다. 사마천(司馬遷)은 <사기>에서 당시까지의 전설을 모아 그에 대한 체계적인 최초의 전기를 썼다. 이들에 따르면 노자의 성은 이(李), 이름은 이(耳)이고, 주(周) 조정에서 장서를 관리하는 사관(史官)을 지냈다. 공자가 그에게 예를 질문했다고 하며 뒤에 은퇴하여 <노자>(또는 도덕경)를 지었다. 그러나 <도덕경>은 노자 한 사람의 저술이 아니고 여러 사람에 의해 BC 3세기경에 편찬된 것으로 보는 것이 정설이다. <도덕경>은 군주에 대한 지침서이다. 이 책에서는 "성인(聖人)만이 군주가 되어야 하고 성군(聖君)은 백성에게 어떠한 금지나 제한을 두어서는 안 된다. 분별・도덕・욕심 때문에 모든 번잡한 문제가 일어나므로 성군은 백성들이 이것을 제거하도록 다스려야 한다"고 규정짓고 있다.

단학(丹學) : 도교의 수련법.

이 말을 처음으로 사용한 사람은 이능화(李能和 : 1868~1945)이다. 그의 저서 <조선도교사>의 제21장 조선단학파 속에서 단학파・단파・단학 등의 말을 사용하였다. 도교의 맥을 형성하는 단학파의 도맥은 멀리 상고시대의 단군과 관련을 두며 한국의 고유사상인 신도·선도에다 그 연원을 두고 있다.

중국 도교의 성립과 단학

단학이란 말을 이해하기 위해서는 먼저 중국 도교의 성립부터 살펴볼 필요가 있다. 후한 대에는 도가·황로학·신선설·참위설 등의 사상과 신앙이 행해지는 한편 일부의 사람들 사이에서는 불교도 수용되었다. 또한 동중서에 의해 신비적인 경향이 가미된 유학은 후한 대에 들어와서는 앞의 것들의 영향을 받아 방술·도술·참위서 등에 정통한 유가들도 꽤 많이 배출했는데, 그들 사이에는 유가의 경전을 읽는 것 자체에 주술적인 힘을 인정하는 경향조차 보이게 되었다.

당시의 지식인들 가운데는 각기 작은 집단을 만들어 자신들의 주장을 폈는데, 이것은 학파라기보다는 오히려 종교적인 성격을 띤 집단이었다. 이러한 집단이 생겨난 사회적인 원인은 정치적 혼란과 함께 당시 촌락공동체의 붕괴에 따라 종래 신앙생활의 중심이었던 토지신[社]을 잃어버렸기 때문이다.

◆ 도인경(度人經) (병)Duren jing (웨)Tujen ching.

중국 도교의 경전

<도장 道藏>의 맨 처음에 들어 있다. 원래는 <태상동현령보무량도인상품묘경 太上洞玄靈寶無量度人上品妙經>이라는 긴 제목인데 줄여서 <도인경> 혹은 <영보경 靈寶經>이라고 부른다. 모두 61권이다. 내용은 원시천존(元始天尊)·개겁도인(開劫度人)과 과의(科儀)·재법(齋法)·부술(符術)·수련(修煉) 등에 관한 것이다. 갈현(葛玄)으로부터 정은(鄭隱)에게 전수되고, 다시 갈홍(葛洪)

에게 전수되었으나 <포박자 抱朴子>와 <신선전 神仙傳>은 들어 있지 않다. 일설에는 진대(晉代 : 317~420) 왕찬(王纂)이 전한 것이라고도 한다. 남조(南朝) 송(宋)의 육수정(陸修靜)이 이 경전에 근거하여 과의를 세웠고, 제(齊)의 엄동(嚴東)이 주를 달았다. 당대(唐代) 이후 쓰여진 주소본(注疏本)이 여러 종류가 있다.

갈현(葛玄)

(병)Ge Xuan (웨)Ko Hsuan. 164 단양(丹陽) 쥐룽(句容 : 지금의 장쑤 성(江蘇省)에 속함)~244.

중국 삼국시대의 도사(道士).

자는 효선(孝先). 갈홍(葛洪)의 종조부이다. 한대(漢代) 말기 천태적성(千台赤城)에 들어가 좌자(左慈)에게 도를 배우고 <태청단경 太清丹經> 3권과 <구정단경 九鼎丹經>·<금액단경 金液丹經> 각 1권씩을 받아 제자 정은(鄭隱)에게 전했다. 그 뒤 장시(江西) 거짜오 산(閣早山) 가서 도를 닦고 나서 부록법술(符錄法術 : 예언)에 뛰어나게 되었다. 도교에서는 '갈선공'(葛仙公)이라 존칭하며 '태극좌선공'(太極左仙公)이라 일컫기도 한다. 1103년 송(宋) 휘종(徽宗)이 '충응진인'(沖應眞人)으로 추봉했다. 1243년 송 이종(理宗)은 다시 '충응부우진군'(沖應孚佑眞君)으로 추봉했다.

황정경(黃庭經)

(병)Huangting jing (웨)Huangt'ing ching (영)Classic of the Yellow Court.

중국 위·진(魏晉) 시대의 도가들이 양생(養生)과 수련의 원리를 가르치고 기술하는 데 사용했던 도교 관계 서적.

원래 명칭은 <태상황정외경옥경 太上黃庭外景玉經>・<태상황정내경옥경 太上黃庭內景玉經>이다. 그밖에 후서로 <태상황정중경경 太上黃庭中景經>이 있다. 일반적으로 <중경경>은 <황정경>에 포함되지 않는다. <황정경>은 <포박자 抱朴子> 하람(遐覽)편에 이미 저록되어 있으며 7언가결(七言歌訣) 형식으로 씌어진 초기 도교 경전이다. 황정(黃庭)은 인간의 성(性)과 명(命)의 근본을 가리키는 것이며, 구체적으로는 뇌(上黃庭)・심장(中黃庭)・비장(下黃庭) 등을 말한다.

양생과 수련의 요지는 명리(名利)를 탐내는 마음이 없는 담박한 상태(恬淡)와 무욕(無欲), 허무자연(虛無自然)에 이르는 데 있다.

http://www3.joins.co.kr/mme/find/index.htm

<인터넷중앙백과사전>

갈홍(葛洪 283?~343?)

중국의 학자, 도교 연금술사. 자는 치천(稚川), 호는 포박자(抱朴子). 어린 시절 유교교육을 받았으나 성년이 된 후 도교의 신선도(神仙道)에 큰 관심을 갖게 되었다. 35세 경에 지은 ≪포박자≫에서, 올바른 인간관계를 위한 윤리적 원칙을 강조하고 이상적인 군주제를 확립하지 못하는 현실 정치를 꾸짖었으며, 당대(唐代) 도교의 개인주의자들에게 퍼져 있던 쾌락주의를 격렬히 비판하였다. 그 외에 ≪신선전(神仙傳)≫ 등의 저서가 있다.

포박자(抱朴子)

신선도(神仙道)에 관한 도가(道家)의 고전. 저자 갈홍(葛洪)이 20여

세에 뜻을 세워 저술에 전념한 뒤 10여년 만인 진(晉)의 건무원년(建武元年;317)에 ≪포박자≫ 내외편을 완성하였다. 포박자란 ≪노자(老子)≫의 '견소포박(見素抱撲)'에서 딴 저자의 호이자 저서명이다. <내편> 20권은 선도(仙道)에 관한 도가의 서(書)이며, <외편> 50권은 유가(儒家)의 입장에서 세간풍속의 득실을 논한 것인데 ≪포박자≫라 하면 보통 내편만을 말한다. 선도실현을 목적으로 호흡법이나 방중술 등의 건강법을 비롯하여 종래의 사상·종교로서의 도교에 약물학·화학·의학 등 과학적 방법을 도입시켰다. 중국과학기술사상 귀중한 문헌이다.

http://100.empas.com/entry.html/?i=47477&Ad=zg1
<두산세계대백과>

도교 (道敎)

중국의 대표적인 민족종교.

황제(黃帝)와 노자(老子)를 교조로 삼은 중국의 토착종교로, 노자와 장자(莊子)를 중심으로 한 도가(道家)사상과 구별된다. 도교는 후한(後漢)시대에 패국(沛國)의 풍읍(豊邑)에서 태어난 장도릉(張道陵)이 세웠다고 전하며, 지금도 타이완[臺灣]·홍콩[香港] 등지에서 중국인 사회의 신앙이 되어 있다. 장도릉은 초기에 오경(五經)을 공부하다가 만년에 장생도(長生道)를 배우고 금단법(金丹法)을 터득한 뒤 곡명산(鵠鳴山)에 들어가 도서(道書) 24편을 짓고 신자를 모았다. 이때 그의 문하(門下)에 들어가는 사람들이 모두 5두(斗)의 쌀을 바쳤기 때문에 오두미도(五斗米道) 또는 미적(米賊)이라고도 불렸다. 장도릉이 죽자 아들 형(衡)과 손자 노(魯)가 그의 도술을 이어 닦았다.

장도릉 등이 도교를 일으킨 초기에는 그 신도들이 대부분 어리석었던 탓으로 종교라기보다도 일종의 교비(敎匪)에 지나지 않았다. 그러나 도교가 일반 민중뿐만 아니라 상류 지식층 사이에도 널리 전파되자 체계적인 교리와 합리적인 학설·교양의 뒷받침이 필요하게 되었다. 이와 같은 필요에 따라 도교가 하나의 종교로서 이론체계를 갖추기 시작한 것은 3~4세기 무렵 위백양(魏伯陽)과 갈홍(葛洪)이 학술적인 기초를 제공하면서부터였다. 그리고 구겸지(寇謙之)가 전래 종교인 불교의 자극을 받아 그 의례(儀禮)의 측면을 대폭 채택하고 도교를 천사도(天師道)로 개칭함으로써 종교적인 교리와 조직이 비로소 정비되었다.

http://www.kungree.com/cht/main.htm
<궁리닷컴 : 중국사상사 100마당>

황노 사상

한나라 초기의 사상계는 학술 문화를 탄압한 진나라의 영향으로부터 완전히 벗어나지는 못하고 있었다. 한나라를 건국한 유방과 그의 공신들 대부분은 지식인이 아니었고, 건국 초기의 혼란으로 인해 학문과 사상의 부흥에 관심을 기울일 여력도 없었다. 무제 시대까지는 유교가 국가의 공식 이념으로 인정받지도 못한 상태였다. 때문에 무제 시대 이전까지는 선진 시대의 다양한 사상 경향들이 혼재하는 상황이 이어졌다.

전설적인 황제와 노자의 결합

그런 상황 속에서 특히 도가 사상, 그 가운데서도 황노(黃老) 사상이 유행했다. 황노에서 황은 전설적인 제왕 황제(黃帝)를 가리키며 노는 노자를 가리킨다. 그런데 한대 이전에는 '황노'라는 표현을 찾아 볼 수 없었다. 이것은 유교가 그 기원을 공자나 주공보다도 훨씬 앞선 요순(堯舜) 등 고대의 성왕에서 찾고자 하는 것에 견줄 수 있다. 요컨대 특정 사상의 권위를 높이기 위하여 가능한 한 오래 전의 인물(그것이 전설적인 인물이라 하여도)로까지 사상의 연원을 거슬러 올라가고자 하는 의도를 볼 수 있다.

자유방임적 치술

황노 사상의 성격과 내용에 대해서는 다양한 설이 있다. 우선 그것이 {노자}에 바탕을 둔 일종의 자유방임적 치술(治術)이라고 보는 견해가 있다. 새로 건립된 한 왕조의 일차적인 정치적 과제는 진나라의 영향에서 벗어나는 일, 요컨대 과거 청산에 있었다. 잘 알려져 있듯이 진나라는 엄격한 법과 제도에 입각하여 강압적인 통치를 시행했다. 그러한 진나라의 정치적, 사회적 유산을 일소하고자 했던 한나라의 지배층으로서는 억지로 함이 없는 정치, 즉 무위(無爲)의 정치를 시행할 필요가 있었다.

예컨대 한나라 초기에 지방관으로 파견된 급암이라는 인물은 '황노의 말을 좋아해 백성을 다스림에 있어 청정을 기본으로 삼고 대사를 가늠할 뿐, 소사에는 관계하지 않았다'고 한다. 세세한 법률 조항에 구애되기보다는 무위의 정치를 펴고자 했던 셈이다. 또한 문제의 황후로서 그 손자인 무제 시대 초반까지 정치적 영향력을 행사한 두태후도 황노 사상을 적극적으로 존숭했다. 두태후는 『노자』를 폄하하는 박사 원고생을 노역형에 처하려 하기까지 했다.

권모술수와 처세술

한편 황노 사상을 『노자』의 현실적인 응용, 즉 일종의 처세술, 권모술수로 보는 견해가 있다. 예컨대 사마천은 『사기』에서 황노형명지술(黃老刑名之術)이라는 표현을 자주 사용한다. 예컨대 무위로서 마음을 텅 비우고 고요한 상태를 이루어 외부 세계에 대처하게 되면 오히려 외부 세계로부터 제한을 받지 않고 그것을 통제할 수 있다. '부드러운 것이 강한 것을 이긴다', '고요함으로 움직임을 제어한다'는 등의 {노자}의 가르침을 현실에 적용하려는 것이다. 앞서 언급한 자유방임적 치술과 일맥상통하는 셈이며, 이것은 법가에 속하는 {한비자}에 노자 사상을 풀이하여 알려준다는 해로(解老), 유로(喩老)편이 있는 것과도 일맥상통한다.

총체적, 종합적 문화 현상

마지막으로 황노 사상을 한대에 성립된 새로운 과학과 세계관의 패러다임, 요컨대 종합적, 총체적인 문화 현상으로 보아야 한다는 입장이 있다. 한의학에서 중시되는 문헌인 『황제내경』(黃帝內經)이 담고 있는 포괄적인 우주론, 인간론, 과학, 종교적 요소 등이 바로 황노 사상의 본 모습이며, 그것은 결국 선진 시대 과학문명의 총집결이기도 하다는 것이다. 이러한 입장은 우리나라의 도올 김용옥이 취하고 있다.

황노 사상은 기본적으로는 『노자』에 바탕을 두고 있지만, 무척 다양한 사상 경향과 요소들을 아우르고 있다. 때문에 아직까지는 그것에 대해 일의적인 규정을 내린다는 것이 곤란하다. 한대 초기의 지배 계층 사이에서 일시적으로 유행한 사상 조류에 불과할 수도, 중국 고대 과학 문명의 총집결체일 수도 있는 셈이다. 앞으로의 연구성과를 기대할 수밖에 없다.

메모 : 김용옥의 입장은 '기철학이란 무엇인가: 한의학 이론 형성과정과 황노지학' (『도올논문집』, 통나무, 1991. pp.17-64)에서 볼 수 있다.

도교의 첫 장면

위진남북조 시대의 사상을 거론하면서 도교를 빼놓을 수는 없다. 잘 알려져 있듯이 철학사상으로서의 도가 사상과 종교로서의 도교는 다르다. 도가 사상은 선진 시대 노자와 장자의 가르침에서 비롯된 철학사상이며, 도교는 고대 동아시아 사회 전반에 퍼져 있었던 샤머니즘이나 다양한 민간 신앙의 요소, 신선설, 참위설, 철학사상으로서의 도가 사상의 요소까지 모두 포함한 복잡다양한 종교이다. 종교로서의 도교가 초보적이나마 교리 체계와 교단을 갖춘 것은 후한의 신흥 종교라고 할 수 있는 태평도(太平道)와 오두미도(五斗米道)가 처음이다.

태평도와 황건적의 난

태평도는 오늘날의 산동성 동남부에 위치한 낭야 출신의 간길(干吉)이라는 인물이 신인(神人)으로부터 내려 받았다는 『태평청령서』(태평경)에 의거한 것으로, 후한 시대에 오늘날의 하북성 남부에 위치한 거록 출신의 장각이 주창하여 수많은 신도를 얻었다. 간길은 의술과 예언에 밝은 방사(方士)로서 향을 피우고 종교 의례를 행한 것은 물론, 주술적인 힘을 지닌 물을 만들어 사람들의 병을 치료했다. 장각 역시 병에 걸린 사람이 스스로 자신의 죄를 고백, 반성하게 하고 부적을 넣은 물을 마시게 하여 치료했다.

『태평청령서』는 길흉화복이 개인의 행위에서 비롯된다고 보아 선행을 권장하고 악행을 멀리하라고 가르친다. 또한 선행을 많이 쌓으면 목숨이 연장된다고 주장하며, 방중술이나 조용한 방에서 스스로를 반성하는 것도 강조한다. 그러나 그 내용이 전적으로 간길 자신의 주장이라고 보기는 힘들며, 후대에 추가된 내용이 있으리라 추측하는 학자들이 많다.

184년에 장각은 조직화된 신도들을 이끌고 후한 왕조에 반기를 들어 이른바 황건적의 난을 일으켰다. 피폐할 대로 피폐해진 수많은 농민들이 가담했고, 이것은 중국 역사상 최초의 대규모 농민 반란이었다. 황건적의 난은 후한의 몰락을 재촉한 중요한 요인이기도 하다.

오두미도와 천사도

한편 오두미도는 오늘날의 안휘성 패현 출신 장릉이 창시한 것으로, 장릉은 사천(四川) 지방의 학명산(혹은 곡명산)에서 수도하면서 직접 도서를 만들어 신자를 끌어 모았다. 교단에 들어오는 사람으로부터 다섯 말의 쌀을 받았기 때문에 오두미도라 불렸다. 장릉(?-177?)은 주문과 귀신을 부리는 술법을 시행하여 병든 사람을 고침으로써 많은 사람들이 그를 따랐다. 장각의 경우와 마찬가지로 치병을 내세우며 신자들을 끌어 모았던 것이다.

장릉의 손자 장로는 한중(漢中) 지방에서 종교 공동체의 성격을 지닌 반독립적인 왕국을 이루어 30년 동안 통치했다. 후한의 중앙 정부가 유명무실해졌기 때문에 가능한 일이었으나, 장로는 215년에 조조에게 항복한다. 조조는 항복한 장로를 우대하여 높은 벼슬을 내리고 그 자손들이 장로의 뒤를 잇게 했다. 오두미도는 장로 대에 와서 본격적인 조직과 체계가 완성되었으며, 장로는 할아버지 장릉을 천사(天師), 아버지 장형을 사사(嗣師), 그리고 장로 자신을 스스로 계사(系師)라 일컬었다. 창시자인 장릉을 천사라 일컬었기 때문에 훗날 오두미도 계통의 도교는 천사도라는 이름으로 불렸다.

태평도와 오두미도는 모두 나름의 교리 체계에 입각하여 교단 조직을 갖추었으나 신선(神仙) 사상이 중심적인 위치를 차지하지 못한다는 특징을 지닌다. 태평도와 오두미도 모두 치병과 주술이 중심 요소였던 것이다. 그밖에 신자로 하여금 스스로 죄과를 뉘우치게 한다든가 선한 행동을 권장한다든가 하는 윤리적인 요소도 지니고 있었다. 이들 양 집단은 훗날 도교의 전개 과정에서 다양한 종교 집단이 생겨나는 기반이 되었다.

메모: 영미권에서는 노장 사상과 종교로서의 도교를 구분하여 각각 Philosophical Taoism과 Religious Taoism으로 일컫는다. 위진남북조의 도가 사상을 Neo-Taoism이라 일컫기도 한다.

도교의 새로운 경향 : 갈홍과 구겸지

위진남북조 시대 도교의 전개에서 가장 중요한 두 인물은 동진의 갈홍(葛洪: 283-343)과 북위의 구겸지(寇謙之: 365?-448)였다. 갈홍은 강남의 지방 호족 가문 출신으로 관직에 오르기도 했지만, 그의 집안은 명문이 아닌 한문, 즉 한미한 집안이었다. 십대부터 이미 도교 수련을 쌓기 시작했고, 만년에는 광동 지방의 나부산에 올라 선약(仙藥)을 만들고 저술에 힘쓰다가 세상을 떠났다.

징검다리 역할을 한 『포박자』

갈홍은 당시까지 전해 내려오는 도교 문헌들을 참고하여 나이 35세 때인 317년에 『포박자』(抱朴子)를 저술했다. 『포박자』는 20권의 내편과 50권의 외편으로 구성되어 있다. 외편은 유교에 관한 기술이고 내편은 노장 사상에 바탕을 두어 신선의 실재를 논하고 선도 수행의 방법을 설명한다. 『포박자』는 태평도나 오두미도 등 이전 시대의 도교와 보다 후대에 확립된 도교 사이를 연결하는 일종의 징검다리 역할을 한 것으로도 평가받는다.

불로장생의 추구와 신선 사상의 도입

갈홍은 태평도와 오두미도에서는 그다지 찾아볼 수 없는 신선 사상을 도교에 적극적으로 도입한 것으로 유명하다. 신선은 불로불사의 신령스런 존재로서, 도교도들은 보통 사람도 적절하게 수련을 쌓으면 신선이 될 수 있다고 믿었다. 갈홍은 불사의 추구를 중심 주제로 삼아 신선의 실재를 주장했으며 심지어 노자를 노군(老君)이라 하여 신적인 존재로 간주한다. 『포박자』에는 갈홍은 여러 가지 불로장생약과 그 재료 및 제조법, 부적의 종류와 효험, 여러 신선의 종류와 이름, 그에 대한 제사 방법 등을 설명한다. 그는 특히 복용하면 불로장생할 수 있다는 신비의 약 금단(金丹)을 만드는데 많은 관심을 기울였다.

불로불사의 신선에 대한 동경과 추구는 이미 전국 시대 말기부터 나타났고, 진시황제가 그것에 심취한 것은 유명하다. 전한 시대의 무제 역시 신선술의 전문가인 방사(方士)의 권유에 따라 여러 신들에게 제사를 지내고 불사의 약을 얻는데 관심을 기울이기도 했다. 그러나 이 때의 신선술은 황제나 고위 관료 등의 전유물이었고, 일반 지식인이나 백성들과는 거리가 멀었다. 신선술이 도교 안에 본격적으로 자리잡게 된 것은 역시 갈홍 때문이었다.

노자의 신격화

또 하나 특징적인 것은 노자를 신격화했다는 점이다. 갈홍은 이렇게 말한다. '노자는 은으로 만든 계단이 있는 금루옥당에 거하고, 신령스런 거북을 허리에 두르고, 오색 구름을 옷으로 입고 있다. 그 형태를 본 사람은 장수할 뿐만 아니라 탁월한 지혜를 얻게 된다.' 노자를 신격화한 것은 신선설의 영향 때문이라 할 수 있으며, 유교에는 공자가 있고 불교에는 부처가 있는데 도교에는 그런 존재가 없다는 현실을 극복하려는 노력으로 볼 수도 있다. 요컨대 공자나 부처와 맞먹을 만한 교조를 가질 필요가 있었던 것이다.

구겸지의 신천사도

한편 구겸지는 강남으로 이주하지 않은 한족 명문가 출신으로 그 형인 구찬지는 자사 벼슬을 하기도 했다. 젊어서부터 선도에 심취하여 장로의 천사도를 따랐으며, 오늘날의 하남성 낙양 동남쪽에 위치한 숭산에서 수행하다가 신격화된 노자인 태상노군(太上老君)을 만나 도교를 개혁하라는 명을 받았다고 한다.(415년) 이에 따라 구겸지는 자신의 가르침을 신천사도(新天師道)라 일컫는다. 구겸지는 이후 423년에도 노군의 후손이라는 이보문과 만나 신령스런 내용의 책을 전해 받았다고 한다.

구겸지는 성행위 시의 특별한 기술을 통해 불로장생을 추구하는 방중술을 폐하려 했고, 신자들로부터 쌀이나 돈을 거두어들이는 관습도 없애고자 했다. 또한 종교적인 의례 절차, 여러 신들의 계열, 복장이나 부적, 교단 조직 등을 체계화, 제도화했다. 갈홍의 경우와 마찬가지로 노자를 신격화하여 도교의 교조로 삼고, 구겸지 자신이 그 정통을 이었음을 자부했다.

북위 정권과 결탁한 구겸지

구겸지는 당시 권력자 최호의 추천을 통해 424년에 북위의 황제 태무제를 만나 도교의 교리를 설명하고 책을 바쳤다. 이에 태무제는 구겸지가 북위에 도장을 설치할 것을 허락했고, 구겸지의 활동을 적극 후원했다. 440년에는 구겸지의 제안을 따라 스스로를 태평진군이라 일컫고 연호까지 바꾸었으며, 442년에는 황제가 몸소 도단(道壇)에서 법록, 즉 수행 단계에 따라 도사에게 수여하는 일종의 자격증명서를 받기도 했다. 태무제 이후 북위 황제들은 즉위할 때 도단에서 법록을 받았고, 결국 도교는 북위의 사실상의 국가 공식 종교가 되었다.

북위는 북방 이민족인 선비족이 세운 왕조였다. 때문에 유교의 전통적인 천명(天命) 사상에 입각해 한족을 통치하기는 힘들었다. 이에 따라 유교가 아닌 도교적인 천명을 빌려 한족의 민심을 수습하고 지배의 정당성을 획득하고자 했던 것이다. 도교 측으로서는 유력한 라이벌인 불교를 극복하기 위해서는 권력자의 힘을 등에 업는 것이 유리했다. 구겸지의 이해와 북위 정권의 이해가 맞아떨어진 셈이며, 이에 따라 도교는 크게 융성했고 태무제는 폐불 명령을 내려 불교를 탄압하기까지 했다.

메모: 『포박자』라고 하면 유교 사상에 대한 기술인 외편을 제외하고 보통 내편만을 가리키는 경우가 대부분이다. 때문에 아예 『포박

자내편』이라 일컫기도 한다.

http://user.chollian.net/~hha/kodamyg.html
<고대 명의 열전>

◆ 갈홍(葛洪) - 肘後備急方의 著者
불로장수 추구한 道家

갈홍(281-341)은 동진시대에 유명한 의학자이며 도가이다. 그는 오랜 기간 연단술을 연구하여 불로 장수를 추구하였는데 이를 위해 물질의 화학적 변화에 대한 연구를 많이 하여 단약에 대한 공적이 많았다. 그는 민간에 전해오는 의학지식과 경험을 모으고 여기에 자신의 경험을 첨가해 '주후비급방'을 저술하였다. 이 제목에서 주후(肘後)의 의미는 위급할 때 팔꿈치 뒤의 옷깃 안에서 재빨리 꺼내볼 수 있도록 간편하면서 요긴한 내용을 적은 지면 안에 담고있기 때문이다. 비급(備急)이라는 의미에 맞게 이 책에서는 땅에서 쉽게 구할 수 있는 값싼 약물들을 중심으로 기록하고 있다. 갈홍은 서문에서 비급을 표방하는 책들에서 조차도 담고 있는 약물들이 값비싼 경우가 많다고 비난하고 이 책에서는 첫째 효험이 있을 것, 둘째 편리할 것, 셋째 가격이 저렴할 것 등 세 가지에 주안점을 맞혔음을 주장하였다. 이 책은 앞에 갑자기 발생하는 중오 시궐 심통 복통 희란 중풍 폭혼 혼미폭사 등의 질병들을 기록하고 있다. 특히 중풍 혼미 폭사 복통과 같은 위급한 병이 급작스럽게 발생하였을 때 인중혈을 손톱으로 눌러주는 간편한 방법을 권하여 위급한 상황에 활용하도록 하고 있다.

보통 잘 발생하는 질병에 대해서도 상세히 써놓고 있다. 희란 상한

결핵병 천화 장기생충과 같은 전염병과 기생충과 관련된 질병들 각기병 같은 영양결핍성질환 음식곤란 식중독 같은 위장질환 전간 광조 같은 정신병 농종 종괴 충수교상개창 피부병 같은 외과질환 등이 그것이다. 또한 오관과질환 약물중독 주취오탄이물 돌발 등에 대해서도 상세히 다루고 있다. 그러므로 이 책에서 다루고 있는 질병의 종류는 매우 다양하여 임상각과에 대한 내용들을 총망라하고 있다고 할 만하다.

천연두를 다룬 최초의 저서

이 책은 천화(天花, 천연두)의 증상에 대해서 다루고 있는 최초의 서적이기도 하다. 이 책에서 묘사하고 있는 천연두의 증상은 두면부와 사지에 완두콩 만한 적은 포진이 생겨난 이후에 단기간 내에 전신으로 퍼지고 포진 안에 하얀 진물이 잡히는 것이다. 각기병에 대해서 이 병은 영남인들이 많이 생긴다고 하였다. 그 증상은 초기에 미미하게 하지가 아프면서 감각이 무디어지는 것인데 양쪽 대퇴부가 약간 붓는 것을 느끼기도 하고 혹 길을 걸을 때 무력감을 느끼고 혹 아랫배가 감각이 둔해지는 것이다. 어떤 각기병은 아랫배까지 부어 올라 죽게 된다고 하였는데 이것은 이미 각기병의 위급증인 심장에까지 영향을 미친 각기병에 대한 인식이 있었다는 것을 보여준다.

'주후비급방'에 묘사된 마풍병의 증상은 매우 구체적이다. 이 병이 시작될 때 피부의 감각이 점차 무디어지는데 어떤 경우에는 피부 위로 벌레가 기어가는 듯한 느낌이 생기기도 하고 혹은 피부가 적흑색으로 바뀌기도 한다고 하였다. 그리고 이러한 병이 생긴 환자는 격리시켜야 한다고 말하기도 하였다. 진단에 대해서도 잘 기록하고 있다. 황달병 환자가 노랗게 변하는 과정은 먼저 눈의 각막에서부터 노랗게 변하기 시작하여 점차 얼굴과 전신이 모두 노랗게 되는 것이라 하였다. 이것을 진단하려면 소변을 받아서 검사해 보아야 한다고 하였다. 그 방법은 받은 소변을 백지 위에 쏟아서 그 색깔의 변화를 보는 것이다. 이외에도 손가락으로 부종을 검사하는 방법을 기록하였다. 즉 손가락으로 부은 곳을 누르면 손가락 자국이 남는다는 것이다. 질병의 예방에 대해서도 말한다. 질병이 유행하는 해에는 모든 사람들이 매 달마다 약물을 복용하여 질병을 예방하고 있어야 한다는 것이 그것이다. 수종과 복만이 있는 환자가 소금을 주의해야 한다는 주장은 현대적인 관점에서 보아도 타당하다. 또한 콩밥을 먹으라든지 신선한 물고기를 먹으라든지 양고기나 거위 등이 영양가가 풍부한 음식이라고 주장하고 있다.

임상진료에 공헌한 귀중 자료

질병의 치료에 있어서도 약물 침구 안마 외에 냉부 열부 수료 등의 방법을 소개하고 있다. 이외에도 주후비급방에는 의학문헌을 풍부하게 인용하고 있는데 인용된 문헌 가운데 현재 이미 없어진 것들도 있다. 그러므로 이 책은 임상진료에 도움이 되는 서적일 뿐 아니라 옛적부터 존재했던 자료들을 보존시켜준 공헌을 한 귀중한 서적인 것이다. 주후비급방은 당시에 사용하여 효과를 본 처방들을 기록하고 황제 기백 등의 이름을 가탁하지 않고 있다. 갈홍은 自序에서 다음과 같이 말한다. '세속에서는 오래된 것을 귀하게 여기고 요새 것을 천하게 여기며 옛 것을 옳다하고 지금 것을 그르다 한다. 이 책이 황제 창공 의화 편작 등의 이름을 가탁하지 않아서 이 책을 이용하지 않을까 두려우니 어찌 억지로 강요할 수 있겠는가? 이것은 옛 것을 찬양하고 지금 것을 가벼이 여기는 사람들에게 경종을 울리는 말이다. 비록 환경적인 한계와 시대적인 제한성으로 인하여 이 책 속의 내용이 부정확한 부분들도 존재하지만 그 학술적 성취는 결코 가벼이 여길 수 없다 하겠다.

http://yunli.pe.kr/윤리학습/다-라/도교.htm   <윤리학습>

道敎 Taoism

중국의 3대종교(유교·불교·도교)의 하나. 도학이라고도 한다. 도교는 중국민족의 고유한 생활문화 속에서 생활신조, 종교적 신앙을 기초로 하여 형성된 중국의 대표적인 민족종교이다. 이는 한(漢)시대 이전의 무속신앙과 신선사상, 민중의식을 기반으로 하여, 한대에 황로신앙(黃老信仰)이 가미되어 대체적으로 후한 말부터 육조시대(六朝時代)에 걸쳐서 형성되었고, 현재까지도 타이완이나 홍콩 등지에서 신앙되고 있다. 초기의 도교적 신앙은 불로불사의 신선(神仙)을 희구(希求)한다든지 무술이나 도술에 의한 치병(治病)·재해 퇴치 등 현세의 행복추구에 그 중점을 두었으나, 유교나 불교와 경합(競合)하고 서로 영향을 받으면서 내적 수양과 민중적 도덕의식의 견지(堅持)를 중심으로 하는 신앙도 중요시하게끔 발전했다.

도교의 개념

도교란 사상(思想)·교리·기술(技術)·사회·교단(敎團)·신앙대상 및 신앙의례(信仰儀禮) 등 모든 요소를 함유하는 문화복합체이다. 그것은 중국의 역사와 풍토, 지역적 조건 안에서 정치와 사회·문화 등과 관련되면서 전개된 생활문화를 기초로 하여 발생한 것이다. 말하자면, 중국민족 고유의 종교문화라고 할 수 있다. 그와 비슷한 유형으로 발전한 것에 유교가 있다. 그러나 양자의 차이는, 유교가 중국의 사회·국가의 질서, 그리고 학문·기술을 통치자의 입장에서 구명(究明)하고자 한 것과는 달리, 도교는 종교적 요소를 중심으로 하여 사회의 질서 및 학문·기술을 민중의 입장에서 밝히고자 하는 데에 있다. 따라서 도교에서는, 유교에서 배격한 미신이나 온갖 도깨비·변괴귀물(變怪鬼物) 등 무축적 귀신신앙(巫祝的鬼神信仰)도 포함한다. 이 도교의 개념은 <민중도교>와 <교회도교>의 두 가지로 대별된다. 민중도교는 농민이나 민중 일반의 신앙과 생활신조, 그리고 그것에 의해 조직원 집단이나 결사를 말한다. 이는 후한 말에 태동하고 있었는데, 특히 송대 이후의 서민사회의 발전에 대응해서 유교나 불교 등과의 합일(合一) 하에서 전개된 것이다. 한편, 교회도교는 국가나 왕조에 의하여 공인된 도교의 교단·교파이며, 5세기의 구겸지(寇謙之)의 <신천사도(新天師道)>가 그 최초이다. 천사도는 원래 <삼장인 장릉(張陵)·장형(張衡)·장노(張魯)의 오두미도(五斗米道)>라 불리었으며, 후한 말에 일어난 농민을 주체로 하는 초기의 민중도교였지만, 위(魏)·진(晉)의 정권 밑에서 발전한 신오두미도(新五斗米道) 즉 신천사도는 북위(北魏) 왕조의 공인(公認)에 의해서 교회도교가 되었다.

각종 도교의 용어

도교의 원 뜻은 <도를 설명하는 가르침>이다. <도(道)>란, 유가(儒家)나 도가(道家)를 비롯하여 중국의 모든 사상과 철학을 설명하는 학설의 중심으로, 중국인의 의식의 기초에 존재하는 것이다.
<도교>라는 말은 선진(先秦)시대부터 사용되어 왔으며, 처음에는 <성인(聖人)의 도의 가르침>이란 의미를 가지고 유교를 지칭(指

稱)하고 있었다. 또, 불교 전래 뒤로는 불교를 의미했던 시대도 있었다. 즉, 이것들은 <선왕(先王)이나 성인의 도를 설명하는 가르침>이라는 의미인 것으로, 오늘날 일컬어지는 중국의 민족종교로서의 도교를 가리킨 것은 아니다. 이 <성인의 도의 가르침>을 구체적으로 실현시키기 위한 방법과 술(術)을 <도술(道術)>이라고 하였다. <도술>이란, 원래 <성인의 도의 술>, 치세치민(治世治民)을 위한 정치의 술이었다. 한편, 선인(仙人)이 되기 위한 방법, 또는 선인과 교감(交感)하기 위한 방법으로 <신선방술(神仙方術)>, 의료기술로서의 <의방술(醫方術)>, 그밖에 과학적 기술과 주술 등 여러 가지의 방술이 존재해 있었다. 이 도술을 행하는 자가 도사(道士)이고, 방술을 행하는 자가 방사(方士)이다. 도술과 방술의 차이를 굳이 말한다면, 전자가 국가·정치에 관한 경세(經世)·치민(治民)의 술이라고 한다면 후자는 개인적·종교적 성격을 가지는 일이다. 그렇지만 후한대로 들어서자 이 양자는 혼동되었다. 따라서 후한대에는 도술의 범위가 매우 넓어져, 정치술이나 과학적 기술에서 주술과 예언·복점(卜占) 등의 종교적 영력(靈力)을 포함하는 것이 되었다. 그리고, 이것들을 행하는 자는 도술의 사(士), 즉 <도사>라고 불리었다. 이 경우의 도사는, 원래의 <성인의 도의 도술>의 사로서의 <도사>라기보다는 종교적 요소를 지닌 <도사>였다. 무의(巫醫)의 주술과 부적을 사용하는 종교집단은 <귀도>라고 불렸다. <태평도>나 삼장의 <오두미도> 등도 귀도를 중요한 요소로 삼은 초기의 도교적 집단이다. 또 귀도에 대하여 <신도>라는 성어(成語)가 다루어졌다.

<귀신(鬼神)>의 <귀(鬼)>에 연관되어서 <귀도>가 생겨났고, <신(神)>에 연관되어서 <신도>가 생겨났다. <신도>는 우선 신을

제사지내는 <단(壇)>과 통하는 도를 의미했으나, 점차로 신앙의 객체인 신 그 자체, 또는 신신앙(神信仰)에 기초하는 종교집단과 가르침도 뜻하게 되었다. <도가>는 제자백가(諸子百家)의 하나이지만, 전국시대에는 유가·법가(法家)·묵가(墨家) 및 방기(方技)·신선(神仙) 등과의 교류가 있었고, 진(秦)·전한대를 거쳐서, 후한대에는 <도가>의 개념 안에는 종교적 요소도 섞여 들어가기에 이르렀다. 즉, 도가라는 개념은, 오늘날 말하는 노자(老子)·장자(莊子)의 사상·철학을 중심으로 한 철학적 도가뿐만 아니라, <도술> <방술>까지를 포함한 보다 광범위한 의미를 지니는 것으로 되었다.

도교의 원류(源流)

이상과 같은 도가와 도교의 개념의 변천은 그대로 도교 성립의 전사(前史)와 관계된다. BC 3세기 무렵의 전국시대에 연(燕)·제(齊; 河北省·山東省) 지방에는 <방선도(方僊道)>라 불리는 신선방술(神仙方術)을 위주로 하는 종교집단이 존재했다. 일찍이 제나라에는 민간의 무축(주술사)에 의거하는 농작(農作)을 위한 산천제(山川祭)와, 그것을 토대로 하여 왕후(王侯)들이 풍작을 기원하는 팔신(天主·地主·陰主·陽主·月主·日主 등)에게 지내는 팔신제가 있었다. 이 팔신제에 그 당시 이미 발달되어 있었던 경락의경(鍼灸醫療學)이나 본초경방(漢方醫藥學)의 학문과 보인(步引)·안마·복이(服餌)·황야(黃冶;體操·食物·鍊金養生) 등의 신선술(神僊術)이 결합되어 이루어진 것이 방선도이다. 방선도는 신선방사에 의한 종교집단으로, 그들 방사의 말을 믿고서 제나라나 연(燕)나라의 왕후귀족, 또는 진나라의 시황제(始皇帝) 등이 불로불사의 신선약을 얻기 위하여 신선이 산다는 발해만 위의 삼신산(三神山), 즉 봉래(蓬萊)·방장(方丈)·영주(瀛州)에 사람을 보내기도 하고 방사에게 신선의 약, 특히 황금을 만들게 하여 그것을 먹음으로써 불사의 몸이 되려고 하였다. 연금술에 의해 만들어진 황금은 불사의 약 중에서 가장 효과가 있는 것이라고 믿었다. 진시황제는 이들 방사가 설명하는 봉선설(封禪說)에 의해서 팔신 가운데의 지주(地主)라 여겨지는 태산(泰山)과 그 지봉(支峰)인 양부(梁父)에서 천지의 신을 제사지내고, 천신과 교감하여 죽지 않는 몸이 되고자 했다. 전국시대의 제나라는 위왕(威王)·선왕(宣王) 때가 최성기였으며, 그 도읍인 임치(臨淄)에는 중국 각지에서 여러 학자들이 모여들었기 때문에 중국문화와 학술의 일대 중심지가 되었다. 그 중에서도 제나라의 학자인 추연(鄒衍)은 음양오행설을 제창하여 당시 최고의 학자로 칭송되었다. 방사들은 이 음양오행설을 도입하여 신선설이나 봉선설에 교묘히 이용하였다. 방선도의 발흥은 연·제나라의 해류(海流)에 의한 해상교역과, 명산에서 약초나 황금을 구하는 방기(方技)의 무리들의 활약과도 관련이 있는 듯하며 한반도에서의 신선설의 형성이나 기타의 전설도 이러한 현상과 무관하지 않다. 신화 속에서 중국의 조물주라 여겨지는 황제(黃帝)는 전국시대부터 방선도나 의방술과 연결되어 신선의 조상으로 여겨졌다. 신선이 된 황제와 도가의 노자가 결합되어서 <황로의 말씀>이 세상에 퍼져나갔다. 전국 말기부터 진대(秦代)·한초에 걸쳐서 <도가><법가> 일체의 정치가 행해졌는데, 도가의 입장에서 말한다면 <황로의 말씀>에 기초한 <황로의 술(術)>에 의한 정치였다. 황제와 더불어 노자의 신선화(神仙化), <황로>의 신선적 객체화가 진행되는 가운데, 후한대에 와서는 ≪하도낙서(河圖洛書)≫의 예언서를 기초로 하여,

전한 말에는 이미 일어나 있었던 참위설(讖緯說)이 도교적 사상 형성에 영향을 끼쳤다. 참위설은 유가의 경(經)의 설을 음양오행설이나 <수술(數術)>계의 다른 학설에 의해서 보완하고, 주로 사회적·정치적 현상에 대한 예언을 그 내용으로 삼는 학설이다. 이 참위설에 불교의 영향도 덧붙여져 <황로도(黃老道)>가 일어났다. 불교와 중국문화의 상호 영향의 결과, <황로>는 부도(浮屠; 佛陀의 옛 漢譯)와 같은 종류로 생각되어 노자의 신격화(神格化)가 횡행했고 신앙의 객체로서의 <태상노군(太上老君)>이 성립되었다. 후한 중기로부터 말기에 걸쳐 황로도나 주술을 위주로 하는 무축도(巫祝道;鬼道)가 모태가 되어서 농민·민중의 종교결사인 태평도(太平道)·오두미도가 생겨났다.

도교 각파의 성립

태평도는 후한 중기의 간길(干吉)이 태상노군(太上老君)으로부터 ≪태평청령서(大平淸領書)≫, 즉 태평경을 전수받은 일에서 시작된다. 이 경전을 종교운동의 지주로 삼아 허베이〔河北〕의 장각(張角)이 태평도를 조직했다. 그러나 장각이 후에 반란을 일으켜서, 태평도는 멸망하고, 민간에 남은 잔당이 오두미도와 합류했다. 그 오두미도는 장릉(張陵)이 쓰촨〔四川〕의 청두〔成都〕지역에서 시작한 종교집단이다. 도가의 사상을 중심으로 주술적인 치병(治病)을 하고, 그 사례로 쌀 5두(한국의 약 5升)를 헌납케 했으므로, 이런 이름이 생겨났다. 병자를 조용한 방에 앉혀 놓고 과거의 죄를 반성케 하되 천(天)·지(地)·수(水)의 신, 즉 천관(天官)·지관(地官)·수관(水官)의 삼관에게 자기의 이름과 과거의 죄과를 써넣은 서장(書狀) 3통을 바치고 속죄를 위한 공양물이나 노동력을 제공하면

병이 낫는다고 믿었다. 이와 같이 과거의 죄과로 인해서 질병이 일어난다는 사고방식은 태평도에도 있었다. 오두미도가 종교 교단으로서의 조직을 확립한 것은 장릉의 아들인 장형(張衡)과 손자인 장로(張魯)의 시절에 이르러서부터였다. 특히 장로 때에는 처음에 익주(益州)의 장관의 보호를 받아 흥왕했으나, 후에 압박을 받게 되자 쓰촨 동부에서 산시〔陝西〕의 한중(漢中)에 걸친 땅으로 옮기고, 조조(曹操)에게 투항하여 그 제후가 되고 나서 관동(關東)의 호족·귀족과 농민들 사이에서 그 세력을 확대시켜 나갔다. 이 관동의 오두미도는 원시적인 주술을 중심으로 하는 교단에서 호족·귀족과 관계를 맺고 신선방술과 다른 도술을 위주로 하는 교단으로 변해 갔다. 이 계통의 오두미도는 강남(양쯔강 이남)에까지 퍼져 갔는데, 귀족형의 오두미도 신앙과 동진(東晉) 말기의 손은(孫恩)에게 인솔된 농민·민중형의 종교반란을 야기시켰다. 한편, 화북지방에 유포된 오두미도는 불교와 경합하기도 하고 유교적 질서를 받아들이기도 하면서, 구겸지(寇謙之)의 <신천사도(新天師道)>로 발전했다. 또 장쑤〔江蘇〕·강남의 호족층을 기반으로 하여 후한 말로부터 육조시대에 걸쳐, 신선도(神仙道)에다 제자(諸子)·황로의 사상과 여러 가지의 도술 및 참위 사상 등을 복합화한 도술적 종교가 생겨 났다. 한말의 전란을 피하여 강남으로 갔던 도사 좌자(左慈)에 의하여 정리되어서, 그의 가르침을 받은 갈현(葛玄) 일족에게 계승되었던 이 계통의 도술적인 종교는 <갈씨도>라고도 불리었다. 갈현이 종조부인 길홍(葛洪)은 ≪포박자(抱朴子)≫를 저술하고, 이 계통에서 전해지는 연금술에 의한 신선방술을 집성했다. 또 갈씨 일족에 의하여 뒷날의 ≪영보경(靈寶經)≫의 기본부분이 만들어졌다. 이 경전은 그 뒤 이 계통의 도교 경전류가 되어서 계승되었다. 오(吳)

나라 재상의 자손으로 알려진 육수정(陸修靜)은 본래 천사도 계통의 도사였는데, 제국(諸國)을 순례하는 동안 ≪상청경(上淸經)≫을 입수하여 그것을 정리했다. 그는 또 <갈씨도>에도 통하고 있었으므로 초기의 ≪영보경≫도 정리하고, 뒤의 도교 경전의 집대성인 <도장(道藏)>의 분류체계 <삼동설(三洞說)>을 확립했다. 육수정의 뒤를 이어 경전을 정비한 사람이 도홍경(陶弘景)인데, 그는 모산(茅山)을 거점으로 ≪상청경≫을 대성하여 이른바 <상청파>를 확립했다. 그의 사상은 과학적인 의경(醫經)·경방(經方)·신선의 학(學)을 기초로 한 것으로, 거기에 다시 불교와의 교류도 있었는데, 그는 처음으로 이론적인 도교 교학을 수립했다고 할 수 있다. 육조 말에서 수대(隋代)까지 화베이〔華北〕에 신천사도, 강남지역에는 천사도와 상청파가 각각 전개되어 갔다. 당(唐)대로 들어오자, 상청파의 본거지인 모산을 중심으로 해서 남북 도교의 통합과 교류를 목표로 하는 움직임이 활발해졌다. 도홍경의 교학을 받은 당(唐) 초의 상청파 도사 왕원지(王遠知)는 처음에 신천사도에 수행을 했으며, 제자인 반사정(潘師正)은 모산에서 신천사도의 거점인 쑹산〔嵩山〕으로 옮겨 살았다. 이 같은 상청파의 활약으로, 모산은 당대 도교의 중심적인 고장으로 되었고, 상청파는 천사도와 함께 도교의 2대 유파로 육성되었다.

도교와 불교의 교류

북위의 태무제(太武帝)는 재상 최호(崔浩)의 권유에 따라서 구겸지의 신천사도를 국교로 삼았으며, 연호도 태평진군(太平眞君)이라고 하였다. 도교를 믿는 한인 호족인 최호는 오랑캐의 가르침인 불교가 왕조의 재정을 좀먹자, 불교를 배제시키고자 태무제에게 권고해서

446년에 불교 탄압을 감행케 했다. 태무제 뒤에 불교는 다시 부흥하였으나, 북주(北周)의 무제(武帝) 때에는 다시 탄압 당했다. 북주의 무제는 유교적 왕조체제에다가 불(佛)·도(道) 양교를 순응시키는 정책을 추진했다. 572년의 법론에서 무제는, 삼교의 순위를 유·도·불로 하였지만, 574년의 도·불의 법론에서는 도사 장빈(張賓)이 불교 측에 의해서 논파되었으므로 마침내 불(佛)·도(道) 양교를 함께 폐하고 승과 도사를 환속시켰다. 이어서 <현도관(玄都觀)>을 <통도관(通道觀)>으로 개칭하여 국립종교연구소로 만들었고, 3교의 스승 중 우수한 자를 통도관학사로 삼아 거기에서 불·도 2교의 유교화(儒敎化) 연구를 하게 했다. 송대의 진종(眞宗)은 도교 존중 정책을 강화하고, 1015년에는 용호산 천사도(天師道)의 제24대 천사 장정수(張正隨)를 불러들여 왕조와 천사도의 관계를 공고히 하였다. 이 무렵부터 도관(도교의 사원)을 고급관료가 관리하는 제도가 생겨났다. 진종은 재상 왕흠약(王欽若)을 총재로 삼고, 도사들을 동원하여 도장(道藏)을 편찬시켜 ≪보문통록(寶文統錄)≫을 편집하였다. 이어서 1013년에는 도사 장군방(張君房)에게 정비케 한 도장 ≪대송천궁보장(大宋天宮寶藏)≫을 완성하게 했다. 장군방은 그 정요(精要)를 뽑아 ≪운급칠첨≫을 저술했다. 송은 국난(國難)을 당하자 왕안석(王安石)의 <신법(新法)>을 행할 뿐만 아니라, 도교의 힘까지 빌리려고 했다. 불교의 중국 전래에 의하여 그때까지의 중국문화 안에서의 유가(儒家)와 도가(道家)의 대립과 융합에 더하여서 유가·도가 대(對) 불가의 문화마찰이 격심하게 일어났다. 그 결과, 삼가(三家) 상호간의 경합이나 불가의 유가화(儒家化)로 인해서 유두도불양각형(儒頭道佛兩脚型)의 3교 관계가 생겨나게 되어 유가·도사·사문(沙門)의 삼교겸수(三敎兼修)가 확산되었다.

민중도교의 전개와 신도교

당실(唐室)의 도교신봉책 때문에 교회도교의 교역(敎域)은 확실하게 중국 전토로 퍼져갔다. 당말 이래 각지로 전파된 도교는 그 지역의 습속과 결합하여 삼교합일의 민간신앙(민중적 도교신앙)을 발전시켰다. 그리하여 송대에 이르러서는, 서민사회의 발전을 배경으로 해서 삼교합일의 새로운 민중도교가 전개되었다. 송대의 민중도교의 특색은 유불도 3교의 합일·혼합적 형태를 취하고, 사서(士庶) 모두에게 통용되는 선(도덕)을 실천하였으며, 타인에게도 권장함으로써 생활문화 안에서 민중적 도교신앙을 깊게 하는 경향이 강했다. 민중도교에서는 민중의 주체성이 강한 민중적 도덕 실천을 강조하는 ≪공과격(功過格)≫이 만들어지기도 하고, 민중사회에 밀착된 신도교 교단이 생기기도 하였다. 산둥(山東)의 유덕인(劉德仁)은 <진대도교(眞大道敎)>를 창시하였는데, 교단의 교법에서는 하늘에 대한 기념(祈念)을 통해서 훈주사음을 금했으며, 충효 등 일상윤리의 견지가 설파되었다. 뒤에 가장 유력한 도교 교단이 된 <전진교(全眞敎)>는 왕중양(王重陽)에 의해서 창시되었는데, 기본적으로는 유불도 삼교동원(儒佛道三敎同源)의 입장을 취하고, ≪반야심경(般若心經)≫ ≪효경(孝經)≫ ≪도덕경≫ ≪청정경(淸淨經)≫ 등을 경전으로 삼아 읽었으며, 부주(符呪) 등의 술을 물리치고, 불로불사(不老不死)의 신선설에 의하지 않는, 오직 내외 양면의 수행(自利利他의 眞功과 眞行의 실천)을 주장했다. 또 서민의 도덕의식의 고양(高揚)에 의해서, 일상 윤리의 실천이 종교화된 것으로 선서(善書)가 있다. 이는 권선(勸善)의 서(선행을 권고하는 책)이며, 서민적 도덕의 기초 위에 도교신앙과 불교사상에 의거해서 서민의 생활윤리를 설파하는 민중도덕서이다. 대표적인 선서인 ≪태상감응

편(太上感應篇)≫이 강남의 하층 독서인에 의하여 만들어졌던 것도 이 무렵이다. 송대 이후의 신도교 교단은 용호산의 정일교(天師道가 正一敎로 불리게 된 것은 元代부터이다) 등 구(舊)도교 교단과 함께 명조 이후, 왕조에 따라서 보다 강하게 관리되었다. 원의 세조(世祖)는, 강남의 도교는 정일교에, 화베이의 도교는 전진교에 그 관리권을 주었으며, 도첩(度牒)의 발급과 지방의 도관(道官)의 임명권도 부여했다. 명조에서는 예부(禮部)에 도록사(道錄司)를 두고, 정일(正一)·전진(全眞)으로 나누어서 관리했다. 다시 용호산에다 정일진인 이하의 도관을 두었고, 모산·태화산(太和山) 등에도 도관을 두었다. 원말(元末)부터 정일교와 왕조의 결합이 강화되었고, 특히 명초에는 정일교의 부참(符讖)이 명조와 정일교의 연결을 밀접하게 했다. 이리해서 명조는 정일교 교단을 중심으로 도교계를 관리했다. 또 명의 영종(英宗)은 1445년 ≪정통도장(正統道藏)≫을, 신종(神宗)은 1601년에 ≪만력속도장(萬曆續道藏)≫을 편집케 했다. 이것이 현재 널리 행해지고 있는 도장(道藏)이다. 왕조의 관리 하에서 불·도 교단은 그 활력을 잃었고, 그 위에 15세기 후반부터 재정 보전(補塡)을 위하여 승(僧)·도(道)의 매첩(賣牒)을 단행했으므로 승·도의 사회적 지위가 저하되었고, 민간의 종교 결사가 많이 생겨났다. 청조는 명조의 정책을 답습해서 불·도 양교 및 민간의 종교결사의 관리·단속을 엄중히 했으며, 정일천사(正一天師)의 관품(官品)을 낮추었다.

현황

청 말로부터 5·4문화운동 시기에 걸쳐서 미신과 구종교의 배제운동이 높아졌다. 중국국민당은 1928년에 <신사존폐표준(神祠存廢

標準)>을 발표하고 미신적 신사(神祠)를 배제했다. 이 정책은 현대의 자유중국에도 계승되고 있다. 한편, 중국공산당은 종교를 아편시하는 입장에서 도교·유교·불교를 배척하였다. 중화인민공화국 성립 후 모든 종교가 배제되었고, 문화대혁명에 의해서 많은 문헌 및 사적이 파괴되었다. 그러나 최근에는 백운관(白雲觀) 등 각지의 대표적 도관이 부활되고 있다.

경전

본래 도교의 경전류에는, 옛날에는 후한의 태평도의 ≪태평경(太平經)≫, 오두미도의 ≪노자≫ 또는 육조 초기의 ≪상청경(上淸經)≫과 ≪영보경≫이 있었지만 이것들과는 별도로 각 교단이나 결사에 전해진 신으로부터 전해졌다고 하는 경전과, 부적·신도(神圖) 등 다종다양한 것이 있었다. 갈홍의 ≪포박자≫ 안에는 4세기 초기의 경전류의 목록이 있고, 초기 경전류의 이름이 명기되어 있다. 이러한 다양한 도교 경전에 하나의 분류 기준을 만든 것이 육수정이며, 그 삼동설(三洞說)에 따라서 ≪상청경≫은 <동진부(洞眞部)>에, ≪영보경≫은 <동현부(洞玄部)>에, ≪삼황경(三皇經)≫은 <동신부(洞神部)>에 나누어졌다. 그 뒤 6세기 전반에 <사보(四輔)>의 사고방식이 성립되고, 동현(洞玄)을 보좌하는 경전으로서 <태현부(太玄部)>, 동진(洞眞)을 보좌하는 <태평부>, 동신(洞神)을 보좌하는 <태청부(太淸部)>, 삼동 모두를 보좌하는 <정일부(正一部)>의 각 부가 부가되어, <삼동사보(三洞四輔)> 현재의 도장 분류가 확립되었다. 구체적으로 보면, 태현부는 ≪노자≫를 중심으로 하는 것, 태평부는 ≪태평경≫, 태청부는 연금술 관계, 정일부는 오두미도(천사도)의 계통에 속하는 경전이다.

한국의 도교

중국에서 성립된 도교가 한국에 전래된 시기는 정확하지 않으나, ≪삼국유사(三國遺事)≫에 624년(영류왕 7) 오두미교가 고구려에 도입되었다는 기록이 있는 것으로 미루어, 삼국시대에 전해져 주로 왕가에서 신봉하였던 것으로 보인다. 고려시대에는 1,110년(예종 5) 송나라의 도사 2명이 들어와 복원궁(福源宮)을 세우고 제자를 택하여 서도(書道)를 가르친 것이 그 시초이다. 복원궁은 나라에서 마련한 도관으로 재초(齋醮)의 장소였고 우류(羽流;道敎徒)들이 머물렀다. 조선시대에는 소격서(昭格署)가 설치되어 고려 때의 재초소가 합쳐졌고, 여기서 병이나 재난을 막고 국가안태를 기원하는 초제를 지냈다. 이와 같은 도교는 국가의 제례를 위한 조정기구(朝廷機構)의 하나였고 한 왕조에서도 국왕의 신봉 여부에 따라 흥쇠를 반복하였다. 민간도교는 일찍이 고대사회에 전파되어 민중 사이에 유행한 성상(星相)・복서(卜筮)・점험(占驗)・수선(修仙) 등의 신앙과 그 맥을 같이 하며, 세시적(歲時的)도교로서 수성(壽星)・선녀(仙女)・직일신장(直日神將)의 그림, 갈(葛)・주(周) 두 장군의 문배(門排), 단정파의 장생불사에서 유래한 민간장생법 등의 신앙적 행위를 들 수 있다. 이론적 도교사상은 선파(仙派)・칠현(七賢)・청담가(淸談家)・단학파(丹學派)라 불리는 사람들에 의해 연구되었는데 대표적 인물은 신라의 최승우(崔承祐)・김가기(金可紀)・최치원(崔致遠), 고려의 강감찬(姜邯贊)・한유한(韓惟漢)・이약곽(李若郭), 조선의 조여적(趙汝籍)・남추・김시습(金寺習) 등이었다. 19세기 후반부터 20세기 초에 이르는 동안에는 불교・유교의 교지를 융합하고 대중을 교도로 삼은 결사적 민중도교가 속출하였으며, 광복 이후에는 중국의 민중도교인 일관도(一貫道)가 전해져 그 분

파인 보제불교(普濟佛敎)와 함께 포교되어 왔다. 오늘날의 도교는 사회 표면에 뚜렷이 부각되지 않고 있으나 민간신앙 속에 뿌리가 이어져 하나의 토속종교로 그 흔적을 남기고 있다.

http://chungdong.or.kr/highroom/history/dictionary/도교.html

<국사사전>

도교

신선사상을 기초로 하고, 도가사상·불교·유교 등을 수용하여 성립된 중국의 민간종교. B.C. 3세기경 중국에서 생긴 신선설에서 비롯되어 4세기 이후 종교체제가 갖추어졌다. 만인에 공통된 불로불사(不老不死)에의 소망에 도달하기 위한 각종 방술·속신의 집합으로 이루어지는 도교의 전신은 진(秦)·한(漢)의 신선방술(神仙方術)과 황로지학(黃老之學)이다. 최초의 교단은 후한의 순제(順帝) 때 장릉(張陵)이 창시한 오두미교(五斗米敎)와 영제(靈帝) 때 장각(張角)이 세운 태평도(太平道)이다. 오두미교는 뒤에 천사도(天師道)라고도 하였으며, 13세기부터는 정일교(正一敎)라고 불렀다. 4세기 진대(晋代)에 와서 갈홍(葛洪)의 ≪포박자(抱朴子)≫에 의하여 체계화된 도교는 당(唐)의 도교신봉책으로 크게 발전하였고 송대(宋代)에 이르러서는 유교·불교와 혼합된 민중도교가 전개되었다. 20세기 들어 중국 공산당의 종교정책으로 위축되었던 도교는 타이완을 중심으로 여전히 전통적인 형태로 남아 있다. 우리나라에 도교가 전래된 것은 624년(영류왕 7) 오두미교가 소개되면서부터이며, 643년(보장왕 2) 연개소문(淵蓋蘇文)이 당(唐)으로부터 ≪도덕경≫ 등을 들여오면서 본격적으로 받아들여 고구려의 지배적인 종교가 되었다.

http://my.dreamwiz.com/jabcho89/ko-data/cocept/te-text/302/t-3034.htm

■ 도교의 전래

도교는 후한 말 오두미도(五斗米道)로부터 시작된 종교로, 신선 사상이 근본이 되어 음양 오행, 참위가 가미되고, 노장 사상과 불교의 영향을 받아 종교로 성립되었다. 이것은 노장 사상과는 본질적으로 다른 성격으로 발전한 것인데, 노장 사상이 생사를 초월한 허무를 주로 하는 데 반해, 도교는 불로 장생을 골자로 하여 복서, 금주와 연금술을 동반하고, 비법 방술로서 신선이 된다는 신앙을 강조하는 것이다.

그러나 도교는 민간에 있어서는 주로 현세 구복적인 목적에서 신앙되었던 것으로 보인다. 우리나라에는 고구려 영류왕 때 처음으로 들어왔는데 643년(보장왕2년)에 연개소문이 임금에게 권하여 당으로부터 도사 숙달(熟達) 이하 8명을 데려다가 불사(佛寺)를 몰수해서 그 곳에 있게 하였으니, 불교를 누르고 도교를 숭상한 것이었다. 650년(보장왕9년)에 고구려의 이름난 중 보덕화상(普德和尙)이 "국가에서 도교를 받들고 불법을 믿지 않는다."고 불만을 품고 백제로 가 버린 것을 보면, 고구려 말기에는 불교보다 도교가 숭상되었음을 알 수 있다.

신라의 경우는 김가기, 최치원의 행적에서 보면, 신라 말의 민간에 널리 유행된 것으로 보인다.

갈홍 문학론 시탐

· 정재서 ·
鄭在書, 이대 중문과 교수

1. 서 언

   기원 4세기 초 동진의 저명한 도교학자 갈홍(A.D. 283-343)은 ≪포박자≫내외편 70권을 찬술한다. 주지하듯이 이 책의 내편은 위진 이전 단정파 도교의 이론과 방술을 집대성하고, 그리하여 후세의 도교학에 막대한 영향을 미친 불후의 노작으로 평가되고 있다. 그런데 학술사적인 방면에서 내편만큼 주목받지는 못하였으나 외편에서는 일견 도교와 상관없어 보이는, 당시 현실에 대한 비판적인 논의가 주류를 이루고 있어 이채를 발한다. 특히 외편은 내편의 소박한 문체와는 달리 당시에 유행하던 화려한 병려체 산문으로 서술되어 있어 우리는 갈홍을 단순한 도교도가 아닌 문학가로서도 고찰해 볼 필요성을 느끼게 된다. 아닌게 아니라 외편의 도처에서 그는 문학에 대한 짙은 관심을 피력하고 있고 문학진화론을 비롯 그의 몇 가지 특유한 논견들은 문학사 혹은 비평사에서 빠짐없이 거론되고 있을 만큼 위진시기의 중요한 문학론으로서 자리매김 되어 있다. 본고에서는 이제까지 정리되었던 갈홍의 문학론 중

문덕병중론과 창작론에 대해 도교와 문학과의 이론적 유비를 의식하면서 시론해 보고자 한다. 갈홍의 ≪포박자≫찬술의 이면에는 선학의 전승이라는 종교적 의도 이외에 한대이후 불우한 지식인들이 私的 저술로서 현실을 초극하려 했던 이른바 '자서' 창작의 풍기가 그의 문예적 욕구를 자극하였던 사정도 있었음을 推察하지 않을 수 없다.126) 이러한 측면을 염두에 둘 때 우리는 ≪포박자≫를 도교학과 아울러 문학에 대한 욕구가 공존하는 텍스트로서 읽을 수 있을 것이고 따라서 외편에서 전개된 그의 문학론도 결코 내편의 도교논리와 무관하지 않으리라는 예상을 해볼 수 있다. 본고에서의 논의는 대체로 이러한 관점에서 진행될 것이다.

2. 갈홍의 문학적 내원

갈홍 문학론의 유래를 고찰함에 있어 ≪포박자≫내외편 이라는 거의 한정된 자료만을 갖고 있는 우리로서는 아무래도 그가 ≪포박자≫내에서 긍정적으로 거론했던 문인들에게 주의를 기울여야 할 것이다. 이에는 한대(漢代) 諸儒中, 王充·揚雄 두 사람과 갈홍보다 약간 앞서 생존하였던 陸機(A.D. 261-303)와 嵇含(A.D. 263-306)이 있다.

이들 중 왕충에 대한 경모(敬慕)는 특히 두드러져 그는 외편에서 왕충의 저작인 ≪論衡≫을 변호하기 위해 따로 章을 마련하였을 정도이다.127) 양웅에 대해서는 외편, 권24, <酒戒>편에서 "揚子

---

126) 갈홍의 王充에 대한 극찬 (外篇, 卷 43, <喩蔽>)과 스스로 子書를 지어 文儒가 되겠다는 소망의 피력 (外篇, 卷 50, <自敍>)에서 이 점은 분명히 드러난다.

雲은 통달한 사람이어서 재주가 높고 사상도 깊다. 그의 풍부하고 뛰어난 재주는 하늘로부터 받은 것이다."(揚雲通人, 才高思遠. 英贍之富, 禀之自天.)128)라고 한 것을 비롯 ≪포박자≫도처에 賞讚하는 대목이 있다. 근래 大淵忍爾와 石島快隆 兩氏의 연구에 의해 ≪포박자≫는 이들 王·揚 두 사람의 작품과, 목차 심지어는 文句까지 유사한 점이 있는 것으로 밝혀졌다.129) 창작과정에서의 이러한 모습으로 미루어 그가 두 사람의 문학론을 깊이 의식하였을 것임은 틀림없다.

그와 거의 동시대 사람이라 해도 좋을 육기에 대한 언급은 외편 일문(佚文) 여러 곳에서 보이는데 "陸선생의 글은 崑崙山에 쌓인 玉과 같아 夜光珠 아님이 없다. 우리가 그의 글을 분별하지 못함은 마치 난쟁이가 바다를 헤아림과 같이 잘 할 수 없는 바이다." (陸君之文, 猶玄圃之積玉, 無非夜光. 吾生之不別陸文, 猶侏儒測海, 非所長也.)라고 함과 같이 앞서의 두 사람에 비해 보다 문예적인 평찬을 가하고 있는 점에서 주목된다.130) 광주자사로서 갈홍의 후원자였던 혜함은 외편, 권 47, <彌禰>편과 외편 일문(佚文) 수처(數處)의 주로 문인을 비평하는 자리에서 갈홍의 상대역으로 등장하고 있다.131) 갈홍은 역시 그에 대해서도 대단한 경외감을 표

---

127) "余雅謂王仲任作論衡八十餘篇, 爲冠論大才…"로 시작하는 外篇, 卷43, <喩蔽>篇이 그것이다.
128) "揚雲酒不離口, 而太玄乃就."라는 혹자의 주장에 대한 반박중의 一節이다.
129) 大淵忍爾, <抱朴子硏究序說> ≪岡山大學法文學部學術紀要≫(日本, 1956), No.5. 및 石島快隆, <葛洪の儒家及び道家思想の系列とその系譜的意義につこて>≪駒澤大學硏究紀要≫(日本,1959), No.17.참조.
130) 陸機의 文辭에 관해 賞讚하는 대목은 이 밖에도 더 들 수 있다. "吾見二陸之文百許卷, 似未盡 也.……, 方之他人, 若江漢之與漢汗. 及其精處, 妙絶漢魏之人也."(≪全晋文≫). 二陸은 陸機와 그의 아우 陸雲을 말한다.
131) 다음과 같은 글을 보면 상대역이라기보다, 자문역의 위치에 있다. "余嘗問嵆

시하고 있다.

벗 등영숙이 내게 물었다. '혜군도는 어떠한 사람인가?' 내가 답하였다. '한 시대의 커다란 인물이다. 글을 지음에 있어 그 빼어난 모습은 함께 겨룰 사람이 없다.'
(友人滕永叔問吾, 嵇君道何如人? 余答曰, 一代偉器也. 摛毫英觀, 難與並驅.)132)

그러나 "학문을 좋아하고 글을 잘 지었다(好學能屬文)"133)라는 간략하기 그지없는 오늘날 그에 대한 ≪진서≫의 기록만을 가지고는 그의 문학의 자세한 내용을 알 수 없어 갈홍에의 영향 관계도 상고할 길이 없다.

≪포박자≫에는 언급이 없지만 왕충(王充)·양웅(揚雄)·육기(陸機)·혜함(嵇含) 이외에 가능성이 고려되는 인물로 간보(干寶, A.D. 317전후)가 있다. 갈홍과 그와의 관계는 ≪晋書≫에 보인다. "간보가 더불어 깊이 벗하여, 갈홍의 재능이 국사 편찬의 직을 감당할 만하다고 천거하였다."(干寶深相親友, 薦洪才堪國史.)134)고 하니까 상당히 밀접했던 사이였음을 엿볼 수 있고 이것은 무엇보다도 두 사람이 공히 신비주의자였다는 사실에 의해서도 그럴싸하게 이해된다.135) ≪진서≫의 이 같은 기록을 중시하여 임전신지조

君道曰, 左太沖張茂先可謂通人乎? 君道答曰, 通人者, 聖人之次也, 其間無所復容."(위의 책)
132) 위의 책.
133) ≪晋書≫, 卷89, 〈嵇紹〉傳 附載.
134) ≪晋書≫, 卷 72, 〈葛洪〉傳.
135) 兩者는 또한 당시에 유행했던 淸談에 대해 격렬한 비판적 태도를 취하고 있었다는 점에서도 일치하고 있다. 安岡正篤, <老莊思想に於ける藝術的及宗

와 진비룡은 갈홍의 문학론 형성에 간보가 크게 기능하였으리라 확신하고 나아가 간보의 친우였던 곽박(A.D. 276-324)에게까지 이러한 신념을 확대시켰다.136) 하지만 ≪진서≫의 기재상황이나 진비룡 자신이 작성한 갈홍의 연보에 따르면137) 두 사람이 교유하게 된 것은 갈홍이 44세 때인 동진 성제 함화 원년(A.D.326)의 일로 이것은 ≪포박자≫가 완성된 동진 원제 건무 원년 (A.D.317)에서 9년이나 경과한 후의 사실이어서 설사 그들이 갈홍에게 영향을 주었다 하더라도 적어도 ≪포박자≫에서 개진된 문학론과 관련하여 함께 논할 수는 없는 것이다.

　이상과 같은 검토를 통하여 혜함과 간보를 배제할 때, 갈홍 문학론의 연원으로서 비교적 신뢰해도 좋을 만한 문인으로는 왕충·양웅·육기의 3명이 남게 된다. 이들 중 왕충과 육기는 갈홍과 같은 강남 출신의 인사로 그들에 대한 애호는 그의 독특한 심리적 측면, 즉 오인(吳人)으로서의 문화적 자부심에서 유래한 것으로 생각된다.138)

　갈홍에게 영향을 준 왕·양·육 삼인의 문학론은 크게 한대와 서진 태강기의 그것으로 범론될 수 있다. 이것은 왕충과 양웅을 갈

　　　敎的素質とその影響>≪支那≫(日本, 1927), 18, No.1, p,79.
136) 林田氏는 干寶,陳氏는 郭璞과의 관계에 주목하였다. 林田愼之助, ≪中國中世文學評論史≫(日本:創文社,1979), p.100, pp.108-109. 陳飛龍, ≪葛洪之文論及其生乎≫(臺北 : 文史哲出版社, 1980), PP.131-133.
137) ≪晋書≫,卷 72, 〈葛洪〉傳에서는 그가 干寶를 알기 전후의 상황을 다음과 같이 기술하고 있다. "咸和初, 司徒導召洪補州主薄, 轉司徒椽, 遷諮議參軍. 干寶深相親友, 薦洪才堪國史, 選爲散騎常侍, 領大著作, 洪固辭不就." 陳氏는 갈홍과 간보의 교유가 시작된 해를 咸和 元年(A.D.326)으로 잡고 있다. 위의 책, P.79.
138) 林田氏는 갈홍과 육기와의 관계를 그러한 측면에서 추리했다. 앞의 책, p.112. 실상 육기도 北方 文士에 대해 대단한 경멸감을 표시했던 인물이었다. 許世瑛, <晋時南北人相輕>≪大陸雜誌≫(香港, 1950), 1, No.6, p.17.

홍 사상의 한유적 계보와 관련하여 일괄하고 그가 보여주는 육기 이외의 다른 태강 문인들에 대한 특별한 관심을 고려함으로 해서이다.139)

한대 제유(諸儒)는 순자계통으로 대체로 그들은 상용과 재도의 관점에서 문학의 내용성을 중시하였다.140) 반면에 태강기는 형식미를 우선하던 시대였다. 이러한 상반된 연원 하에서 갈홍이 여하히 이들을 조화시키면서 나름대로의 문학론을 전개시키고 있는가 하는 문제는 다음의 창작론에 대한 탐구에서도 의식되지 않을 수 없다.

3. 갈홍의 문학론

1) 문덕병중론

문학과 덕행은 다같이 공문의 중요한 수업과목이었지만 평등한 비중을 두어온 것은 아니었다. 그것은 공자가 「문은 행실로서 서고, 행실은 문으로서 전한다.(文以行立, 行以文傳).」라고 문행일치를 주장하면서도 「행하고 남은 힘이 있으면 그것으로서 글을 배운다(行有餘力, 則以學文).」141) 라든가 「덕이 있는 자는 반드시 언설이 있으나, 언설이 있는 자가 꼭 덕이 있는 것은 아니다(有德者必有言, 有言者未必有德).」142)라고 덕행편으로 다소 기울어진 발언을 한데서 비롯한다. 이러한 편향된 인식 위에서 문학이 스스로

---

139)《抱朴子》, 外篇 佚文에서는 육기를 비롯, 陸雲・張華・左思・潘岳 등 주로 太康 문인들이 논의되고 있다.
140) 朱榮智,《兩漢文學理論之硏究》(臺北 : 聯經出版社業公司, 1978), p.44.
141)《論語》〈學而篇〉
142)《論語》<憲問篇>

의 위치를 확보하지 못하고, 정교(政敎)와 도덕의 부속물로서 존재해왔던 것은 어쩔 수 없는 현상이었다. 양한의 유술 독존체제가 붕괴된 위진대에 이르러서야 비로소 문학은 독립적인 가치를 모색하기 시작하는데 이른바 「문학은 정치의 큰 일이요, 영원히 남을 훌륭한 일(蓋文章, 經國之大業, 不朽之成事).」143)이라는 위문제 조비의 선언이 그 嚆矢로서 기록되고 있음은 주지의 사실이다. 그러나 조비에게도 문학을 덕행 이하로 보는 인식이 여전하였음은 그의 또 다른 발언으로 인해서이다.

다만 덕을 세우고 이름을 날리는 것만이 영원해질 수 있는 일이고, 그 다음은 저술만한 것이 없다.
(惟立德揚名, 可以不朽, 其次莫如著篇籍.)144)

조비의 뒤를 이어 문학과 덕행에 관한 괄목할 논건을 제시한 이가 갈홍이다.

어떤 사람이 말하였다. 「덕행은 근본이고 문장은 말예이다. 따라서 언어·정치·문학 등 사과의 순서는 문이 위에 있지 않다. 그런즉 종이에 기록한 것은 쓸모 없는 하찮은 이들이고, 전해지는 것은 祭祀가 끝난 뒤의 풀강아지처럼 텅빈 것이다. 그 격조가 비천한가 높은 것인가는 여기에서 알 수 있다. 문장의 대략적인 사항에 대하여 말씀을 들을 수 있을 런지?」포박자가 답하였다. 「통발은 버릴

---

143) 曹丕, <典論論文> ≪文選≫ 卷 52.
144) 曹丕, <與王朗書>.

수 있는 것이긴 하지만 고기가 아직 잡히지 않았으면 통발이 없어서는 안 된다. 문장은 없앨 수 있는 것이긴 하지만 도가 아직 시행되지 않았으면 문장이 없어서는 안 된다.」

(或曰, 德行者本也, 文章者末也. 故四科之序, 文不居上, 然則著紙者, 糟粕之餘事, 可傳者, 祭畢之蒭狗, 卑高之格, 是可識矣. 文之體略, 可得聞乎? 抱朴子答曰, 筌可以棄, 而魚未獲則不得無筌. 文可以廢, 而道未行則不得無文.)145)

도의 달성여부에 따라 문장의 존재도 결정된다는 갈홍의 견해는 일견(一見) 전통적인 재도관(載道觀)을 벗어나고 있지 않은 것처럼 보인다. 그러나 문장이 없어도 좋은 완전한 도덕적 세계의 실현이 문자나 갈홍에게나 암묵적으로 합의된 이상론에 불과할진대 현실적으로 갈홍의 의도는 도덕적 전제를 빌어 문학의 가치를 역설하려는데 있다고 봐야 하겠다.

이 대목과 관련한 임전신지조씨(林田愼之助氏)의 또 다른 고찰은 깊이 음미할 만하다. 임전씨는 상술한 예문이 ≪左傳≫의 「말이 기록이 없으면 행하여도 멀리 이르지 못한다.」(言之無文, 行而不遠)라는 언설의 의식아래에서 나온 것으로 갈홍이 수사미(修辭美)를 도의 전달의 불가결한 요소로서 강조한 것이라고 하였다.146) 실제로 다음과 같은 갈홍의 비유는 임전씨의 주장을 지지해주고 있다.

---

145) 葛洪, ≪抱朴子≫, 外篇 卷 32, <尙博>. 以下 著者와 書名은 생략키로 함.
146) 林田愼之助, ≪中國中世文學評論史≫(日本, 創文社, 1979), pp.114~115.

문장과 덕행은 10尺과 1丈의 관계와 같으며 그것을 하찮은 일이라고 말한 것을 아직껏 들어본 적이 없다. 무릇 하늘이 현상을 드리운 것, 요순이 칭송함을 받은 것, 대인은 호랑이처럼 빛난다든가, 군자는 표범처럼 아름답다든가, 주공이 문왕의 시호를 한 글자로 정한 것, 공자가 주나라의 훌륭한 문물을 따르려 한 것 등은 모두 문 아님이 없다. 八卦는 매 발자국에서 생겨났고, 六甲은 신령스런 거북이의 등무늬에서 나왔으니 문이 있는 곳은 비록 천하다 해도 오히려 귀하다. (무늬가 없는)개나 양의 가죽은 비교할 수 없다.

(且文章之與德行, 猶十尺之與一丈, 謂之餘事, 未之前聞, 夫上天之所以垂象, 唐虞之所以爲稱, 大人虎炳, 君子豹蔚, 昌旦定聖諡於一字, 仲尼從周之郁, 莫非文也. 八卦生鷹準之所被, 六甲出靈龜之所負, 文之所在, 雖賤猶貴, 犬羊之革卩, 未得比焉.)147)

개개 사물의 본질에 상응하는 外表의 아름다움이야말로 갈홍으로 하여금 문장과 덕행을 10척과 1장의 관계와 같이 사실상 둥일시하게 끔 하는 요인이 아닐 수 없다. 더우기「文之所在, 雖賤猶貴」라는 대목에 이르러서는 外表(문장)가 內質(덕행)보다 더욱 강조되고 있는 인상을 받게 되고, 이러한 인상은 비유 아닌 문장과 덕행의 직접비교에서도 계속된다.

어떤 사람이 말하였다. 「저술이 비록 번다한 일이긴 하나 다만 말을 잘 구사해서 아름다운 표현이나 할 뿐, (정치의) 得失에는 아

---

147) 外篇 卷 32, <尙博>.

무런 도움이 되지 못하므로 덕행과 같은 말없는 가르침만 못하다. ……그런 즉 글을 짓는 일은 실로 하찮은 일이다. 선생께선 그 근원을 높이 여기지 않고, 末流를 귀하다 하는데 옳은 일인가?」포박자가 답하였다. 「덕행은 사실로서 드러나는 것이므로 그 우열을 알기 쉽지만 문장은 미묘하여, 그 모습을 알기 어렵다. 대개 쉽게 알 수 있는 것은 거친 것이고, 알기 어려운 것은 정치(精緻)한 것이다, 거칠기 때문에 심사하는 데에는 기준이 있고, 정치하기 때문에 감정(鑑定)은 한결같지 않다. 따라서 나는 쉽게 알 수 있는 거친 것을 버리고 알기 어려운 정치한 것을 논하였다. 이 또한 지당하지 않은가?」

(或曰, 著述雖繁, 適可以騁辭耀藻, 無補救於得失, 未若德行不言之訓. ……然則綴文固爲餘事, 而吾子不襃崇其源, 而獨貴其流, 可乎? 抱朴子答曰, 德行爲有事, 優劣易見. 文章微妙, 其體難識, 未易見者, 粗也. 難識者, 精也. 夫唯粗也, 故銓衡有定焉. 夫唯精也, 故品藻難一焉. 故吾捨易見之粗, 而論難識之精, 不亦可乎?)148)

묻는 사람의 「綴文固爲餘事」라는 주장은 일찍이 「行有餘力, 則以學文」이라고 한 공자의 언설을 그대로 계승한 것이다. 이와 같은 유가 정통의 논조와 대조적으로 갈홍은 도가적 인식론에 입각하여 문학을 파악하고 있다.

문학이 「미묘」하고 「난식」하기 때문에 덕행보다 정치하다는 그의 발언의 배후에는 노자의 「황홀」하고도 「현지우현」한 도적 인식149)이 자리하고 있었음에 틀림없고, 구체적으로 그는 《장자》

---

148) 上揭書.

233

<추수>편에 보이는 「말로서 논할 수 있는 것은 사물 중에서 거친 것이고, 생각으로서 이를 수 있는 것은 사물 중에서 정치한 것이다.(可以言論者, 物之粗也. 可以意致者, 物之精也).」라는 언설을 빌려 문장과 덕행을 비교하였을 것이다.

갈홍의 이러한 도가적 인식에 의한 문장과 덕행의 분별이 그대로 양자의 우열을 판정한 것인가, 아니면 단순히 현상을 설명함에 그치고 있는가에 대해서는 검토의 여지가 있다. 유대걸(劉大杰)·나근택(羅根澤) 양 선생(兩 先生)은 이 대목에서 그에 이르러 마침내 문학은 도덕의 상위에 놓여지게 되었다고 선언하였지만150) 이러한 평가가 좀 과분하다고 느껴지는 것은 갈홍에게는 아직도 다음과 같은 다소 의외의 발언이 남아있기 때문이다.

또한 근본이 모두 소중한 것은 아니고, 말단이 반드시 다 보잘 것 없지는 않다. 비유하면 수놓은 비단이 흰 바탕에서 말미암고, 구슬이 진주조개에 깃들이고, 구름과 비가 짧은 바람에서 생겨나고, 장강과 하수가 얕은 물에서 시작하였던 것과 같다. 그런즉 문장은 비록 덕행의 동생과 같은 것이긴 하지만 하찮은 일이라고는 말할 수 없다.

(且夫本不必皆珍, 末不必悉薄. 譬若錦繡之因素地, 珠玉之居蚌石, 雲雨生於膚寸, 江河始於咫尺. 爾則文章雖爲德行之弟, 未可呼爲餘事也.)151)

---

149) 老子, ≪道德經≫, 제1장, 14장.
150) 劉大杰, ≪魏晋思想論≫(臺北, 中華書局, 1977), p.146. 羅根澤, 前揭書, p.6.
151) <外篇>卷32, 尙博.

문맥대로라면 갈홍자신도 문장이 말예(末藝)라는 점을 근본적으로 부인하는 것은 아니다. 문장과 덕행은 10척과 1장의 관계와 같다던가, 문장이 덕행에 비해 더 정치한 존재라고 한 전언(前言)과의 상위를 생각할 때, 이제 우리가 검토해야 할 대상은 차라리 문학론 이전에 그의 논리여야 할 것이다.152) 그런데 커다란 논리를 위해 작은 논리를 포기하는 박람주의자의 일반적인 속성을 그도 지녔다고 생각되는 것은 ≪포박자≫도처에서 산견(散見)되는 다음과 같은 언급들로 해서이다.

대강의 이치는 완전한 데까지 미칠 수 없고, 일에 능하다 해도 모든 것을 다 잘 할 수는 없다.
(粗理不可浹全, 能事不可畢業.)153)

모든 것이 갖추어져 있는 것을 요구하여 자잘한 예의를 따지면, 세상을 교화하고, 백성을 구제하는 공훈(功勳)이 드러나지 않을 것이다.
(責具體而論細禮, 則匡世濟民之勳不著矣.)154)

자그마한 결점이 커다란 기량을 깎을 수 없고, 짧은 실수가 뛰어난 재주를 더럽힐 수 없다.

---

152) 大淵忍爾氏는 葛洪의 논리적 감각에 대해 크게 회의를 표명한 바 있다. 大淵忍爾, <抱朴子硏究序說>≪岡山大學法文學部學術紀要≫(日本, 1956), No.5, p.28, p.33과 <抱朴子における統一性の問題>≪東方宗敎≫(日本, 1953), No.3, p.92. 참조.
153) 外篇 卷 39, <廣譬>.
154) 外篇 卷 17, <備闕>.

(小疵不足以損大器, 短狹不足以累長才.)155)

　이러한 그의 주의에 충실하여 문맥을 검토할 때 우리가 그의 글에서 그야말로「대강의 이치」이상을 기대하는 것이 무리일런지도 모른다. 그렇다면 갈홍의 문장과 덕행에 관한「대강의 이치」란 과연 어떤 것일까? 대체로 묻는 사람이나 갈홍에게 있어서나 일단 덕행을 근본, 문장을 말예로 파악하고 있는 점에서는 동일하다. 다만 묻는 사람이 말예(末藝)인 문장을 여사(餘事)로 경시하고 있는데 반해 항변하는 갈홍은 말예 그 자체의 역할도 근본과 마찬가지로 존중되어야 할 것을 주장하고 있는 점이 다를 뿐이다.

　이러한 주장과 관련하여 상기되는 것은 ≪포박자≫<내·외편>사상의 구조를 본말관(本末觀)에 의해 분석한 촌상가실씨(村上嘉實氏)의 견해이다. 촌상(村上)씨는 갈홍이 <내편>의 도가와 <외편>의 유가를 본말일체관(本末一體觀)에 의해 통일하였다고 하였는데 이러한 <내·외편>간의 커다란 결합원리가 <내편>내에서 문장과 덕행을 동등시하는 경우에도 지켜지고 있음을 볼 수 있다.156)

　본말일체관에 의해 마침내 문장이 말예(末藝)로부터 덕행과 대등한 지위로 격상되었음은 갈홍의 다음과 같은 천명으로부터도 분명하다.

　덕행과 문학은 군자의 근본이다.

---

155) 外篇 卷 38, <博喩>.
156) 村上嘉實, <葛洪の世界觀>≪文化史學≫(日本, 1956), No.11, p.19.

(德行文學者, 君子之本也.)157)

갈홍은 또한 문학과 덕행 두 가지 근본의 기준에서, 아성(亞聖)이라고 칭송을 받던 동한말의 덕망가 곽태(郭泰)를 저술이 없다는 이유로, 천재문인 녜형(禰衡, A.D. 173~198)을 행실이 경박하다는 이유로 각기 혹평을 가하였는데158) 이야말로 그가 문장과 덕행을 완전히 대등하게 중시하고 있다는 또 하나의 증좌(證左)가 아닐 수 없다.

요울경씨(廖蔚卿氏)는 이 같은 논견을 당시의 문학현실에 비추어「경인적」(驚人的)이라고 평하였는데159) 실제로 그는 비록 문학을 크게 제고했음에도 불구하고 여전히 도덕의 하위적 존재로서 인식하였던 조비보다 향상된 견해를 지니고 있었고 이를 통해 우리는 마침내 문학이 모든 것 위에 군림하였던 남조의 유미주의적 인식에로의 연속선상에서 그의 위치를 가늠할 수 있다.

2) 창작론

풍부한 내용과 화려한 문체로서 그야말로 사의겸비(辭義兼備)한 ≪포박자≫를 찬술한 갈홍은 실제로 창작 수행에 대해 어떠한 논견을 제시하고 있는가?

근본적으로 글을 쓴다는 행위 자체의 중요성을 갈홍은 다음과 같은 점에서 인식하고 있다.

---

157) 內篇 卷 41, <循本>.
158) 外篇 卷 46, <正郭>篇과 卷 47, <彈禰>篇은 전적으로 양인을 비판하기 위해 마련되었다.
159) 廖蔚卿, ≪六朝文論≫(臺北, 聯經出版社, 1978), p.25.,

많은 돈을 궤짝에 쌓아 놓아도 아끼고 쓰지 않으면 그와 가난한 사람과의 차이를 알 수 없고, 빼어난 문채(文彩)를 마음속에 품고 있어도 붓과 종이에 뜻을 부치지 않으면 그와 어리석은 사람과의 다른 점을 알지 못한다.

(積萬金於篋匱, 雖儉乏而不用, 則未知其有異於貧寠. 懷逸藻於胸心, 不寄意於翰素, 則未知其有別於庸猥.)[160]

갈홍에 의하면, 인간은 반드시 자신을 外現할 줄 알아야 하고 이에의 결정적인 수단은 문필이다. 이러한 관점은 '문질빈빈'(文質彬彬)을 이상적인 경지로 추구했던 고대 사인(士人)들의 일반적인 심태(心態)에서 비롯된다. 하지만 일단 사작(寫作)에 들어갔을 때 그 표현된 양상은 한결같지 않다.

글의 스케일과 운치(韻致)의 넓고 좁음, 어휘 구사와 비유의 엉성하고 치밀함, 감동이 미치는 범위의 길고 짧음, 근거와 인용의 깊고 얕음 등의 현격함은 비록 하늘 바깥과 붓 대롱 속의 차이로도 그 아득함을 비교할 수 없다.

(若夫翰迹韻略之宏促, 屬辭比事之疏密, 源流至到之修短, 蘊藉汲引之深淺, 其懸絶也, 雖天外毫內, 不足以喩其遼邈.)[161]

실제 창작 상에 있어서 천태만상의 이 같은 현상의 원인을 갈홍은 어떻게 설명하고 있는가?

---

160) 外篇, 卷 38, <博喩>.
161) 外篇, 卷 32, <尙博>.

무릇 재질은 맑고 흐림의 차이가 있고 생각도 길고 짧음의 차이가 있어 비록 함께 글을 짓는다 하더라도 가지각색이다. 어떤 사람은 넓긴 하지만 깊이가 없고, 어떤 사람은 의미는 잘 파악하고 있지만 표현이 둔하고, (어떤 사람은) 이치에는 맞지 않지만 글만은 교묘하다. 대개 치우친 장점으로 한 군데에 이른 것이지 다 잘하는 재능은 아닌 것이다. 스스로를 헤아림에 어두워, 억지로 모든 것을 다 하고자 하여 자신의 재능을 벗어나 일을 바꾸어 하므로, 비웃음을 당하게 되는 것이다.

(夫才有淸濁, 思有修短, 雖竝屬文, 參差萬品. 或浩澣而不淵潭, 或得事情而辭鈍, 違物理而文工,蓋偏長之一致, 非兼通之才也. 闇於自料, 强欲兼之, 違才易務, 故不免嗤也.)162)

각자의 재능과 사고에는 한계가 있고 그 여하에 따라 문장도 천차만별이라는 갈홍의 견해는 위진(魏晉) 현학(玄學)의 중요한 논제 중의 하나였던 재성론(才性論)과 무관하지 않으며 보다 구체적으로는 조비의 문기설(文氣說)과 상관된다.≪전론≫＜논문＞에는 다음과 같은 언급이 있다.

글은 기(氣)를 위주로 하는데, 기의 맑고 흐림은 타고난 것이어서 억지로 이를 수는 없다. 음악에 비유한다면, 곡도(曲度)나 절주(節奏)가 비록 같을지라도 기(氣)를 끌어들임이 한결같지 않기에 능란함과 서투름에 차이가 있는 것이니 비록 부모일지라도 그것을 자식에게 전할 수 없다.

---

162) 外篇, 卷 40, ＜辭義＞.

(文以氣爲主, 氣之淸濁有體, 不可力强而致. 譬諸音樂, 曲度雖均, 節奏同檢, 至於引氣不齊, 巧拙有素, 雖在父兄, 不能以移子弟.)163)

재능의 여하가 천부적인 것이라고 하는 관념은 당연히 창작에 있어서 천재를 중시하게 된다. 갈홍은 비유적으로 이러한 관점을 피력한다.

가래나무가 산같이 쌓여 있어도 반수(班輸)같은 명공(名工)이 아니면 솜씨 좋은 가공을 할 수 없고 한없이 많은 책이 있어도 영재(英才)가 아니면 진수를 뽑아낼 수 없다.
(梓豫山積, 非班匠不能成機巧. 衆書無限, 非英才不能收膏腴.) 164)

재물이 넉넉하지 않으면 그 혜택도 넓지 않고 재주가 뛰어나지 않으면 그 문사(文辭)도 풍부하지 못하다.
(財不豊, 則其惠也不博. 才不遠, 則其辭也不瞻.)165)

그러나 갈홍은 좋은 글을 쓰기 위해 천재만으로 부족하다는 균형된 인식을 갖고 있었다. 여러 가지 다양한 표현 기교를 강구하지 않으면 안 된다는 취지에서 갈홍은 소박한 천연주의에 반대하고 있다.

---

163)《文選》, 卷 52.
164) 外篇, 卷 40, <辭義>.
165) 外篇, 卷 39, <廣譬>.

어떤 사람이 말하였다. '하늘과 땅이 둥글고 네모난 것은 그림쇠나 곱자가 한 일이 아니고, 해와 달과 별이 빛을 내는 것은 옥돌을 갈듯이 해서 그런 것도 아니다. 봄꽃이 찬란한 것은 물감들인 빛깔이 아니고, 香草의 그윽한 향내는 화장품에서 빌린 것이 아니다. (따라서) 지극히 참된 것은 천연적인 데서 그 가치를 찾아야한다는 것을 알 수 있다. ……' 포박자가 답하였다. '맑은 음은 바른 소리가 잘 조화됨으로 해서 귀하게 여겨지는 것이고, 저작은 미묘한 이치를 명확히 분석하는 것이 중요하다. 따라서 팔음(八音)은 악기는 달라도 음계는 같으며 수놓은 예복은 무늬의 모양은 달라도 오색(五色)은 균일하다. 다만 잘하고 못함과 아름답고 미움의 차이는 있을지언정. 이리하여 훌륭한 음악, 굉장한 요리는 그 곡조나 맛이 일정하지 않다.'

(或曰, 乾坤方丹, 非規矩之功. 三辰摛景, 非瑩磨之力. 春華粲煥, 非漸染之采. 苾蕙芬馥, 非容氣所假. 知夫至眞, 貴乎天然也. ……抱朴子曰, 淸音貴於雅韻克諧, 著作珍乎判微析理. 故八音形器異而鐘律同, 黼黻文物殊而五色均. 徒閑澁有主賓, 姸媸有步驟, 是則總章無常曲, 大庖無定味.) 166)

저작을 통해 미묘한 이치를 드러내기 위해서는 천편일률적인 서술을 지양하고 수사학상의 갖가지 방법을 구사해야 한다는 것이 갈홍의 주장이다. 이같이 방법적인 문제를 염두에 둘 때 문필가에게는 크게 두 가지 경향의 병폐가 있음이 인지된다.

---

166) 外篇, 卷 40, <辭義>.

글을 짓는 사람에게도 나름대로의 문제점이 있다. 심한 경우 비유가 번거롭고 말이 길어지는 문제인데, 거듭되는 훈계와 넓은 비유를 버리자니 아깝고 해서 자신도 모르게 번거롭게 되는 것이다. 가벼운 경우 아름답긴 하지만 논거가 없다는 문제가 있을 수 있다. 증거를 댈 수 없기 때문에, 겉만 번지르르 할 뿐 뼈대는 더욱 약해지는 것이다. (屬筆之家, 亦各有病. 其深者則患乎譬煩言冗. 申誡廣喩, 欲棄而惜, 不覺成煩也. 其淺者 則患乎姸而無據, 證援不給, 皮膚鮮澤而骨更逈弱也.)[167]

첫 번째의 경우는 너무 내용성을 강조했을 때의 병폐이고, 두 번째는 형식미에 치중했을 때의 병폐이다. 이중 두 번째 문제에 대한 의식은 "질허망"(疾虛妄)을 표방했던 왕충의 실증적 태도에서 기인한다 할 것이다. 곽소우는 좌사(左思)를 갈홍과 같은 장에서 다루면서, 두 사람 모두 왕충의 영향으로, 좌사는 부론(賦論)에서, 갈홍은 문론(文論)에서 동일한 취지의 주장을 하게된 것이라고 하였는데,[168] 실제로 갈홍은 외편 권 30, <균세>편에서 좌사의 <삼도부>를 ≪시경≫을 능가하는 작품으로 열거하고 있고, 일문중(佚文中)에는 좌사의 기량에 대해 경외감을 표시하고 있는 대목도 있어[169] 그의 이러한 문제의식이 직접적으로는 그보다 약간 선배였던, 좌사의 치밀한 부작(賦作)태도에서 유래하였을 가능성도 높다. 그러나 갈홍은 형식상의 문제를 내용상의 그것보다 가벼운 것

---

167) 위의 책.
168) 郭紹虞, ≪中國文學批評史≫(臺北 : 明倫出版社, 1970), pp. 44-46.
169) " 余嘗問嵇君道曰, 左太冲張茂先可謂通人乎? 君道答曰, 通人者, 聖人之次也, 其間無所復容. "(≪全晉文≫, 卷 117).

〔천자(淺者)〕로 보고 있어 당시의 유미주의 문풍(文風)을 어느 정도 긍정적으로 받아들이고 있음을 알 수 있다.

이밖에 갈홍은 이미 문학진화론에서 고찰된 바와 같이 언문일치의 쉬운 글을 쓸 것을 주장하기도 하고, 박람주의(博覽主義)의 입장에 서서 요설(饒舌)의 필요성을 강조하기도 한다.

글은 말과 같다. 만약 이를 말로 표시한다면 잘 알아들을 수 있도록 해야한다. 胡人과 越人이 만나면 끝내 말을 통하지 못하는데 이런 식으로 가르치면 어느 누가 그것을 알겠는가? 만약 말이 쉽게 깨달을 수 있는 것으로서 잘하는 것이라 한다면 글은 어찌하여 알기 어려운 것을 좋다고 하는가?

(書猶言也, 若入談語, 故爲知有(疑作音). 胡越之接, 終不相解. 以此敎戒人, 豈知之哉? 若言以易曉爲辨, 則書何故以難知爲好哉?)170)

말이 적으면 지극한 이치를 다할 수 없고 어휘가 부족하면 모든 일을 시원스레 설명할 수 없다. 반드시 몇 편과 몇 권의 글을 써야 요점이 드러나는 것이다. ……숱한 말이 합쳐져야 도예가 밝혀진다.

(言少則至理不備, 辭寡卽庶事不暢, 是以必須篇累卷積, 而綱領擧也. ……群言合而道藝辨.)171)

---

170) 外篇, 卷 30, <鈞世>.
171) 外篇, 卷 43, <喩蔽>.

이중 특히 언문일치론은 왕충의 대담한 견해를 계승한 것이긴 하지만 송대이후 백화문학의 흥기에 대해 선구적인 의미를 띠는 발언이라고 할 수 있다. 궁극적으로 갈홍에게 있어서 상술한 바 창작상의 갖가지 원칙을 유념한 결과로서의 바람직한 문장은 과연 어떠한 것일까?

화려하고 빛남은 해와 달과 별들과 나란히 높이 매여 있고 심오하고 미묘함은 검푸른 못의 헤아릴 수 없는 깊이 만큼이나 하다. 인간사에 대해 자세한 것까지 미치지 않음이 없고 왕도에 대해 세밀한 것까지 갖추지 않음이 없다. 따라서 능히 몸은 천하더라도 말은 귀하게 되어 천년 후에 더욱 (그 이름이) 드러날 수 있다.
(繁華暐曄, 則竝七曜以高麗. 沈微淪妙, 則儕玄淵之無測. 人事靡細而不浹, 王道無微而不備. 故能身賤而言貴, 千載彌影焉.)172)

화려한 수사기교를 발휘하여 인사와 왕도를 밀도 있게 다룬 문장, 이것은 그가 갈망하여 마지않는 사의겸비(辭意兼備)한 자서체(子書體)의 문장이 아닐 수 없다. 명백히 자서체 문장을 의식하면서 전개된 그의 창작론은 나근택・임려설・양영무 등이 지적하였듯이, 천재와 방법적 노력의 병중(並重)으로 귀납된다.173) 갈홍은 다음과 같이 비유를 통하여 이러한 취지를 천명한 바 있다.

---

172) 外篇, 卷 40, <辭義>.
173) 羅根澤, ≪魏晉六朝文學批評史≫(臺北 : 商務印書館, 1976), pp. 73-74. 林麗雪, ≪抱朴子內外篇思想析論≫(臺北 : 學生書局, 1980), p. 162. 梁榮茂,≪抱朴子硏究≫(臺北 : 牧童出版社, 1977), pp. 140-141 참조.

남위·청금같은 여인은 미색의 극치이지만 반드시 요란한 화장으로 아름다움을 더한 것이며 안회·자유·자하 등은 비록 천재가 탁월했지만 실인즉 고전에 의해 지혜를 넓힌 것이다.
(南威青琴, 姣冶之極, 而必俟盛飾以增麗. 回賜游夏, 雖天才雋朗, 而實須塡詁以廣智.)174)

화씨가 피눈물을 흘렸다는 보석도 옥을 가는 숫돌에 의해 광채를 낸 것이며, ……훌륭한 소질도 엄히 다잡아야 미덕을 이룬다.
(泣血之寶, 仰礲石諸以擒景, ……令質俟隱括而成德.)175)

창작상에서 천재와 방법, 양자를 고려하는 입장은 내편의 신선사상과도 밀접한 관련이 있다. 갈홍은 한대에 유행하였던 기화우주관에 입각하여 인간의 운명은 각자가 속해 있는 성숙(星宿)의 기운에 의해 결정된다고 믿었다.

《선경》을 상고컨대, 신선이 된 사람은 모두 명을 받을 때 신선의 氣에 우연히 해당되어 저절로 타고난 것이라고 한다. 따라서 뱃속부터 이미 도(道)를 믿는 본성을 지니고 있고, (도를) 알게 됨에 이르러서는 마음속으로 그 일을 좋아하게 되어, 반드시 훌륭한 스승을 만나서 법을 깨치게 되어 있다. 이와 같지 않은 경우, 믿지도 추구하지도 않거니와, 추구하여도 또한 (신선이) 될 수 없다. 《옥검경》<주명원>에서는 이렇게 말하고 있다. '사람의 길흉은, 수

---

174) 外篇, 卷 38, <博喩>.
175) 위의 책.

태(受胎)해서 기를 받는 날에 결정된다. 누구든 하늘로부터 뭇별의 정을 얻는 것인데, 그것이 성숙에 해당되면 현인이 되고, 문숙에 해당되면 문인이 되고, 무숙에 해당되면 무인이 된다. ……' 라고.

(按仙經以爲諸得仙者, 皆其受命偶值神仙之氣, 自然所稟. 故胞胎之中已含信道之性, 及其有識, 則心好其事, 必遭明師而得其法. 不然則不信不求, 求亦不得也. 玉鈐經主命原曰, 人之吉凶, 制在結胎受氣之日, 皆上得列宿之精, 其值聖宿則聖, 值賢宿則賢, 値文宿則文, 値武宿則武 ……)176)

　　기화우주관이 외편에 반영된 흔적은 역력하다. 인간을 39종의 선인과 45종의 악인으로 분류, 정의한 외편, 권 22, <행품>편과 기술한 바 '才有淸濁, 思有修短, 雖竝屬文, 參差萬品.'이라는 창작론상의 언급이 그것이다. 갈홍의 이러한 숙명론적인 견해는 왕충에게서 유래한 것으로 여겨지지만 그 철저성에 있어서는 차이가 있다. 갈홍은 신선의 자질이 천부적인 것임을 인정하면서도, 이러한 자질에 명사의 지도, 적덕, 복약, 각종 방술의 습득 등, 후천적인 노력이 가해지지 않으면 결코 득선(得仙)할 수 없다고 학득(學得)의 필요성을 강조하고 있다. 무엇보다도 그가 숙명론자가 아니라는 명백한 증거는 수행방법으로서 복기법(服氣法)에 대한 신뢰이다. 그는 성숙으로부터 부여받은 기를 결정적인 것으로 생각지 아니하고 이를 후천적으로 배양, 운용할 수 있다고 믿고 있기 때문이다. 따라서 우리는 선천적인 품기(稟氣)와 방법적인 노력을 결합함으로써 득선할 수 있다는 내편의 신선사상이 외편의 창작론을 형성

---

176) 內篇, 卷 12, <辨問>.

하는 데 원리적인 기여를 했을 것으로 생각할 수 있다.

나근택은 갈홍이 조비의 천재주의와 육기의 방법주의로 대표되는 위진 창작론의 두 가지 경향을 받아들여 양자의 편벽성을 지양, 종합하였다고 평가하였는데[177] 이러한 평언(評言)은, 자연스레 우리로 하여금 위진 이래 문학론의 집대성이었던 ≪문심조룡≫과 갈홍과의 상관성을 고려하게 한다.

실로 유협은 다음과 같이 말하고 있다.

대저 감정이 움직이면 말로 드러나고 이치가 생기면 글로 나타나는데 대체로 은밀함을 따라서 분명함에 이르고 안쪽으로 말미암아 바깥에 일치하는 것이다. 그러나 재능에는 뛰어남과 못함이 있고 기질에는 억셈과 부드러움이 있으며, 배움에는 깊고 얕음이 있고 버릇에는 점잖음과 속됨이 있는데 이 모두는 타고난 본성과 교육의 정도에 의해 결정되는 것이다. 이 때문에 문필의 세계는 구름과 파도처럼 변화무쌍하다.

(夫情動而言形, 理發而文見, 蓋沿隱以至顯, 因內而符外者也. 然才有庸儁, 氣有剛柔, 學有淺深, 習有雅鄭, 並情性所鑠, 陶染所凝, 是以筆區雲譎, 文苑波詭者矣.)[178]

유협이 말하는 바 '정성'과 '도염'은 각각 선천적인 재기와 후천적인 학습으로 해석될 수 있으므로[179] 갈홍과의 상관성은 어렵잖

---

177) 羅根澤, 앞의 책, p. 74.
178) 劉勰, ≪文心雕龍≫, 卷 6, <體性>.
179) "黃氏札記云, 才氣本之情性, 學習並歸陶染, 括而論之, 性習二者而已." (張立齋, ≪文心雕龍註訂≫, p. 287.)

게 입증될 수 있다.

4. 결론

이상으로 갈홍의 문학론을 ≪포박자≫외편에서 전개된 문덕병중론과 창작론을 중심으로 살펴보았다. 그의 문학론은 ≪포박자≫ 찬술이라는 스스로의 저작 동기 및 행위와 무관하지 않은데, 이에 따라 문화적으로는 도교와 문학, 문학내적으로는 한대의 규범화된 문학관과 위진대의 자율적 문학관과의 통합이라는 전망 하에 내편에서의 성선의 논리가 그대로 문학론에 투영되고 있음을 알 수 있다. 즉 문덕병중론·창작론 등 그의 문학론 전반은 내편과의 긴밀한 조응 하에 전개되고 있어 도교의 문학이론으로의 전화의 일단을 우리로 하여금 엿보게 한다. 아울러 비평사적으로 갈홍의 위치는 조비·육기와 유협 사이의 교량에 해당되는 바, 본고에서의 문덕병중론과 창작론에 대한 논의에서도 그가 이러한 승전계후의 입장에 처해 있음이 확인된다 할 것이다.

■ 참고서목

1. 葛洪. ≪抱朴子≫.
2. 王充. ≪論衡≫.
3. 劉勰. ≪文心雕龍≫.
4. ≪文選≫.
5. ≪全晋文≫.

6. ≪史記≫.

7. ≪晉書≫.

8. 郭紹虞. ≪中國文學批評史≫(臺北：明倫出版社, 1970)

9. 羅根澤. ≪魏晉六朝文學批評史≫(臺北：商務印書館, 1976)

10. 朱榮智. ≪兩漢文學理論之研究≫(臺北：聯經出版社, 1978)

11. 陳飛龍. ≪葛洪之文論及其生平≫(臺北：文史哲出版社, 1980)

12. 梁榮茂. ≪抱朴子研究≫(臺北：牧童出版社, 1977)

13. 林麗雪. ≪抱朴子內外篇思想析論≫(臺北：學生書局, 1980)

14. 林田愼之助. ≪中國中世文學評論史≫(東京：創文社, 1979)

15. 許世瑛. ＜晉時南北人相輕＞≪大陸雜誌≫(1950), No. 1-6.

16. 大淵忍爾. ＜抱朴子研究序說＞≪岡山大學法文學部紀要≫(1956). No. 5.

17. 石島快隆. ＜葛洪の儒家及ぴ道家思想の系列とその系譜的意義について＞≪駒澤大學研究紀要≫(1959). No.17.

18. 安岡正篤. ＜老壯思想に於ける藝術的及宗教的素質とその影響＞≪支那≫(1927). No. 18-1.

동양전통 정원문화와 신선사상

· 심우경 ·
沈愚京 - 고려대학교 생명환경과학대학 교수

1. 序言

　전통문화는 인류가 오랜 세월을 살아오는 동안 수많은 시행착오를 겪으면서 이룩한 삶의 결정체라고 할 수 있을 것이다. 그렇기 때문에 한 나라의 전통문화는 그 민족에게 가장 익숙하고 자연스러우며 편안한 문화가 된다. 이런 문화가 형성되는데는 자연환경, 종교, 시대조류, 국민성이 종합적으로 영향을 주어 이룩되기 때문에 더욱 소중한 인류의 자산이 되는 것이다. 그러나 근래 강대국들의 무분별한 공세로 인류의 문화가 획일화되어 가고 있음은 문화발전을 위하여 서글픈 현실이며, 21세기에는 문화다양성 시대를 되찾아야 한다는 목소리가 높아지고 있다.

　전통문화 가운데 정원문화도 인류 역사와 더불어 발전되어 왔고 그 역할도 간과할 수 없는 귀중한 유산이다. 정원문화는 시대와 장소의 독특한 기록이며, 문화의 부분적인 표현이 아니고 종합적인 표현인 것이다(Francis, 1991). 그렇기 때문에 각 나라마다 독특한 정원문화와 양식이 있다. 서구의 문명발상지는 인간이 생존하기에는 너무나 험난한 사막이었기 때문에 그들이 염원하는 이상향은 정원(garden) 어원에 잘 나타나는데, 즉 맹수들로부터 보호받으며(gan) 시원한 그늘과 물, 그리고 먹거리를 얻을 수 있는 즐거운 곳(oden)이었고, 담에 둘러싸인 안전한 곳이 극락세계(paradiso)이었다(Laurie, 1986; Thacker, 1985).

그러나 동양문명의 발상지는 아름답고 충족한 자연환경 가운데 태동되었고, 유·불·선의 영향으로 동양의 정원문화는 수신양성의 장으로서, 불로장생 할 수 있는 신선세계로서, 그리고 자비의 세계로서 발전되어 왔었다. 특히 도교의 신선사상은 동양전통정원문화에 지대한 영향을 주어 왔으나 이 방면의 연구가 전무하고, 문학이나 종교. 철학적인 면에서 다소 연구되고 있는 실정이다.

본 연구에서는 동서양의 이상향으로서의 정원문화를 문헌과 사례를 통하여 비교하여 보고, 신선사상에 관한 기초적인 고찰을 해보며, 한·중·일 정원문화에서 신선사상과 관련된 사례를 밝혀봄으로써 동양정원문화의 특성을 밝히고, 앞으로 조경설계에 이용될 수 있는 꿈을 담은 모티브를 얻고자 한다.

연구방법은 현지조사와 문헌을 통해 동서양 정원문화의 차이점을 규명해 보고, 신선사상에 관한 고찰은 선례연구의 문헌을 통해 정리해 보았으며, 동양전통정원에 나타나는 신선사상은 한·중·일 전통정원의 사례조사와 문헌을 통해 정리하였다.

2. 동서양 정원문화의 비교고찰

정원(garden)에 대한 명칭은 숲(grove), 극락(paradise), 공원(park),

조경(landscape), 야생지(wilderness), 과수원(orchard) 등 다양한데, 정원문화의 효시는 원시인들이 신성한 분위기가 감도는 거암이나 거목 근처에 보존되었거나 조성된 성림(sacred grove)으로 볼 수 있으며(Thacker, 1985), 경주의 신라의 개국신화와 관련된 계림(그림-1)이나 성황림, 당산림 등이 여기에 해당된다 하겠고, 동서양을 막론하고 원시시대에는 이러한 성림을 신성하게 대한 풍습이 있었으나 서양에서는 유일신을 믿는 체계적인 종교의 출현으로 성림 속에 정령이 숨어사는 것으로 믿고 우상숭배 타파 차원에서 무참히 파괴시켜 버려 오늘날 지구환경훼손의 주원인으로 간주할 수 있으며(White, 1967), 범신론적 사회인 동양에는 그 유적이 일부나마 보존되고 있는 실정이다(심우경, 1999).

그림1. 聖林인 慶州의 鷄林

서양 최초의 정원문화기록 가운데 고대 이집트 나일강 변 테베(Thebe)에서 볼 수 있는 신왕국 제18왕조의 제9대 아메노피스 3세(Amenhotep Ⅲ; 1412-1376 B. C.) 신하의 고분 벽화에 잘 나타나고 있는데, 이는 높은 담으로 둘러 쌓여있는 공간 속에 탑문을 통하여 들어가면 그늘이 되는 포도시렁을 지나 邸宅으로 들어가며, 左右에 대칭적인 4개의 양어지와 주변에 녹음수[sycamore]와 곡수[date

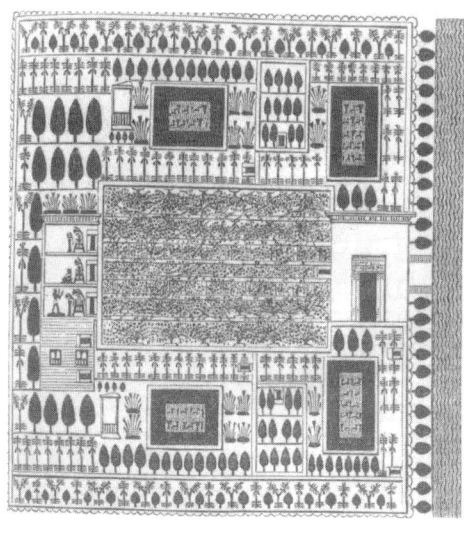

그림2. 西洋人의 理想鄕
(고대 이집트 무덤벽화)

palm]가 심어진, 즉 외부로부터 보호받고 시원한 그늘과 먹을 열매가 달린 그런 정원이 하나의 이상향이며 성서 속의 에덴의 동산으로 보았던 것이다(Newton, 1976; 그림-2).

이러한 이상향이 원형이 되어 이태리의 노단건축식(terrace-dominant architectural style)과 프랑스의 평면기하학식(geometrical plane style; 그림-3)이 서양정원의 대표적인 양식으로 발전되었으며, 반자연적인 직선처리의 정원문화가 등장하게 되었다. 이러한 인간 중심의 기하학적인 자연정복적

그림3. 프랑스 平面幾何學式 庭苑
(베르사이유宮)

사상의 발단은 구약성서의 창세기 설화의 영향으로 보고 있다(Tobey, 1973).

한편 동양에서는 자연환경이 쾌적하고 먹을거리가 풍족하여 생존에는 구애됨이 없는 환경 속에

253

서 문명이 발달되면서 이상향으로서 불로장생하는 신선이 되고, 인간다운 삶으로써 정신수양의 장을 염원하게 되었던 것이다. 이러한 사례를 역시 고분벽화에서 찾아 볼 수 있는데, 벽화는 인류가 지상에 나타나서 정신적 위안이나 신앙을 목적으로 그렸던 최장수 예술품이기 때문이다(이종상, 1993). 동양인의 가장 이상적인 삶을 표현한 고분 가운데 하나가 7세기에 그려진 고구려의 오괴분(五塊墳) 4호묘 고분벽화로 황제를 상징하는 황룡, 밑으로 비천하는 신선도, 악기를 연주하는 선인, 그 외 각종 신이 그려져 있어 신선세계를 염원하는 강력한 동경이 담겨져 있다(조선일보사, 1993; 그림-5). 이 외 무릉도원의 전설이나 중국 원림의 태호석 문화, 삼신산, 십장생을 비롯한 도교적 신선세계의 시현, 유교적 영향으로 군자를 상징하는 사군자 외 수심양성에 지표가 되는 동식물 및 상징적인 돌과 물의 사용과 더불어 불교의 불살생계율에 따른 생명존중사상이 기저를 이루고 발전된 동양정원문화는 서양정원에서 추구하는 바와 차이점이 많음을 찾아 볼 수 있다.

3. 신선사상의 기초적 고찰

장생불사는 부귀와 더불어 인생 최대의 욕망이거니와 인간이 신적인 존재가 되어 장생불사를 누리고, 초인간적 능력을 발휘할 수 있다는 발상이 신선사상인데(都珖淳, 1994a), 신선사상에 관한 최초의 기록은 사마천의「사기」진시황제 제6 및 봉선서 제6에 처음 등장하고 있다(都珖淳, 1994b).

그러나 한국 고대사상에 신선사상이 있었고, 이것이 중국에 들어간 후 우리나라에 역수입되었다는 주장은 초기의 국학자나 최근의 민족의식이 강한 연구자들이 제기한 견해도 있다. 그러나 이 견해는 어느 정도 가능성을 인정할 수 있으나 단정하기에는 근거제시가 불충분한 것이 문제이다. 한편 중국이나 일본학자들처럼 한국고대의 신선사상적 경향을 의식적으로 문제삼지 않고 중국에서 성립되어 전래되었다고 보는 것도 지나친 단순화라 볼 수 있다. 이밖에도 한국고대의 고유사상에는 신선사상적 요소가 있고 그것이 후에 중국에서 이론화된 신선사상의 영향을 받아 재정비되었다는 시각도 제시되고 있고, 신선사상적 요소가 많은 한국 고대사상을 고신도사상이라 부르고, 이후에 체계화된 신선사상과 구별하자는 견해도 설득력이 있다(金洛必, 2000)

우리나라 근세 최초의 도교연구서인 이능화(1986)의 「조선도교사」에서 '단군 삼대의 신화와 최근 도가의 삼청설은 다 우리 해동이 신선의 연원이라고 국내외 서적들이 한결같이 말하고 있다'고 강조하며, '단군은 동방 최초의 임금으로서 단을 모으고 하늘에 제사하였음으로(설단제천) 단군이라 하였으며, 그 군 자(字)는 동군, 제군, 및 진군 등의 선가의 용어이며, 또 운중군, 상군 등 신군의 이름과 같은 것이다. 이로 보아 단군이라 함은 선이라 할 수도 있고, 신이라 할 수도 있다' 라고 주장하였다. 차주환(車柱環, 1997)도 '북애자의「규원사화」단군기 청평거사 이명(李茗)의「진역유기」를 인용하면서 '태백산이 삼신산이라는 설이 전개되고 있다. 그 설에 의하면 고대 한국사람들은 그들의 영산인 태백산을 가리켜 삼신산이라 하였고, 환인 이하 삼신의 신풍성속이 중국땅에 까지 퍼져 중국인들이 그 신화를 사모하고 삼신을 숭앙하게 되었다는 것이다'라고 주장하며, '신선사상의 진원지가 중국이 아니라 우리 해동 땅이었다고 단정할 과학적인 근거는 내세울 수 없기는 하지만 그러한 관념을 가져볼 만한 가능성이 전무하지는 않은 것 같다'고 주장하고 있다.

도광순(都珖淳, 1994?)도 '단군신화가 신선사상으로 점철되어 있는 것으로 보나, 한민족을 주축으로 한 동이족의 원시종교가 샤머니즘이고 샤머니즘이 일전하여 신선사상이 된 사실을 감안할 때 신선사상이 한반도를 중심으로 한 지역에서 발생했다는 말은 결코 허황된 주장이 아닐 것이다. 그러므로 중국대륙에서 신선설이 처음 등장한 곳이 한반도에 인접한 연과 재의 지역이었다는 사실은 우연의 일이 아니며, 또 신선이 있고 불사약이 있다는 삼신산은 이들 지역과 멀지 않은 '발해'에 있다느니 '해중'에 있다느니 하여, 한반도에 삼신산이 있는 듯이 일컬어져 온 사실이나, 진시황이 구선을 위해서 파견한 서시(徐市)와 한종(韓終) 가운데 적어도 한종은 한반도에서 왔다고 추정되는 여러 가지 근거가 발견되고 있는 사실 등은 모두가 흥미롭고 당연한 일로 느껴진다. 우리 대한은 옛날부터 신선의 나라로 자칭해 왔다. 산수경개가 지극히 수려명미한 우리나라에는 도처에 신산, 선도가 허다하며, 그러한 곳마다 신선설화가 유전해 오고 있으며, 수천년 전의 선적이 아직도 적지 않게 남아 있다. 중국의 신선설은, 실은 한반도에서 발상한 한국의 신선사상이 전파된 것이고 후세에 그것이 한국에 역수입된 것이라 함이 옳을 것이다. 중국에 신선설이 등장된 것은 기원전 3세기경이었다. 진시황은 신선사상의 맹신자였고, 한무제도 또한 그러했다. 기원전 3, 4세기경에 등장한 노장사상과 신선사상은 전혀 별개의 것이었다. 무위자연을 근본으로 하는 노장사상이 장생불사를 위하여 복약이나 조식, 도인 등의 인위적인 방법을 택할리 만무하며, 더욱이 그 만물재동의 사상이 사(死)를 싫어하고 생(生)을 고집하여 불로장생을 희구함은 언어도단이라 하겠다'라고 주장하고 있다.

안호상(安浩相, 1994)도 '일반이 동아문화의 근원이 한인, 또는 중원에 있다고 생각하지만, 그것은 너무나 잘못된 생각이다. 나라 안팎의 여러 책들을 보면 동아문화의 창조자는 한인이 아니라 우리 동이족의 후손들이며, 또 이 동이족의 본 고장은 삼신산인 한밝산[태백산, 백두산]의 둘레 땅인 한반도와 남북 만주이다. 그리고 글자 만드는 방법 책인「육서」와 또 다른 책들이 맨 처음 한밝산에 있었고, 동아의 모든 도와 교와 학의 뿌리는 우리 배달나라[단국]의 현묘한 도인 밝달길[단국도, 풍류도]에 있는 것이다'라고 밝히고 있어, 신선사상이 한국 고유사상이라고 단정은 짓지 못하지만 규명의 여운을 남기고 있으며, 지속적인 연구가 요구되는 분야라 할 수 있겠다.

신선사상이란 인간이, 인간 스스로 개발한 신선방술에 의해서 불사의 생명을 향유하는 동시에 신과 같은 전능의 권능을 보유하여 절대적 자유의 경지에 우유(優游)하는 존재가 될 수 있다고 믿는 사상이다. 그것은 곧 '인간의 신화'를 생각하는 사상이요, '인간세계의 낙원화'를 지향하는 사상이다. '인간의 신화'란 인간의 불사와 초인간적인 능력의 실현 또는 인간의 절대적인 자유화를 의미한다. '선'은 '신선'이라 하여 '선'에다 '신'을 관함은 '선'의 이러한 신적 특성을 나타내기 위함이고, '선'을 처음에는 '선'이라 표기한 것은 그것이 곧 '선'이 가지는 신적, 초인적 특성으로서의 '비양승천'의

의를 나타내기 위함이었고, 그 '선'이 나중에 '선'으로 바뀌게 되는 것은 신선의 비상비하의 근거지 또는 그것의 지상에서의 주처가 곧 고봉준령의 산악이라고 믿는데서 빚어진 것이다. 그러나 선인(仙人), 선인(僊人), 신선 같은 의미로 사용되었는데, 그것은 곧 장생불사와 비상비하를 자유로이 할 수 있을 뿐만 아니라 스스로 변화자재하고 수화한서 등의 자연조건에 대해서도 완전히 초월적, 자유적인 존재로 인식되었던 것이다(都珖淳, 1994; 그림-4).

그림4. 神仙의 飛行을 그린 神仙圖(10世紀)

또한 신선사상은 실제적, 육체적으로 죽음을 초월하고자 소망하는 의식형태 및 그 달성에 수반되는 다양한 방법적 기술적 체계를 총칭하는 것으로 정의되기도 한다.(鄭在書, 1994)

신선은 신인과 선인의 줄인 말로 해석된다. 신선이라는 말속에는, 신은 없어지지 않고 영원히 죽지 않는다는 관념과, 선인은 하늘을 날아다니고 높은 산에 산다는 두 가지 관념이 내포되어 있다. 요컨대 불사와 하늘 위를 나는 능력이 바로 신선이 지니고 있던 커다란 특징이었다. 특히 이 가운데 사람들의 신앙은 불사의 관념에 집중되었다. 그런데 신선은 선천적인 존재이지 후천적인 존재는 아니다. 따라서 불사에 이르기 위해서는 신선이 갖고 있다는 불사의 신약을 얻어야 했다. 바로 신선술은 불사에 대한 바람, 바꾸어 말하면 현세가 영속되기를 바라는 마음과 죽음에 대한 불안, 그리고 이를 뒷받침 해주는 신약에 대한 신앙을 그 기반으로 하고 있다(山田利明, 1990). 또한 한문 예문지에는 '신선이란 성명을 보전하기 위해서 세상 밖에 노는 이(神仙者 所以保性命, 而遊求于其外者也)'라 하였고, 갈홍의 「포박자」에서는 '신선이 되기 위해서는 정적무위로 제 몸을 잊어야 하며, 봄 이슬처럼 부드러워 생물을 죽이지 말아야 하며, 비리고 냄새 나는 것을 먹지 말고 음식을 끊어 창자를 깨끗하게 하여야 하며, 천하를 모두 사랑하여 타인을 제 몸 같이 보아야 한다'라고 하였다(李鎭洙,2000).

또한 장자의 소요유 편에는 '묘고산에 신인이 살고 있는데 살결은 눈처럼 희고 부드럽기는 처녀 같으며, 오곡을 먹지 않고 이슬을 마시며 구름을 타고 용을 몰아서 사해의 바깥을 노닐고 있다'고 표현되었으며, 포박자의 신선편에는 '부귀를 불행이라 보고 영화를 더러운 것으로 보며 귀한 보물을 하찮게 보고 명성을 아침 이슬과 같이 본다. 뜨거운 바람에도 태연하고, 파도도 건넌다. 바람을 부르고 구름을 타고 하늘을 오르거나 곤륜산에 노닌다. 인간계에 있을 때는 평범한 사람과 같은 복장을 하고 같이 행동하므로 아무도 눈치채지 못한다. 평범한 사람은 100m 앞도 제대로 예측하지 못하는데 신선은 보이지 않는 세계까지 보고 들리지 않는 세계까지 듣는다.(金盛良夫, 1993)

초기의 신선사상을 집대성해서 도교교학을 처음 체계화한 갈홍(283-343)의 「포박자」가 완성된 것은 동진의 건무 원년(317)의 일이다. 「포박자」내편은 신선이 실재함을 역설하고 신선이 되기 위한 선약 제조법과 복용법 및 기타 장생을 가능하게 하는 보조적인 선술을 20권에 걸쳐 상술한 것이다. 신선의 도를 얻는데 있어서는 반드시 산중에서만 얻을 수 있다고 한정되어 있지 않다. 만일 산중에 있어서만 신선의 도가 성취된다고 한다면 인간사회로부터 격리된 도피적인 것이 되고 마는 것이다. 중국의 신선의 도는 오히려 전쟁터에서 혹은 대도시의 한 가운데서 성취된다고 한다. 최상급의 사(士)는 전진 속에서 얻고, 중류의 사(士)는 도시에서 얻으며, 그리고 하류의 사(士)는 산림 속에서 얻는다고 한다. 신선의 도를 얻은 사람들은 상·중·하의 세 가지 계급으로 나누고 있다. 그래서 최고의 인간은 하늘, 곧 천상으로 올라가서 천상의 신, 하늘의 신선[천선]이 되고, 중류의 인간은 곤륜산에 들어가 살면서 인간의 신, 곧 지상의 신선[지선]이 되는 것이며, 최하의 사람은 이 세상에 머물러 살면서 장수하는 것[인선]이라고 설명하고 있다.

그러나 옛날의 신선으로서 유명한 팽조(彭祖)라는 사람은 천상의 신보다 지상의 신이 좋다고 생각했던 이유는 천상의 세계에는 대신선이 많이 살고 있기 때문에 신참자(新參者)의 선인들은 그 위치가 낮고, 수많은 선배들에게 봉사해야 되기 때문이라고 한다. 또한 갈홍은 신선이 되고자 하는 사람은 반드시 갖추어야 할 덕목으로 '신선이 되고자 하는 사람은 마땅히 덕과 공을 세우고, 충효화순인신(忠孝和順仁信)을 근본으로 삼아야 하며, 장생을 원하는 사람은 반드시 선을 쌓고 공을 세워야 한다'고 하여 권선을 우선적인 덕목으로 제시하고 있다.(갈홍, 1991)

그 외 신선이 되는 방법으로 「여씨춘추전」(呂氏春秋傳) 선기편에는 진인이 되는 방법 즉 득도술에는 '무릇 일의 근본은 반드시 먼저 몸을 다스리고 그 커다란 보물을 아끼는 것이다. 그 새로운 것을 사용하고 오래된 것을 버리면 마침내 피부가 고와진다. 정기가 날로 새로워지고 사기가 다 없어지면 수명이 천년에 이른다. 이를 일러 진인이라 한다'하였으며, 장각의 「태평경」(太平經)에 보면 '선도는 선행으로부터 시작된다'하였고, 장노의 「노자상이주」(老子想爾註)에서는 신선이 되는 방법은 무욕청정을 기본으로 삼고 다음에 도계에 의하여 태평경의 말씀을 실천하는 것으로 설하고 있으며, 「옥검경」(玉鈐經) 중편에는 '지선은 300가지 선행을 하고 천선은 1,200가지 선행을 쌓아야 한다. 만일 이 선행의 공이 1,199까지 찼더라도 마지막 하나가 차지 아니하면 설사 선약을 복용하여도 이익이 될 것이 없다'하며 도인술, 조기법, 방중술, 선식과 선약 등을 제시하고 있으며(金盛良夫, 1993), 신탁에 바탕하여 12세기 전반에 처음 만들어진 '공과격(太微仙君純陽呂祖師功過格)'을 들 수 있겠다.(窪德忠, 1993)

신선들이 사는 곳으로는 산과 바다와 하늘로 보는데, 도교가 성립되기 전 신선들이 살던 곳으로 전해지는 곳은 발해만에서 동쪽으로 몇 억만 킬로미터 가면 귀허라는 곳이 나오고, 이곳은 너무나 광대해 도저히 가늠할 수 없는 깊은 골짜기가 있으며, 지상을 흐르는 강은 물론, 강을 흐르는 모든 물이 이 골짜기로 흘러든다고 한다. 끝없는 골짜기의 가운데에는 다섯 개의 높은 산이 우뚝 솟아 있다. 그 이름이 봉래(蓬萊), 방장(方丈), 영주(瀛洲), 대여(岱輿), 원교(員嶠)로 이른바 오신산(五神山)이라고 부른다.(列子 湯問篇 第5) 바로 이곳이 신선들이 사는 곳이다. 이 산에 신선들이 사는 곳은 정상이다. 그곳에는 황금과 대리석으로 지은 호화로운 궁전이 있으며, 그 주변에는 보석으로 만들어진 수목이 무성하게 자라고 있는데, 과실은 인간계의 그것과 비교할 수 없을 만큼 달며, 먹으면 늙지도 죽지도 않는다고 한다. 궁전에는 신선과 장래에 신선이 되기 위해 수행중인 신선 후보들도 살고 있다. 그들은 비행술을 터득해서 하루에도 몇 차례씩이나 산과 산 사이를 오간다 한다. 이런 산들은 대단히 커서 산기슭의 둘레가 무려 1천5백 km에 이르며 산과 산 사이의 거리도 3천5백km나 떨어져 있다고 한다. 그런데 이런 산들은 그 깊이를 알 수 없는 물위에 떠있기 때문에 조수나 파도의 영향을 받으면 둥둥 떠다니거나 가라앉기도 했다. 그래서 걱정이 된 한 신선이 이런 사실을 천제에게 알렸다. 천제는 바다 속에 살고 있는 거대한 자라 15마리에게 명령을 내렸다. '너희들은 6만년씩, 다섯 마리가 교대로 머리를 들어 올려서 산을 떠받치도록 하여라'. 그 후 이 다섯 산은 자라 덕분에 움직이지 않게 되었다. 하지만 그 후 용왕나라에 살고 있던 거인이 대여와 원교를 떠받치고 있던 자라를 잡아 자기 나라로 데리고 갔다. 그 때문에 다섯 산 중에서 두산은 흘러 바다 속에 가라앉고 말았다. 그래서 현재는 삼신산만 남아있다는 것이다.(眞野隆也, 2001)

그런데「사기」봉선서에는 '발해 가운데 삼신산이 있고 거기에는 불사약이 있다'고 하였으며,「장자」소요유편에는 '묘고사지산에 신인(神人)이 있다'고 했고,「열자」황제 편에는 '열고사산은 해하주 속에 있으니, 산 위에 신인이 있다'라 했으니, 신인을 산과 관련시켜놓고 있음을 볼 수 있다.(도광순, 1994a)

여기서 신선이 산다고 하는 삼신산의 위치가 문제가 되는데 삼신산에 관한 최초의 기록은「사기」권28 봉선서 제6에 나타난 '재의 위왕, 연의 소왕 때부터 사람을 시켜 바다에 들어가서 봉래, 방장, 영주를 찾게 했다. 이 삼신산은 전하는 바에 의하면 발해 속에 있는데 인간을 떠나기 그리 멀지 아니하다. 일찍이 거기까지 간 사람도 있는데, 여러 선인 및 불사약이 모두 거기 있으며, 거기에 있는 만물과 금수는 모두 백(白)이다. 황금과 은으로 궁궐을 지어 놓고 있다'라고 한다.

  그런데 여기서 문제되는 것은 이 삼신산을 왜 하필이면, '발해'에 있다고 한 것인지에 있다. 중국으로 말하면 예로부터 태산을 위시해서 화산, 형산, 항산, 숭산 등 5악의 명산이 있고 또 유명한 곤륜산도 있는데, 자국의 이러한 명산을 지목하지 않고, 발해 중에 있다고 한 것은 반드시 어떤 의미가 있을 것이다. 그렇다면 '삼신산이 발해에 있으며, 인간을 떠나기 그리 멀지 아니 하다'라는 말을 검토해 보면, 발해는 재와 연에서 그리 멀지 않고 도(島)에 있는 것이라면 한반도를 생각하지 않을 수 없을 것이다. 기원전 3세기경에 쓰여진 중국 최고의 지리서인 「산해경」 제18 해내경에 '동해의 안쪽 북해의 구석 쪽에 나라가 있으니, 이름을 조선이라 한다'는 기록과 안정복의 「동사강목」에서도 '우리나라는 지형이 3면이 바다로 에워싸여 있어서, 그 모양이 섬과 같다. 그러므로 한서에서는 조선은 해중에 있으니, 마치 월(越)의 형상과 같다' 한 점과 중국에서 조선을 섬으로 오인한 나머지 '해중', '해국', '해전', '해표', '요해', '창해'라고 한 일이나, 「통전」동이전 권 185 변방 서약에도 '삼한의 땅은 바다의 섬에 있다(其三韓之地 在海島之上)'라고 한 점등을 보아 '해중'에 있다는 표현은 곧 '조선'에 있다는 의미로도 해석됨을 알 수 있다 하겠다.

  삼신산의 구체적인 내용을 알아보기 위해서 「사기」 권6 진시황본기 제6의 '재인 서시 등이 글을 올려서 말했다. 해중에 삼신산이 있으니, 그 이름은 봉래, 방장, 영주인데, 선인이 살고 있다. 재계하여 동남동녀(童男童女)와 더불어 이를 구하고자 한다'는 기록이 있으며(도광순, 1994), 이능화(李能和, 1996)는 그의 「한국도교사」에서 말하기를 '燕. 齋. 秦의 방술지사(方術之士)는 모두 해동에 신산과 선도가 있다'고 하였는데, 그것은 상고 때부터 그렇게 전해 온 것이라고 했으며, 「산해경」 제5 대황남경에는 '불사지국'이라는 말이 보이며, 제18 해내경에서는 조선인을 지칭하여 '하늘이 그 사람을 기른다(天毒其人)'라 했고, 「후한서」 권85 동이전에는 동이를 '군자불사지국'이라 한 것으로 보아 삼신산은 조선에 있다는 주장이다. 이 문제는 쉽게 단정할 사항이 아니고 좀더 검토해야 할 필요가 있다 하겠다.

또한 한국에 중국의 도교가 처음 전래된 것은 「삼국사기」에 의하면 고구려 영류왕 7년(624)의 일이지만 이보다 2～3세기 앞서 축조된 고분벽화에 농후한 신선사상이 이미 표현되고 있는 것으로 보아 실제로 도교는 공식적인 기록보다 훨씬 이전에 한국에 전래되었거나 자생했을 가능성을 배제할 수 없다.(鄭在書,2000)

고분벽화란 장의예술의 하나이고, 장례의식이란 산 자와 죽은 자가 헤어지는 과정이며, 산 자와 죽은 자의 세계 사이의 경계에서 이루어지는 단절과 유대의 표현이다. 장의예술을 구성하는 가장 중요한 부분의 하나가 장의미술인데, 장의미술은 장의과정에서 요구되는 각종 장식행위를 통해 실현되는데, 고분벽화는 이 장의미술의 한 분야인 것이다. 장의미술의 주제는 일반적으로 죽은 자의 생전의 삶과 사후의 삶이다. 그러나 생전의 삶을 주제로 하는 경우에도 삶 자체를 그대로 표현하지 않으며, 이는 사후의 삶에 대해서도 마찬가지이다. 두 삶을 표현할 경우, 그 전제는 아쉬움과 바람 때문이다. 장의미술에서는 생전의 가장 기억할 만한 삶, 실현되기를 기원하던 삶, 죽은 자의 세계에서 재현되기 바라는 삶, 새로운 세계에서 성취되거나 실현되기를 바라는 삶의 모습이 가장 주요한 주제로 등장하기 마련이다.

특히 고구려 고분벽화를 살펴보면 고구려인 재래의 내세관이 구체적으로 어떠한 것인지를 전하는 문헌기록은 매우 빈약하며 단편적이다. 그러나 이들의 재래 내세관의 기반이 현세와 내세를 본질적으로 동일한 세계로 보는 계세사상(繼世思想)과 후장풍속(厚葬風俗)이다. 고구려인들은 재력이 닿는 한 최선을 다해서 죽은 자의 무덤을 꾸몄음을 의미한다. 이처럼 고구려인이 후장을 좋아하고 무덤 터 선정에 관심을 기울이며 무덤 축조에 정성을 쏟은 것은 이들이 영혼불멸을 믿었기 때문이다. 즉 인간의 영혼은 육체의 죽음에 관계없이 계속 살아서 활동하며, 내세란 죽은 자의 영혼이 사는 세계란 점이 현세와 다를 뿐 사회구조 및 위계질서, 생활방식은 현세와 사실상 동일하다고 믿었다.(전호태, 2001)

고구려 고분벽화에 관해서는 그동안 고분축조발달사 내지 미술사적인 관점에서 연구가 이루어져 왔다. 김원룡과 김기웅 그리고 이은창의 연구에서 벽화 속에 신선이 있는 것으로 언급된 것은 ; 매산리 사신총. 천왕지신총. 무용총. 통구 사신총. 강서대묘. 통구 4호분. 복사리고분. 감신총. 통구 5호분. 안악 1호분. 덕흥리 고분. 수산리 고분. 이들 벽화고분의 추정년대를 보면 신선도는 5세기 초반부터 그려졌던 것을 알 수 있다.

선인과 함께 또 하나 들어야 될 것은 봉황으로, 용과 마찬가지로 중국의 한대묘에서 장식화로 나오는 봉황은 천제의 사자로 천계의 길목이요 선향인 곤륜산을 오르내리는 신조로 되어 있는데 봉황의 특징은 사당의 열매를 부리에 물고 있는 바 연화총, 쌍영총, 안악 1호분, 수산리고분, 강서대묘, 약수리고분, 천왕지신총 등이 그것이다.

그림5. 神仙世界를 그려놓은 古墳壁畵

이밖에 도가 내지 선도를 포함한 도교적인 그림으로 괴수로 인두수신[안악 1호분], 문요어[안악 1호분. 덕흥리고분], 인면수신[덕흥리고분. 무용총], 수두봉신[안악1호분천왕지신총], 하늘을 나는 선인들로는 천왕지신총의 신선은 '용과 봉황이 합친 것 같은' 괴수를 타고 날고 있고, 통구사신총의 10명에 이르는 신선들은 용, 학, 범 등을 타고, 통구 사호분에서는 용, 봉황, 학을, 통구 오호분에서는 용과 기인을 타고 창공을 날고 있다(그림-5). 고구려 고분벽화에

266

서 용, 봉황, 백호 또는 학을 타고 창공을 날고 있는 신선들은 바로 「산해경」이나 「열자」「장자」「회남자」 또는 「포박자」에 나타나고 있는 신선이나 지인 그리고 득도자의 모습일 것이다(정경희, 1990).

백제에 있어서 신선사상의 자취는 우선 와당과 향로 등을 통해서 사실적으로 확인할 수 있다. 각종 문전 가운데서 이른바 '산경문전'에는 품자형의 세 봉우리가 중첩하고 신선상 같은 인물이 그려져 삼신산과 도관 및 도사를 표현한 것으로, 신선사상 내지 도교의 영향을 받은 것으로 보인다. '산수봉황문전'은 물론 '봉황문전', '반룡문전' 등도 같은 흐름이다. 특히 부여 능산리에서 발굴(1993)된 '금동용봉봉래산향로'는 삼신산 등을 중첩하여 표현한 박산향로의 형식을 취하고 있는데, '박산향로는 당시의 산악숭배, 무속, 불로장생의 방생술과 양생술, 무위사상, 음양사상 등을 쫓는 신선사상이 조형적 배경'이 되었다고 한다.

신라에 있어서는 우선 시조인 박혁거세를 선인으로 그리고 있어 신라사회는 일찍부터 신선사상이 널리 유행했던 것으로 보인다. 특히 신라인 김가기는 유일하게 중국의 신선전의 하나인 「속신전」에 입전된 도사이다.(김낙필 외, 2001)

4. 동양정원문화에 나타난 신선사상

동양정원에 등장한 최초의 신선사상은 방사 서복에 명(命)하여 불사의 신약을 봉래에 가서 구해오도록 한 진시황(기원전 259-210)이 즉위 31년에 위수의 물을 끌어다가 동서200리, 남북 20리의 난지궁에 장지를 만들고 그 못 안에 못을 판 흙으로 봉래산을 조성했으며, 못 가에 큰 바위를 새겨 만든 길이가 200丈에 이르는 경어의 상(像)을 배치한데부터 시작되었다 볼 수 있을 것이다.(강대로, 소화18; Tsu, 1988)

이어 한무제는 방사가 말하는 불로장생약을 구하기 위하여 재정을 고갈시켰으며, 상림원을 비롯하여 태액지원, 어숙원, 사현원, 박망원, 낙유원 등 많은 원림을 꾸몄다고 전해지고 있으며, 이 가운데 상림원은 진의 구원을 복원한 것으로 건원 3년(기원전 138)에 장안의 서쪽 10여 km 거리에 있는 위수 남쪽에 조영된 것으로 둘레가 약 300여 리에 이르렀고, 임원 안에는 이궁이 70여 채에 이르렀고, 각지에서 헌납해 온 화목 3,000여 종이 심어졌고, 갖가지 짐승이 방사되어 춘추에는 황제의 수렵장이 되기도 했으며, 기원전 119년(원수 4년)에는 상림원 내 주위 20여 km에 이르는 곤명호를 비롯하여 곤영지, 서파지 등 6대호를 팠고, 남쪽 지방에 있는 서호의 수려한 풍경을 본떴다고 하는 곤명호의 동·서 호안에는 견우와 직녀를 상징하는 돌 조각상을 배치하여 은하를 연상케 하였고, 길이 7m에 이르는 고래의 돌 조각상도 호수에 만들어 놓았다.

서경(장안)의 미앙궁 서쪽에 무제 때 지은 건장궁이 있으며, 궁과 궁 사이는 각도에 의해 교통되고 있었다. 이 건장궁의 북쪽과 남쪽에는 각각 타원상의 곡지가 있는데, 북쪽 것을 태액지, 남쪽 것을 당중지라 하였다. 한서의 「교사지」에는 북쪽에 있는 대지를 태액지라 하는데 여기에는 높이 20여 장(45m)에 이르는 대가 있다고 적고 있으며, 「사기」의 무제기에는 태액지 중 봉래, 방장, 영주, 호양의 4개 선도가 있고 해중 신선으로 통하는 구어의 상이 배치되어 있다고 기술하고 있다. 또 무제가 기원전 115년(원정2년)에 장안성

안의 북궐구에 만들어 놓은 백량대에는 천로(天露)를 받는 승로반을 설치했으며, 합서성 순화현의 서북쪽에 있는 감천산의 감천궁 감천원에 천신에 제사를 지내는 통천대를 세웠는데 높이가 100여 장(약 240m)이나 되어 비나 구름이 그 아래 있었다고 하며, 대 위에는 천로를 받는 옥배 즉 승로반을 들고 있는 선인상이 있었고, 기원전 104년(태초원년)에 건장궁 안에 세워진 신명대에는 승로반을 들고 있는 동으로 만든 선인상이 있었다고 한다. 이러한 기록으로 보아 선인(仙人)이 산다는 섬과 신선으로 상징되는 짐승이나 경어가 배치되어 있는 신선사상 배경의 지원이 있었다는 사실에는 일치하고 있다.(정동오, 1990)

북위의 양현지가 쓴 「낙양가람기(547)」에는 위의 문제 때 왕도 낙양에 조영했던 화림원 모습이 잘 나타나고 있는데 천연지에 만든 구화대 위에는 청량전이 있었고, 지중의 봉래산에는 선인관과 조대전 그리고 홍예각이 세워졌다. 경양산 서쪽의 항아봉 위에는 노한관을 만들고 비각으로 서로 통하게 되어 있다. 항아봉의 '항아'는 불사약을 마시고 달의 요정이 되었다는 선인을 뜻한다. 봉래산, 선인관, 항아봉 등의 명칭이 잇는 것으로 보면 화림원은 불로장생을 희구하는 신선사상을 배경으로 하고 있음을 알 수 있다.(정동오, 1990)

대운하를 완성한 수양제(605-16)는 호탕한 성격으로 대규모 공사를 즐겨 벌였는데 둘레 40리가 되는 북해를 조성하고, 해중에는 봉래, 방장, 영주의 삼선도가 있었고 그 위에는 대사와 회랑이 있었으며, 수심은 몇 길에 이르렀다 한다(와덕충, 2000).

당시대(618-907) 금원이었던 대명궁원은 장안성의 북쪽에 위치하며 궁성의 북동쪽에 인접해 있었는데 태종 초(630)에 태상황을 위해 조성되었는데 봉래지, 봉래전, 망선대가 있어 신선사상의 영향을 찾아볼 수 있으며, 이덕유(787-849)의 평천산장에는 괴석을 쌓아 무산십이봉을 상징하여 신선세계를 염원하였음을 찾아 볼 수 있다.(그림-6)

그림6. 神仙世界를 꾸민 昆明湖

고구려 영류왕 7년(624)에 당으로부터 신선사상과 도교가 전래되어 정원문화에도 신선사상이 나타나기 시작하는데 평안남도 중화군에 있는 동명왕릉 서쪽 400m되는 거리의 낮은 지대에 진주지가 만들어졌는데 동서가 약 100m, 남북이 약 70m에 이르렀는데 못 안에 네 개의 섬이 있었다. 한무제 때 축조(기원전 104년)된 태액지에 삼신산에 호량섬이 더해 네 개의 섬이 있었는데, 평양은 한무제가 침공하여 낙랑군(기원전 108년-기원후 313년)을 세웠던 곳이기 때문에 한나라의 영향을 받았는지 혹은 <동명왕편>의 동명왕은 백학을 타고 음악이 울려 퍼지는 속에 비승비강하는 신선 그것으로 그려져 있어(도광순, 1994a) 독자적인 신선사상의 영향이 아니었는가 의심해 볼 여지가 있다 하겠다.

평안남도의 평양지방에 발달해 있는 대동강 상류의 대성산성 남쪽에 안학궁이 지어 졌는데, 정면 11간(49m) 측면 4간(16.6m)의 크기를 갖는 남궁 서쪽에 곁들여 있는 정원은 못과 축산으로 이루어져 있는데 못 안에 네 개의 섬이 만들어져 있어 한무제가 조영한 상림원처럼 신선사상을 배경으로 하는 자연풍경묘사의 정원양식이었던 것 같다(정동오, 1988).

「삼국사기」백제 무왕 35년(634년)조에 '春三月 穿池於宮南 引水二十餘里 四岸植以楊柳 水中築島嶼 擬方丈仙山'이라는 우리나라 최초의 신선사상을 배경으로 한 지원이 등장한다. 현재 부여읍 남쪽 왕포리에 있는 마래방죽을 궁남지로 보고 있지만, 원형을 찾지 못하고 있는 실정이다.

신라의 풍류도는 신선도였으며, 그 교단의 대표인물이었던 영랑·남랑·술랑·안상 등은 선거한 것으로 믿어오고 있으며, 「고려사」권18 세가18에서는 '옛 신라에서는 선풍이 대행했다(昔新羅仙風大行)'고 한 것으로 보아(도광순, 1994a) 신라에는 특히 신선사상의 영향을 받은 정원문화가 발달되었으리라 믿어지는데 중국 진의 왕희지의 난정고사(353年3月3日)에 나타난 곡수연도 왕희지와 그의 아들들이 열렬한 천사도 맹신자들이었기 때문에 곡수연도

그림7. 風流道의 修鍊場 (慶州 鮑石亭)

신선사상과 관련이 깊다 하겠는데, 800년대 경주 남산 기슭에 난정고사의 영향으로 만들어진 포석정도 풍류도의 수련장(도광순, 1994)으로 이용되었기 때문에 신선사상의 영향을 받았을 것으로 예측할 수 있으며(그림-7), 「삼국사기」 문무왕 14년 2월초에 '宮內穿池造山 種花草 養珍禽奇獸'라는 기록과 함께 남아 있는 안압지원은 월지라고도 했는데 그 못 안에 세 개의 섬이 있어 삼신산을 묘사한 듯 하다. 그리고 「동국여지승람」에 '積石爲山 象巫山十二峰'이라고 언급되어 있어 신선사상의 영향으로 볼 수 있는데(그림-8), 무산십이봉이 선산으로 등장한 것은 초나라 양왕의 전설에서 비롯되었는데, 무산십이봉을 정원의 경물로 조성한 것은 현실 공간에 선계를 구현시킨다는 의미를 지닌다(허균, 2002).

고려시대 정원유적

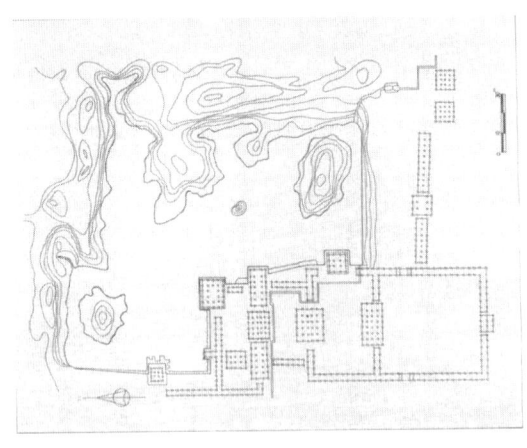

그림8. 三神山이 造營된 안압지

인 강원도 문수원 일대는 고려 초에 진악공 이자현(1061-1125)이 조영한 곳으로 청평산 골짜기에 10여 채의 암·당·헌을 지어 자연풍광을 즐기며 여생을 보낸 곳인데(민경현, 1991) 도맥과 관계가 많은 이자현이 조영하였기 때문에 신선사상과 무관하지 않는 것으로 볼 수 있다.(정재서, 2000)

그림9. 아미산의 花階

또한 조선시대 정궁으로 건설된 경복궁 침전인 교태전 후원의 아미산 화계정원(그림-9)은 중국의 명산으로 도관이 많은 해발 3,000m의 산 이름을 따왔고 화계 위에 배치된 두 개의 괴석, 연화문과 용문의 석지 두 개는 함월지와 낙하담이라 음각되어 신선사상의 영향이라 볼 수 있는데 특히 이 공간은 왕비나 아녀자들이 이용하는 곳이지만 신선세계를 염원하는 시설물이 배치되었음은 도교에서는 여자도 서왕모 같은 신선이 될 수 있다는 점이 감안되었을 것으로 보며, 경회루원은 외국사신의 영접과 조정의 군신에 대한 연회장소로 이용된 곳으로 못 안에 세 섬을 조성하여 두 개에는 장수를 상징하는 소나무를 심고 하나의 큰 섬에는 경회루를 지은 것 역시 신선사상의 영향이라 할 수 있으며(그림-10), 자경전 뒷편 굴뚝의 십장생 문양은 장수를 기원하는 상징을 담고 있고(그림-11), 창덕궁 후원에 있는 옥류천의 곡수거(그림-12)와 낙선재 후원의 화계와 그곳에 놓인 소영주라 음각된 괴석대, 그리고 여기저기에 배치된 괴석 등(그림-13)은 불로장생을 약속한다는 신선사상과 관련되는 바(정동오, 1986) 억불숭유정책을 강구한 조선시대에도 도교의 영향을 제거할 수는 없었음을 찾아 볼 수 있다.

그림10. 경회루

그림11. 十長生 文樣

그림12. 玉流川　　　　　그림13. 昌德宮 樂善齋

한편 일본에서는 신선사상이 평안조 후기로 짐작되며, 일본에서 신선도를 본떠 본격적인 정원이 꾸며진 것은 응덕 3년(1086)에 백하상황이 낙남에 조영한 조우이궁이 그 시초가 된다. 조우이궁의 원지에는 신선도인 창해도와 봉래산이 축조되었던 듯하며, 평청성이 서팔조 저택을 지을 때 그 정원에 신선도를 상징하는 봉호를 만들어 영구히 자기 권세를 유지하고 영원한 번영과 불로장생을 희구하였으며, 족이존씨도 자기의 저택 속에 신선도를 본뜬 임천을 꾸며 놓았다고 한다. 이 이후 권력을 가진 자들 사이에서는 신선도를 본뜬 정원축조 수법이 유행되었다. 794년경에 환무천황이 평안경에 꾸몄던 신천원에는 중도가 있었고 차아천황의 이궁에 만들어진 대택지에는 천신도와 국도가 있는데 봉영지 또는 봉래지라고도 한다. 강호시대에 접어들어서도 삼신선도를 연못 속에 만드는 수법이 오래도록 답습되었으며, 대명의 저택에 꾸며지는 정원에는 거의 빠짐없이 신선도를 가진 원지가 꾸며졌다. 강호시대 꾸며진 이러한 정원, 즉 규격에 맞도록 삼신선도가 배치된 정원을 '三島一連의 庭苑'이라 부르고 있다.

신선도에 소나무를 심는 것은 하나의 규약처럼 되어 있는데, 이것은 많은 나무 가운데에서도 수명이 길다는 점이 신선도에 있다고 믿었던 불로불사의 영천과 결부되어, 신선도에 없어서는 아니 될 나무가 되어 버린 것이다. 신선도를 표현하기 위해서는 처음에는 반드시 세 개의 섬을 축조하였으나 시대가 내려옴에 따라 이것이 간략화 되어 두 개 내지 하나의 섬으로 표현하는 수법이 생겼다. 즉, 학(鶴)과 구(龜)의 생김새를 본뜬 두 개의 섬으로 삼신선도를 표현했는가 하면, 심지어는 거북섬(龜島) 하나로 신선도를 표현 내지는 대표시킨 것이다.

그림14. 金地院의 鶴龜島

경도 남선사금지원의 정원(그림-14)은 이러한 수법을 활용한 정원으로서, 예로부터 학구의 정원이라 하여 유명하다. 또한 신선도의 영겁성은 학을 동적인 양으로 보고, 정적인 구를 음으로 보아, 음양화합의 생김새로 삼기도 한다. 이 사상은 다시 발전하여 음양석을 두는 수법(手法)을 태어나게 한다(윤국병, 1988).

표-1. 신선사상과 관련된 사물

植物	柿, 松, 竹, 梅, 蓮, 桃, 薔薇, 石榴, 花, 靈芝, 桐, 호박, 拘杞子, 蘭, 水仙, 萱華, 木蓮, 桂花, 山茶花, 牡丹, 蔓草, 杏, 海棠花, 玉蘭, 棗, 栗, 生薑, 파, 마름, 레몬, 胡桃, 갈대꽃, 맨드라미, 橘, 百合, 菖蒲, 枇杷,
動物	獅子, 메추리, 象, 馬, 박쥐, 鹿, 鶴, 鵲, 排錢, 仙, 고양이, 蝶, 金魚, 龜, 鷄, 魚, 할미새, 白鷺, 鴛鴦, 麒麟, 꾀꼬리, 童子, 鴨, 게, 豚, 牛, 牧童, 여치, 잉어, 메기, 지네, 집게벌레, 도롱뇽, 개구리, 새우, 참새
物件	甁, 錢, 雲, 岩, 瓦當, 山, 銅鏡, 缸, 鳶, 鼎
用語	如意, 卍, 回, 佛, 長命鎖, 囍, 喆, 萬, 歡喜, 法螺, 法輪, 寶傘, 白蓋, 盤長, 雜寶, 寒山, 拾得, 元寶銀, 海水, 波濤, 光, 錫,

資料; 金盛良夫(韓定燮 編), 1993, 再整理

그 외에도 동양인들이 선화의 주제로 그리거나 신선들이 가지고 다닌다고 믿는 소재들이 다양한데 <표-1>에서 보는 바와 같이 식물이 37종으로 가장 많고, 동물이 36종, 물건이 11종, 용어가 22종으로 우리 생활 곳곳에 함께 함을 찾아 볼 수 있으며, 가보리익, 가신평안, 자손번성, 공명부귀, 출세영화를 꿈꾸는 소박한 꿈이 담겨져 있다.

5. 결론

　도교는 의·식·주를 포함한 동양전통문화에 지대한 역할을 하였고, 그 중에서도 신선사상은 도교의 핵심을 이루며 중요한 영향을 미쳤으나 이에 대한 연구가 극히 미진하며, 특히 중요한 인류문화 가운데 하나인 정원문화에 끼친 영향도 컸으나 연구가 전무한 실정이다.

　본 연구에서는 동서양인들이 추구하는 이상향이 서로 다르게 된 배경을 살펴보고, 신선사상의 기초적 고찰을 통해 신선사상의 근원지에 대한 논란을 정리하여 보았으며, 한·중·일 삼국의 전통정원문화에 나타난 신선사상의 영향을 찾아보았다. 정원은 시대상황에 따라 그 용도가 달라지게 되는데, 오늘날의 정원은 아름다우면서도 낮은 엔트로피를 발생하게 하고, 생물과 무생물이 공생 공존하는 장이 되어야 하며, 더 나아가 인류에게 입선의 꿈을 제공하는 역할도 하여야 할 것이다.

　천·지·인이 조화된 가운데 모든 사람이 생명을 마음껏 실현한다는 도교적 유토피아를 소망하며, 더 나아가 도교적 수양과 불교적 깨달음, 그리고 유교적 인류의 실행이라는 삼자를 조화시킨(김낙필, 2002) 지상낙원의 도래를 꿈꾸고, 특히 환경문제가 전 지구적 문제로 대두되면서 일찍부터 자연에 깊은 관심을 가져왔던 도교적 사상(박영호, 2002)이 새롭게 각광받아 인류에게 희망의 새 천년이 되기를 기대한다.

인용문헌

安浩相, 1994, 東夷族과 神仙思想; 都珖淳 編, 神仙思想과 道敎, 범우사, p.35.

車柱環, 1997, 韓國道敎思想硏究, 서울大學校 出版部, p.35, 96.

朝鮮日報社, 1993, 集安 高句麗 古墳壁畵, pp.35-77.

都珖淳, 1994a, 神仙思想과 三神山; 都珖淳 編, 神仙思想과 道敎, 범우사, pp.45-75

都珖淳, 1994b, 中國 古代의 神仙思想; 都珖淳 編, 神仙思想과 道敎, 범우사, p.13, 15.

都珖淳, 1994c, 神仙思想과 道敎, 범우사, p.7.

都珖淳, 1994, 風流道와 神仙思想; 都珖淳 編, 神仙思想과 道敎, 범우사, p.107.

Francis, M. and R.T. Hester(ed.), 1991, The Meaning of Gardens, MIT Press, p.9.

허균, 2002, 한국의 정원-선비가 거닐던 세계, 다른 세상, pp.69-71.

Hobhouse, P., 1997, Plants in the Garden History, Pavilion, pp.32-33.

전호태, 2001, 高句麗 古墳壁畵 硏究, 사계절, pp.11-28.

鄭瞳旿, 1986, 韓國園林硏究, 民音社, pp.142-185.

鄭瞳旿, 1990, 東洋造景文化史, 全南大學校 出版部, pp.11-15.

鄭璟喜, 1990, 韓國古代社會文化硏究, 一志社, pp.250-258.

鄭在書, 1994, 不死의 神話와 思想, 민음사, p.34.

鄭在書, 2000, 韓國 道敎文學에서의 神話의 專有; 韓國道敎文化學會, 韓國의 神仙思想, 道敎文化硏究 14; 74-75.

鄭在鑂, 1996, 韓國傳統의 苑, 造景社

葛洪(張泳暢 編譯), 1991, 抱朴子, 自由文庫, pp. 3-6. 19-21, 31-32.

岡大路, 昭和 18, 支那庭園論, 滿洲國 建築局, pp.11-14.

Keswick, M.,1986, The Chinese Garden, Academy Editions

窪德忠(정순일 역), 1993, 道敎와 神仙의 世界, 法仁文化社, pp.207-210.

窪德忠(최준식 역), 2000, 道敎史, 분도출판사, p.211.

金洛必, 2000, 韓國道敎의 重要 爭點; 韓國道敎文化學會, 韓國의 神仙思想 內, 동과서, 道敎文化硏究 14;35.

金洛必. 朴永浩. 梁銀容. 李眞洙, 2001, 韓國 神仙思想의 展開; 韓國道敎文化學會 編, 道敎文化硏究, 동과서, pp.26-29.

金洛必, 2002, 甑山思想과 道敎; 韓國道敎文化學會 編, 道敎文化硏究 16; 136-138.

金盛良夫(韓定燮 編), 1993, 東洋의 神仙思想, 無窮花, pp.74-171.

Laurie, M., 1986, An Introduction to Landscape Architecture, Elsevier, pp. 15-60.

李鍾祥, 1993, 古代壁畵가 現代繪畵에 주는 意味; 集安 高句麗 古墳壁畵 內, 朝鮮日報社, p.206.

李能和(李鍾殷 譯註), 1996, 朝鮮道敎史, 普成文化社, pp.23-24.

李鎭洙, 2000, 風流道로서의 神仙思想; 韓國道敎文化學會 編, 韓國의 神仙思想, 동과서, 道敎文化硏究 14; 127.

眞野隆也(이만옥 옮김), 2001, 道敎의 神들, 들녘, pp.53, 397.

Newton, N.T., 1976, Design on the Land, The Belknap Press, pp.4-5.

朴永浩, 2002, 現代 詩와 道敎思想; 韓國道敎文化學會 編, 道敎文化硏究 16; 61.

沈愚京. 1999, 韓國 保護樹의 象徵的 價値 및 保護對策, 韓國庭苑學會誌 9(1);91-104.

Thacker, C., 1985, The History of Gardens, Croom Helm, pp.10-17.

Tobey, G.B., 1973, A History of Landscape Architecture, Elsevier, p.3.

Tsu, Ya-Sing Frances, 1988, Landscape Design in Chinese Gardens, McGraw-Hill, p.18.

山田利明, 1990, 神仙道; 酒井忠夫 外(崔俊植 옮김), 道敎란 무엇인가, 民族社, p.292.

尹國炳, 1988, 造景史, 一潮閣, pp.355-375.

White,L.,1967, The Historical Roots of Our Ecological Crisis, Science 155(3767);1203-1207.

전통 양식태극권(楊式太極拳)의 의료보건 기리(機理)에 대한 초보적인 연구

· 안덕해 ·

安德海, ≪太極≫雜誌 2000년 제 2期 수록

　태극권은 무술 기공 역학(力學) 등과 관련이 있어 그 응용범위가 넓고 크며, 정밀하고 깊으며, 그 이치가 오묘하고 무궁하다. 인(仁)한 사람은 거기에서 인(仁)을 발견할 수 있고, 지혜로운 자는 거기에서 지혜를 발견할 수 있다. 나는 의사이고, 또한 태극권을 사랑하며, 그로부터 많은 이익을 얻은 사람으로서 의학적인 측면에 치중하여 태극권에 대한 초보적인 인식을 서술하려 하는데, 잘못된 점에 대하여는 선배 제현(諸賢)의 가르침을 받고자 한다. 이 주제는 비교적 포함된 내용이 광범위하기 때문에 전통양식(傳統楊式) 태극권 학습반에 참가한 경험으로부터 얘기를 시작하고자 한다.

1. 준비자세(豫備勢)

　"전신에서 긴장을 풀고(全身放鬆), 정신을 집중하며(精神集中), 마음을 편안히 하여 기를 조화롭게 한다(心平氣和)." 이것은 평(彭) 스승님이 가장 즐겨 사용하시는 말씀으로, 그 핵심은 뇌를 튼튼히 하여 지혜를 높이고, 질병을 예방 치료한다는 것이다. 현재 현대의학에서의 많은 질병, 예를 들면 심장병, 고혈압, 면역저하, 만성 피로증후군 등의 중요한 발병 원인 중의 하나가 긴장이라는 사실이 널리 알려져 있다. 치열한 사회적 경쟁, 빠른 템포의 생활, 작업 등은 사람으로 하여금 계속 긴장된 상태를 유지하게 하고, 긴장은 주로 대뇌에 영향을 준다. 대뇌는 인체에 있어서 군대로 말하면, 일종의 사령부로서, 그것이 일단 긴장하면 전신에 영향을 끼쳐, 혈관의 수축, 혈류량의 감소, 혈액 점도의 증가, 심박동수의 증가 등의 증상이 나타난다. 전신의 긴장을 푸는 관건은 대뇌의 이완이다. 인체는 이완된 상태에서 혈액 순환이 2~3배 증가되며, 각 부분의 기능도 잘 조화를 이루게 된다. '긴장을 풀고(鬆), 텅 비게 하며(空), 잘 통하게 한(通)' 상태에서야 비로소 인체의 신진대사와 자연계의 에너지 정보 등의 교환이 원활하게 이루어진다. 정신은 인체 생명 활동의 총칭이며 인체의 주재자이다. 정신과 신체는 바로 주인과 심부름꾼의 관계와 같다. ≪황제내경≫에서 말하기를, "마음이 안정되어 잡념이 없으면, 진기(眞氣)가 잘 흘러 정신이 안에서 지켜질 것이니, 어찌 병이 생길 수 있겠는가?"라고 하였다. 옛 사람들은 말하기를, "신이 몸 속으로 돌아와 기가 자연히 충만하게 되고", "형체와 신이 하나로 합하게 되어", "형체와 신이 온전히 갖추어지면", 비로소 건강한 상태를 유지할 수 있게 된다고 하였으니, 정신 집중의 중요성을 설명한 것이라 할 수 있다. 신(神)은 반드시 몸에 머물러 생명활동을 주재하여야 한다. 그렇지 못하면 정신병과 같은 질병을 유발할 수 있다. 태극권을 하는 가운데에 정신을 집중하여 한 생각으로 만 가지 생각을 대체하게 하면 뇌세포로 하여금 쉬도록 하여, 잠재능력을 발휘하도록 하는데, 주로 오른쪽 뇌를 개발시

킵니다. 한의학에서는 심(心)이 대뇌의 기능까지 포괄하고 있다고 보고 있다. 한의학에서는 "심(心)은 임금노릇을 하는 장부로서, 신명(神明)이 거기에 거처하여, 심(心)이 이 신명(神明)을 주관하고 있다"고 보고 있다. 만약 심(心)이 편안하지 않다면, 기혈(氣血)이 문란해져 건강에 해를 끼칠 것이다. 언어적인 암시(全身放鬆, 精神集中, 心平氣和)를 통하여 전신으로 하여금 긴장을 풀도록 하면 주인(신)이 제자리로 돌아와 몸의 각 부분이 그 맡은 바의 일을 수행할 것이며 생활태(일상적인 생활을 하는 상태)에서부터 대공태(태극권을 하기 위하여 준비하는 상태)로 진입하여 태극권을 할 수 있는 심리적인 준비상태가 되고, 아울러 이러한 상태를 시종일관 유지하게 되니, 이것은 바로 태극권에서 요구되어지는 "먼저 마음으로 하고, 나중에 몸으로 한다(先在心, 後在身).", "신은 주된 장수가 되고, 몸은 그 부하가 된다.(神爲主帥, 身爲驅使)"의 이론을 충분히 체현하는 것이라 할 수 있다. 태극권을 수련하는 주된 목적은 권술이나 발차기에 대한 공부가 아니라, 두뇌와 심령의 공부로서, '정력'(定力), '의념력', 잠재의식 등의 단련을 포괄하고 있는 것이니, 이는 장기간의 고된 수행과정을 필요로 하는 것이다.

2. 시작하는 자세(起勢)

모든 일은 시작이 어려우니, 좋은 시작은 절반정도의 성공이라 할 수 있다. 시작하는 자세의 작용은 마치 자동차가 발동을 거는 것과 같은 것으로, 몸과 마음을 가라앉히고 온건히 하는 것이 필요하다. 만약 그렇게 되었다면, 일차적으로는 시작하는 자세가 성공하였다고 할 수 있다. "가운데 손가락을 먼저 움직이는데(中指領動)", 중지는 심포경에 이어져 있고, 심(心)은 혈맥을 주관하며, 수족 십이경맥은 또한 '같은 기운끼리 서로 통하므로(同氣相通)', 중지(中指)의 움직임은 전신의 '기기'(氣機 - 升降出入)를 계발시켜 움직이게 합니다. 심장은 기혈을 순환하게 하는데, 그 동력은 '심기'이다. '기를 지니고 태극권을 한다는 것(帶氣打拳)'은 매우 중요하다. 한의학에서 침구요법은 '득기[得氣-즉 시큰하고(酸), 감각이 둔해지고(麻), 팽창감이 있고(脹), 서늘해지고(凉), 따뜻해지고(熱) 등의 반응]'와 '행기[行氣-氣로 하여금 병든 곳에 이르게 하는 것]'가 수반되어야만 비로소 좋은 치료효과를 기대할 수 있다. 태극권을 할 때 기감을 얻지 못하면 몸을 건강하게 하는 효과는 기대하기 어렵다. 이른바 기감이라는 것은 태극권을 하는 사람이 특정한 장소와 시간 중에 가장 좋은 상태, 즉 사람과 자연이 함께 호흡하는 것이라고 할 수 있으니, 또한 바로 '천인합일'인 것이다. 사람과 자연계의 에너지 교환은 보통 사람에게는 피동적이고 본능적인 데 비하여, 태극권을 하는 사람에게는 능동적인 것이어서 가장 좋은 통로를 찾아야 하는 것이다. 이것은 방송채널을 조정하는 것이나 가야금의 현을 고르는 것과 같아서 태극권을 하는 방향과 심리상태에서부터 조절해야 한다. 기초가 있는 사람은 태극권을 할 때의 효율과 운동량(강도)을 중시해야 한다. 마찬가지로 태극권을 하고 나서의 결과도 같지 않으니, 그 원인에 대하여도 살펴보아야 한다.

몸을 건강하게 하는 것은 수련과 양생을 결합하여 하되, 양생을 위주로 해야 하며, 가장 좋은 상태를 찾아야 한다.

3. 요령

태극권에는 많은 요령이 있다. 예를 들면 허령정경(虛領頂勁), 기침단전(氣沈丹田)과 같은 것은 인체 생리의 자연적인 리듬과 완전히 부합하는 것으로 선배들의 지혜의 결정이라 할 수 있다. 그 목적은 경락(經絡)을 소통시키고 대사를 촉진하여 陰陽의 평형을 유지하는 것이다. 인체의 병인은 총체적으로는 음양(陰陽)의 실조(失調)라 할 수 있고, 그것은 경락(經絡)이 통하지 않는 것(不通)으로 표현될 수 있다. 통(通)하지 않으면 아프다(痛). 태극권의 정수는 음양(陰陽)의 도(道)이다. 인위적으로 조성된 불평형의 상태는 태극권을 통한 밖에서의 움직임으로 내부의 움직임을 이끌어 내어 경락으로 하여금 통하게 하여 '통하면 아프지 않다(通則不痛)'는 목적에 도달하여, 새로운 상대적인 평형의 상태를 실현하게 한다. 아래에서 몇 가지 요령에 대하여 분석하여 보았다.

1) 허령정경(虛領頂勁: 앞 턱을 당기고 뒷 목을 펴서 앞 목에 힘을 빼며, 머리 정수리에는 단단함이 깃들도록 함), 기침단전(氣沈丹田: 기를 하단전으로 내림)

머리는 모든 양(陽)이 모이는 곳으로 일신(一身)의 주인이며, 머리가 바르게 되어야 움직일 때에도 몸이 바르고 곧게 된다. 허령정경(虛領頂勁)은 정신을 일깨우며, 위축되는 것을 방지하는 데에 도움을 주며, 기침단전(氣沈丹田)은 복식호흡을 하는 데에 도움을 주어 소화기계통 질병 예를 들면 설사나 변비 등을 예방 치료하는 작용을 한다. 또한 에너지의 집중과 발산에 도움을 주며, 그리고 신체의 중심을 안정시켜 태극권의 동작을 안정적이고 민활하게 하는

데에 도움을 준다. 정경(頂勁)과 침기(沈氣)의 상하 대칭을 통하여, 전신으로 하여금 자연히 긴장을 풀게 하고, '신기가 고양되는(神氣鼓蕩)' 상태가 되는 조건을 만들어 주고, 전신에 대한 중요한 요점을 파악하는(提綱挈領) 작용이 있게 된다. 이러한 점은 척주의 탄력성과 평형성 및 민첩성 등을 높여 척주의 기형과 낙타등(등이 낙타처럼 굽는 병)을 예방할 수 있다.

  2) '설정상악(舌頂上顎: 혀 끝을 윗 턱에 붙임)'과 '탄진(呑津:침을 삼킴)'

  혀 끝을 윗턱에 살짝 붙이는 것은 임 독맥의 순환을 촉진할 수 있고, 더욱 중요한 것은 혀 아래의 옥액혈(玉液穴)을 자극하여 타액의 분비를 촉진시킨다. 타액 중에는 여러 종류의 효소 및 면역 단백질을 함유하고 있는데, 이것들은 소화 살균 항노화 미용 항암 구갈예방 등의 작용이 있다. 이러한 침을 천천히 삼켜 단전으로 보내는데, 고대 양생가들은 이것을 '탄진(呑津)'이라 하였다.

  3) '침견추주(沈肩墜肘: 어깨를 늘어뜨리고 팔꿈치를 내림)', '송요송과(鬆腰鬆胯: 허리와 사타구니에서 긴장을 풂)

  인체의 수족십이경맥(手足十二經脈)은 대부분 어깨와 팔꿈치와 허리, 사타구니를 지나간다. 만약 이러한 부위에 긴장이 지속되면, 바로 기혈(氣血)의 순환이 원활하게 이루어지지 않게 된다. 태극권을 하게 하면 이러한 부위에 긴장이 풀어져, 경락을 소통시키고, 피순환을 활성화시켜, 각종 대사작용을 개선하여, 견관절의 주위 염증 등의 질환을 예방할 수 있다. 침견추주에서 유의하여야 할 사항은 어깨와 팔꿈치에서 긴장을 풀고 늘어뜨리면서 밖으로 벌려 어깨와 팔꿈치의 관절 부위를 허공의 상태로 하여야 하는 것이며, 송

요송과에서 주의하여야 할 사항은 허리를 바로 세우고 꽁무니뼈를 자연스럽게 늘어뜨리는 것이다. 즉 위 아래에서 서로 반대되는 힘을 사용하여 허리와 사타구니의 관절에서 긴장을 풀고 관절이 벌어지도록 하는 것이다.

4) '입신중정(立身中正: 몸을 바로 세우고 백회혈과 회음혈이 일직선이 된 상태를 유지함)

한의학에서는 "형체가 바르지 못하면 기(氣)가 순조롭게 운행하지 못하게 되고, 기(氣)가 순조롭게 운행하지 못하면 정신이 몸 내부에서 지켜지지 못하게 되고, 정신이 몸 내부에서 지켜지지 못하게 되면, 기가 흩어지고 어지러워진다.(形不正則氣不順, 氣不順則意不守, 意不守則氣散亂)"고 한다. 태극권에서는 백회와 회음혈의 연결선이 지면과 수직이 된 자세를 유지하는 것이 중요한데, 이는 인체의 앞과 뒤의 정중앙선에 임독맥이 순행하고 있으며, 등에는 방광경이 통과하고 또한 배부수혈(背部兪穴)을 통하여 직접 오장육부와 서로 연결되어 있기 때문이다. 또한 방광경은 신경과 서로 표리(表裏)가 되어 인체의 고속도로로 불리고 있는데, 척추에서 나오는 척추신경의 원활한 소통이 건강을 유지시키는 데에 꼭 필요하다는 점도 백회와 회음을 일직선으로 유지해야 하는 중요한 이유이다. 그래서 앞에서는 우러르고 뒤에서는 모으거나, 좌우가 치우치게 하지 않아야 하며, 반드시 신체의 바른 자세를 유지해야 하는 것이다. 때문에 옛 사람들은 "앉기를 종같이 하며, 서있기를 소나무같이 하며, 눕기를 활같이 하라(즉 오른쪽으로 누워 등을 압박하지 않도록 함)"고 한 것이다. 옛 사람들은 또한 "등은 얇기가 종이 같아서 바람을 막는 것을 화살을 막는 듯이 해야 한다"고 하였다. 태극권 할 때에는 등에 바람을 맞아 서늘하게 해서는 안 되는데, 그렇게 하지 못하면 풍사(風邪)가 직접 장부(臟腑)에 침입하여 쉽게 중병(重病)에 걸리기 때문이다. 이러한 요령은 매우 중요한 것이라 할 수 있다.

5) 함흉발배(含胸拔背), 복식호흡(腹式呼吸)

앞의 것(함흉발배)은 가슴에 긴장을 푸는 데에 좋고, 척주의 탄력성을 강화시키며, 뒤의 것(복식호흡)은 횡격막을 상하로 운동하게 하고, 흉강의 상하 길이를 증대시키며, 폐의 운동을 확대하여, 폐포의 통기량(通氣量)을 증대시키고, 호흡을 깊게 하여, 인체에 필요한 산소를 충분하게 하여, 태극권을 하는 사람이 숨이 가쁘지 않게 한다. 따라서 호흡계 질환을 예방하고 치료하는 데에 효과가 좋다. 횡격막의 운동은 간담 위장에 대하여 안마작용을 하여 소화기계통의 보건에 좋다.

6) 태극요(太極腰), 나선경(螺旋勁)

한의학에서는 "허리는 신(腎)의 집인데, 신(腎)은 선천의 근본이 되고 생명의 근본이 되며, 또한 신(腎)은 뼈를 주관하고 골수를 만들며, 생장발육을 주관하며, 원음(元陰)과 양원(陽元; 元氣)을 생산한다. 신(腎)은 뇌에 통하고, 뇌는 골수의 바다가 된다."라고 하였다. 자주 허리를 돌려 스스로 기운을 이끌고(導引), 밖의 움직임은 내부의 움직임을 대동하여 허리와 신에 대하여 스스로 안마를 하여, 원기를 북돋고 근본을 튼튼히 하며, 정(精)을 내부로 되돌려 뇌를 보(補)하고, 몸을 튼튼하게 하고 지혜롭게 하는 작용을 한다. 게다가 다리의 통증과 비뇨생식기 계통의 질병을 예방 치료할 수 있다. 허리를 돌리는 것은 동시에 척주와 위장 간 비에도 양호한 자극을 준다. 간과 비는 면역 물질을 생성하므로, 인체의 면역 능력을 높일 수 있고 간염과 감기를 예방하는 데에 유효하다. 예를 들어 1988년 상해에서 A형 간염이 유행하였는데, 조사에 의하면 태극권이나 참장공을 수련하는 사람에는 한 사람도 감염되지 않았다. 태극권을 수련하는 사람은 거의 감기에 걸리지 않는다. 필자는 태극권과 참장공을 수련한 지가 거의 15년 되었는데, 감기와는 아무런 인연도 없다. 태극권이 몸을 건강하게 하는 관건은 바로 여기에 있다. 이밖에 허리를 돌리는 것은 또한 대맥(帶脈: 奇經八脈 중의 하나. 허리띠를 매는 부분을 흐리는 맥)에 영향을 주고, 십이경맥을 잘 흐르게 한다. 허리와 팔다리를 나선형으로 돌리는 것은 나선경(螺旋勁 : 우주의 운동은 모두 나선형으로 이루어지며, 이러한 나선형의 운동을 통하여 내부의 단단함이 유지됨: 역자주)을 형성한다. 내적인 힘(內勁)은 팔다리를 나선형으로 돌릴 때에 생긴 원심력을 통하여 사지 끝 부분으로 흘러 들어가고 이러한 종류의 내적인 힘(勁)은 기혈(氣血)의 순환을 촉진하고, 현저하게 미세 순환계를 개선하여 죽은 피(血瘀)를 청소하는 데에 많은 의의가 있다. 이는 태극권이 몸을 건강하게 하고 병을 치료한다는 과학성을 한층 더 증명하는 것이라 할 수 있다. 예를 들면 총구는 나선형으로 총알이 나가게 되어 있는데, 총알이 총구 안에서 고속으로 회전하면서 관성이 생기게 하여 지구의 인력과 저항력이 모두 작아짐에 말미암아 속도가 빨라지고 사물을 뚫는 힘이 커지게 된다.

　인체의 혈관과 세포는 모두 원형이므로 이치는 같다. 태극권을 할 때 손가락에 감각이 둔해지고, 뜨겁게 되고, 팽창되고, 땀이 나는 등의 현상은 말초 순환이 개선되는 것이고, 밖으로는 흡사 고요한 것 같지만, 내부적으로는 강이나 바다의 물결이 강하게 굽이치는 변화가 일어나고 있는 것이다. 태극권은 원운동으로 자연계와 인체는 원으로 가득 차 있으며, 원운동은 저항력을 최소화하고 또한 가장 힘을 절약하게 한다.

7) 허실을 분명히 함(分虛實)

위는 허(虛)하고 아래는 실(實)하며, 왼쪽은 허(虛)하고 오른쪽은 실(實)하는 등, 모든 곳에 허(虛)와 실(實)을 분명히 하여야 한다. 태극권에는 마보(馬步), 허보(虛步), 독립보(獨立步) 등이 있어 신법(身法)과 보법(步法)을 중시한다. 전체적인 허실(虛實)은 허리에 있고 그 다음은 가슴에 있다. 태극권론에서 말하기를, "命意源頭在腰隙(생명의 근원은 허리사이 즉 腎에 있다.)"이라 하였는데, '요극(腰隙)'은 兩腎을 말한다. 태극권의 핵심은 음양, 즉 허실이다. 태극권이 몸을 건강하게 기리에는 다음과 같은 것이 있다.

① 體外反搏(몸 내부의 기가 몸 밖으로 반발하여 박동치게 함)의 원리:

이는 심뇌혈관질병을 치료하기 위한 연구 장치이다. 그 원리는 다음과 같다. 하지 및 복부에 기낭(氣囊 - 氣 주머니)을 설치하고, 심장이 이완될 때에 기낭 쪽으로 신속히 기를 채워 넣어, 하반신의 혈액을 압박하여 체간(體幹) 및 머리에까지 굽이쳐 흐르게 하며, 심장이 수축할 때에는 기낭이 신속히 기를 배출하여 혈관으로 하여금 원래의 상태로 회복하게 하여 주동맥의 수축압력을 내리게 하고, 또한 좌심실의 부담을 경감할 수 있게 하는 것이다. 체외반박(體外反搏)의 장치는 바로 정상적인 심장 박동의 주기와 상반되게 기를 채우고 배출하는 동작을 이용하여 심, 뇌, 신 등 주요 기관의 혈액순환을 증가시켜, 관상동맥질환, 협심증, 심근경색, 뇌동맥 경화증, 뇌혈전 등의 질병을 치료하는 데에 도움을 준다. 이러한 의료기기는 하지에 두 개의 심장을 달고 있는 것과 같은 작용을 한다.

무릎을 굽힌 상태로 태극권을 할 때에 인체가 받는 영향은 이러한 하지에 두 개의 심장을 장치한 것과 흡사하며, 하지의 보법(步法)에서 허실을 자연스럽게 전환하는 것은 심장의 수축과 이완 시에 심장의 부담을 줄이는 것과 유사한 작용을 하여, 상반신의 각 부분으로 혈류량을 증가시키고, 말초신경의 순환을 압박하여 박동을 크게 하게 하며, 側支(곁가지) 순환을 원활하게 하는 작용을 하여, 심뇌혈관의 질병을 효과적으로 예방하고 치료한다. 그래서 몸이 약하고 병이 많은 사람이 태극권을 연마하면 또한 가슴이 놀라 두근거리는 현상이 생기지 않는다.

② 靜力訓練(근육의 길이는 변하지 않고 장력은 제고되며, 혈관의 직경이 커짐):

무릎을 굽힌 상태로 태극권을 하는 것은 하지의 근육과 혈관의 길이는 변하지 않고 다만 장력(직경)만 확대되어 용적이 증가하게 된다. 허실의 변화는 하지의 신진대사를 증가시키고 영양공급을 개선하며, 하지 근육을 발달시키고, 역량을 증가시켜, "사람이 늙으면 먼저 다리부터 늙는다(人老先從腿上老)"라는 상태를 예방한다. 태극권을 하게 되었을 때 가장 분명히 드러나는 변화는 하지에 힘이 생기고 관절이 부드러워지는 것이다. 미국에서는 일찍부터 태극권을 이용하여 노년성 골절, 골다공증 등을 예방하고 치료하고 있다. 이 밖에 태극권은 상체는 허하고 하체는 실(上虛下實)하게 하기 때문에 흥분점을 하체로 이동시켜 뇌세포를 보호하면서도 억제할 수 있어 고혈압, 신경쇠약, 내분비 질환 등을 예방하고 치료한다. 환자들은 대부분 머리 쪽으로 기운이 몰리고 다리는 약한데(頭重脚輕), 태극권을 하면 이러한 상태를 개선시키는 것이다. 그러므로 태극권을 잘 하려면 참장공을 익히는 것과 결합하여 기초를 잘 닦고 요점을 잘 이해하여야 한다.

8) 발 끝과 뒤꿈치의 체중을 실은 상태에서의 방향 전환과 동작의 교체

생물의 전식(全息)이론(생명체는 소우주로서 각 부분은 상호간에 밀접히 연관되어 있으며, 손이나 발, 귀 등은 각각 인체에 해당하는 부분이 있다는 학설: 역자 주)에 의하면, 엄지발가락은 대뇌의 반사구이며, 발 뒤꿈치는 외생식기, 골반, 직장, 항문 정맥의 반사구이므로, 적당히 눌러 압력을 주는 것과 엄지발가락으로 동작을 이끌면서 체중을 실은 상태에서 방향을 바꾸는 것은 인체 상하간의 관계를 강화시켜, 뇌를 건강하게 하고 지혜를 밝히며, 고혈압 중풍 두통 불면증 등의 예방하고 치료하며, 생식기 질환 및 치질에 상당한 효과가 있다. 손과 대뇌의 관계는 밀접하여 대뇌피질은 손발의 기능과 많은 관련을 갖고 있다. 속어에 '열 손가락은 심과 관련이 있다', '영리하면서도 손재주가 있다'라는 말을 있는데, 이는 모두 손과 대뇌의 관계를 구체적으로 설명하는 것이다. 태극권은 좌우 전후로 번갈아 가면서 평형운동을 진행하고, 아울러 '생각으로 먼저 한다'는 것을 중요하게 여겨, 효과적으로 중추신경계통의 평형과 협조 능력을 향상시킨다. 그래서 태극권을 하는 사람은 대부분 생각이 민첩하고 동작이 부드러우며, 반응이 빠르다. 이러한 것은 모두 이러한 훈련과 직접적으로 관계 있는 것이다.

4. 수세(收勢: 거두는 자세)

사람들은 항상 "태극권을 수련하고 수공(收功)을 하지 않으면, 헛고생한 것이 된다(練功不收功, 到老一場空)"고 말하는데, 이는 수세의 중요성을 설명하는 것이다. '수'(收)자는 수확(收獲: 수확한다) 수회(收回: 거두어들인다)라는 원래의 의미가 있으니, '收'자에 대한 공부는 중요하다. 그것은 태극권의 효과를 증대시키고 진기(眞氣)로 하여금 전신을 영양하게 하여 보건의 작용을 증가시킨다. 수세는 치우치는 것을 방지하고 능력을 기르며 질병을 치료하는 작용을 포괄하고 있다. 그 원리는 농부가 봄에 씨 뿌리고, 여름에 물을 잘 공급해주며, 가을에 수확하고 겨울에 저장하는 것과 같다. 중요한 것은 '정신으로 수렴하여(神斂)' 기를 하단전으로 귀납시키는 것을 의념(수세하는 동안 계속 생각함: 역자 주)하는 것이다. 수세한 다음에는 조용히 잠시동안 서 있다가 주먹을 쥐고 발꿈치를 들며, 그 다음에는 손을 비벼 얼굴을 문지르고, 혈(穴)을 막고 몸을 보호하며, 그 자리에서 2~3분 가량 돌며, 말을 하지 말아야 하며, 황망하게 수련한 장소를 떠나서는 안 된다.

5. 운동량

양청푸(楊澄甫) 스승님께서 일찍이 말씀하시기를, '적어도 매일 아침 혹은 저녁에 2번은 수련해야 한다'고 하셨으며, 펑(彭) 스승님께서는 매번 3번씩 모두 60분 정도 수련해야 한다고 하시고, 말씀하시기를, "3번 수련하면 건강을 위한 수련이 되고, 거두는 것과 나가는 것이 바로 평형을 이룬다"고 하셨다. 역대 무술가와 기공가들은 모두 필수적으로 무술을 익혔다. 수련할 때에는 적어도 30분 이상해야 하는데, 여기에는 과학적인 이유가 있다.

① 고대 이론에서는 "한 번 내쉬고 들이마실 때에 맥이 6촌을 가고 하루에 50번을 돈다"라고 하였으니, 전신의 기혈(氣血)이 우리 몸을 한 바퀴 도는 데에는 대략 28.8분이 걸리는 것이다.

② 현대연구: ㉠ 생리학에서는 실험하여 사람을 흥분시키는 데에는 일정한 시간과 자극의 정도가 필요하다는 것을 증명하였다. ㉡ 미순환에서는 또한 연구하여 태극권이나 참장을 30분 이상하여야 비로소 생리작용이 있다는 것을 증명하였다. 예를 들어 물이 끓는 데에는 100°로 15분 정도가 필요하여야 비로소 끓는점에 도달한다. 만약에 70-80° 정도에서 불을 치우면, 물은 영원히 끓지 않는다. 같은 이치로 만약 태극권을 수련하는데, 일정한 시간과 강도에 도달하지 못하면, 또한 좋은 효과를 보기 어렵다. 필자는 과거 24식, 40식, 42식, 48식을 수련하는 중간에 동작을 멈추었었는데, 효과가 좋지 않았었다. 전통 태극권을 수련한 뒤에는 이전과 비교하여 효과가 현저하게 좋아진 것을 느낀다. 그러나 운동량은 차츰 순서대로 늘려가야 하며, 너무 지나치게 해서는 안되고, 더욱이 나이가 많고, 체질이 약한 사람은 주의하여야 하니, 옛날 분들이 말씀하신 "태극권을 수련하는 데에 힘을 너무 많이 소모해서는 안 된다"고 한 원칙을 지켜야 한다. 운동이 너무 지나친 것도 또한 면역력의 저하를 가져온다. 운동하는 많은 사람들이 병을 앓고 있고 장수하지 못하는데, 이는 운동량이 장기간 너무 많은 것과 관련이 있다. 태극권을 수련하는 것은 장기간의 정신적인 준비가 필요하며, 운동

량이 뒷받침이 되지 않으면 질적인 수준의 향상은 기대하기 어렵다. 펑(彭) 스승님께서 말씀하시기를, "태극권을 천 번 정도 하게 되면, 몸에 익어 부드럽게 되고, 만 번을 하면 태극권을 완성하게 된다"라고 하였으니, 바로 "태극권을 10년 동안 하고 문 밖을 나가지 않는다"라는 말과 부합하는 것이다.

6. 무덕(武德)과 사훈(社訓)

대부분의 사람들이 태극권을 배우는 목적은 병을 물리치고 건강하게 하는 데에 있다. 때문에 우리는 건강의 새로운 개념을 이해하지 않으면 안 된다. 1948년 WHO(세계보건기구)헌장에서 말하기를, "건강은 질병과 허약함이 없는 것일 뿐만 아니라, 신체 심리 사회의 3 방면으로의 완성된 상태이다"라고 하였다. 태극권을 배울 때에는 유형적인 것과 외재적인 것뿐만 아니라 동시에 무형적인 것과 내재적인 수양, 즉 덕행을 중시해야 한다. 도덕(道德)은 우주의 근본적인 규율이며, 덕(德)은 도(道)를 인격화한 것이다. 융니엔(永年) 태극권사(太極券社)의 사훈(社訓)인 근(勤: 부지런히 하고), 항(恒: 변함없이 일정하게 하며), 예(禮: 예에 맞추어 하며), 성(誠: 정성스럽게 함)은 중국민족의 전통적인 미덕(美德)을 반영하고 있다. 역대 태극권의 대가들은 모두 덕(德)을 중시하여 먼저 사람 됨됨이를 가르치고, 나중에 궁후(功夫)를 가르쳐, 덕(德)이 있는 사람에게 전수하였다. 그들은 자신의 고상한 언행(言行)으로써 조용히 드러나지 않게 후세 사람들에게 영향을 끼쳤다. 덕(德)을 갖추는 것은 물질적인 기초가 있다. 큰 덕(德)이 있는 사람들은 "사람이 좋지 못한 감정을 갖고 있을 때에 경락이 꼬이고 만곡되어 작게 변하니, 정서는 사람의 생사를 결정한다."는 것을 발견하였다. 예를 들면 ≪삼국지연의≫에서 제갈량이 주유를 3번 화나게 해서 죽인 고사가 나온다. 임상적으로 화를 낸 다음에는 편두통이 발생하고, 간 담의 경락이 매우 아픈 증상이 발현되는데, 모두 위의 관점을 증명하는 것이다. 현대적인 연구에서도 사람이 화를 낼 때에 뇌내에 분비되는 유독물질이 한 마리의 쥐를 죽일 수 있고, 도둑은 심장병을 많이 앓고 있으며, 출산부들은 화낼 때에 젖에 독소가 함유되어 있다는 것을 증명하였다. 미국의 심리학 연구에서도 또한 심장병 환자의 50%는 도덕적인 수양이 결여되어 있다는 것을 증명하였다. 한의학에서는 칠정(七情: 7가지 감정)과 질병을 매우 중시하여, 화내는 것은 간을 상하고, 지나치게 즐거워하는 것은 심을 상하고, 너무 골똘히 생각하는 것은 비를 상하며, 걱정하는 것은 폐를 상하고, 슬퍼하는 것은 신을 상한다고 하였다. 태극권을 수련하는 사람이 화를 내면, 신체에 해로운 정도가 보통 사람이 화를 낼 때보다 더욱 크며, 내기(內氣)가 비교적 충족되어 있기 때문에 화를 내면 기(氣)가 올라가 위로 머리 부위를 압박하여 질병 및 위중한 결과를 유발할 수 있다. 그래서 99년 WHO에서는 건강의 새로운 개념, 즉 도덕건강(道德健康)이라는 새로운 개념을 제시하게 된 것이니, 도덕의 중요성을 충분히 인식하게 된 것이다. 옛말에 "큰 덕이 있는 사람은 반드시 오래 산다" "어진(仁) 사람은 오래 산다"라는 말이 있다. 어떤 사람이 40년대 이전에 10명 정도의 태극권의 대가들을 대상으로 평균수명을 통계 내 본 결과 70세였다. 두보의 시에 '人生七十古來稀'라고 하였습니다. 당시의 평균 수명이 매우 낮았기 때문에 그들은 실제로 매우 오래 산 사람에 속한다. 그래서 건강 장수을 하고 싶으면 마땅히 도덕수양을 더욱 열심히 하여야 하며, 태극의 이치를 생활이나 작업에 응용하여야 하고, 역지사지(易地思之)의 방법으로 먼저 자기 자신을 극복하고, 다시 다른 사람을 복종시켜야 하고, 항상 다른 사람을 공격하려고 해서는 안 된다. 태극권을 수련하는 가운데에 사람으로서의 도리를 공부하고, 심신을 함께 닦아 인생을 완성해 나가야 한다. 만약 수신양성(修身養性)하면서 자신을 연마하지 않으면, 심신의 건강을 얻기는 매우 어려우며, 또한 윗 단계의 공부를 수련할 수 없다. 태극권은 담담하고 평화로우며, 세속적인 것을 초월하는 경계를 요구하고 있기 때문에 일정한 수준에 이른 다음에는 전적으로 덕행에 의지하여 공부를 늘려나가야 한다.

이상 서술한 바에서 전통 양식(楊式) 태극권이 인체 생리 규율과 부합하고, 남녀노소 각계 각층의 사람들이 배우고 수련하는 데에 적합하며, 과학적이고 효과가 있으며, 보급하는 데에 편리한 몸을 건강하게 하는 방법이며, 질병을 예방하고 치료하는 귀중한 보물과 같은 것이어서, 의료 보건에 매우 큰 가치가 있다는 것을 설명하였다. 나이가 많은 노인들은 질병을 퇴치하고 몸을 건강하게 하고 수명을 연장시킬 수 있으며, 나이가 적은 사람들은 잠재능력을 개발할 수 있고 건강을 유지할 수 있고, 질병을 예방할 할 수 있다. '21세기는 예방의학의 시대'이며, 태극권의 잠재된 가치는 장차 차츰 사람들에게 인식될 것이다. 이와 관련된 여러 가지 원리에 대하여는 앞으로 관심 있는 분들과 공동으로 노력하여 한층 내용 있는 연구가 이루어질 수 있기를 희망한다.

5

도의 숨결은 서로 이어져
(道脈相承)

> 한국과 중국, 이 두 나라는 자연환경이 서로 의존해 있다. 중국과 일본은 이웃한 나라로 하나의 옷에 물을 두르고 있다. 仙道와 神道는 모두 하나의 '道'를 마루로 삼는다. 도인이든 학인이든 각기 그 도를 따른다. 열심히 수양한 것을 교류한 것이 천년 동안 한결같다. 서로 갈라진 길에서 얽혀있지만 결국은 대도로 돌아간다.
>
> — 편집자 수기

개혁과 개방 그 이십년 간의 섬서도교문화에 대한 연구와 교류

• 장응초 •
張應超, 섬서성 사회과학원 종교연구소 연구원·도학연구센터 부주임

　섬서는 중국에서 도교문화 자원이 매우 풍부한 省 가운데 하나이다. 개혁과 개방의 20여 년간 섬서는 도교문화의 연구와 교류방면에서 매우 현저한 성과를 얻었다. 이 글은 필자가 수집한 자료를 근거로 간단히 소개하고자 한다.

1. 도교문화에 대한 연구

　섬서가 조직적인 도교문화에 대한 연구를 시작한 것은 20세기 60년대 초이다. 당시에 섬서성 민족사무위원회가 '『섬서 민족종교지』도교자료수집팀'을 조직하여, 『섬서도교지』를 엮어 냈다. 1961년 11월에 이자춘(李子春, 陝西省 文物管理委員會 顧問이자 省 文史研究館 館員)이 집필하여 쓴 『陝西道敎志』 초고(또한 『섬서 민족종교지 도교부분자료』라고도 함)는 전문이 3장 30절로, 초고는 주로 다음과 같은 것을 기술하고 있다:
1) 老子·關尹子·莊子·列子·尹文子·文子·蓋公·王生에 대한 간단한 개괄

2) 도교의 창립

3) 陝西의 福地洞天과 역대 신선이 된 자들

4) 宮觀에 대해 간단히 소개하고, 수록한 궁관으로는 다음과 같다:
華山 도교궁관 및 灝靈宮, 三原文化觀, 周至縣 樓觀臺・宗聖宮・會靈觀, 眉縣 天慶觀, 戶縣 重陽宮, 涇陽縣 延壽宮, 留壩縣 張良廟, 西安 八仙宮.

5) 全眞教 창립초기의 활동

6) 당・송・원의 세차례 佛・道투쟁

7) 섬서 도교지 大事年表.

초고는 수정과 교정을 거친 후 유인본(油印本)으로 유관인사들에게 보내어져, 수정과 교정에 대해 보충할 의견을 구했다.

1962년 화산에 있는 화음현(華陰縣)에서 '華陰縣 文史研究會'가 성립되어 본현의 역사문화를 연구하여, 화산도교(華山道教)가 연구의 중요내용 가운데 하나가 되었다. 연구회 구성원은 맹균부・양자청・두위정이라는 세 분의 노선생과 민지정 도장 등이 있으며, 사무실은 화산 모퉁이의 도관 십이동에 두었다. '화음현 문사연구회'는 성 민족사무위원회의 요구를 근거로 1963년 9월『화산도교 역사자료』(초고)를 엮어 내어, '화산도교 역사자료연구팀'이라고 서명하고 유인본으로 상급기관에 보고하였다.『화산도교 역사자료』(초고)는 모두 열 하나의 절로 이루어져 있다:

1) 옛날 화산은 수도자의 '봉래선경'(蓬萊仙經)이었다.

2) 도교계파에 속하는 은사와 신선

3) 화산 도교구(道教區)의 특징 - 단일한 도교구

4) 화산도교 全眞系派의 연원

5) 화산묘우(華山廟宇)의 건설에 대한 고찰. 附: 화산도로의 건설
6) 화산도사 중의 유명인물
7) 화산 도교도(道教徒) 경전연구 및 그 연구에 대하여
8) 화산에서 모시는 주요신들
9) 화산도사의 역대 그 지방주민들과 사회사업에 대한 공헌
10) 해방 후 화산도교의 새로운 국면
11) 부록: 각 묘법권통계(廟法眷統系)

이상의 두 가지 유인본은 섬서에 지금까지 나타난 중화인민공화국 성립 후 30년 간 매우 드문 도교연구저작으로 매우 진귀한 것이라 여길 만하다.

그 후 얼마 안 있어 섬서는 '사회주의 교육운동'을 진행하기 시작하고, 곧 이어 바로 '문화대혁명'이라는 십 년 간의 큰 재앙이 일어나 도교문화연구는 할 수없이 중단되었다.

개혁개방 후 중화대륙은 사그라졌던 온갖 것이 다시 살아나고, 다양한 학술조류가 나란히 꽃을 피우는 좋은 시기를 맞게 되어, 섬서의 도교문화연구 역시 역사상 초유의 발전을 이루었다. 20년간 훌륭한 성과가 겹겹이 쌓였다고 할 수 있지만 단 필자가 본 것으로는 이미 출판된 도교문화연구 전문저작이 20권 정도이며 도교문화연구와 관련된 문장이 발표된 것으로 200편 정도 있다. 이와 동시에 상당한 수량의 도교문화자료를 또한 엮어 인쇄하여, 금후로 더욱 깊은 연구를 위해 매우 편리한 조건을 제공하였다. 섬서성 도교협회가 창설한 간행물인『삼진도교』(三秦道教)는 지금까지 이미 22기를 출판하였으며 갈수록 더욱 좋아질 것이다.

(1) 전문적인 연구저서(출판시기의 선후로 배열하였으며, 글 속의

나열한 저자의 직무 혹은 직책은 현직이며, 이미 섬서를 떠난 경우는 합시(陝時) 직무(職務), 직칭(職稱)에 나열해 놓았다.)

1) 『道敎全眞派五祖七眞金元高道傳』, 閔智政(全國 政協常委·中國 道敎協會 會長·陝西省 道敎協會 名譽會長·西安市 道敎協會 會長)著, 中國道敎學院, 1990年 3月 內部刊行.

전기(傳記) 부분에 다음과 같은 것이 있다: 태상노군(太上老君)·북오조(北五祖)·칠진(七眞)·왕중양사제(王重陽師弟) 및 관중제자(關中弟子)·구처기(丘處機)가 서역에 알린 윤지평 등 18종사·'玄門十大解元' 및 기타 고도(高道)·남오조(南五祖). 그 나머지 부분에는 『칠진연표대사기』(七眞年表大事記)·『원대포봉오조칠진제사』(元代襃封五祖七眞制詞)·『원무종황제가봉윤지평등십팔종사제사』(元武宗皇帝加封尹志平等十八宗師制詞) 등이 있다. 자료가 상세하고 확실하며 내용이 집중되어 있고, 특히 약간의 쉽게 볼 수 없는 전진도(全眞道) 사료를 수록하고 있어 전진도 역사를 연구하는 중요참고서로 삼을 수 있다.

2) 『道敎儀範』, 閔智亭 著, 中國道敎學院, 1990年 4月 內部刊行.

주요 부분은 다음과 같다: 道敎儀範槪述, 道敎宮觀儀範, 玄科戒律, 全眞齋醮科儀, 冠巾科儀, 道敎徒修養, 『道門十規』개요, 『龍門心法』개요 등. 이 책은 도교도의 행위준칙과 進德修業하는 중요 독서물일뿐 만이 아니라 도교문화연구를 진행하는 데도 매우 효과가 있다.

3) 『道德經釋義』, 任法融(전국정협위원·중국 도교협회 부회

장·섬서성 도교협회 회장)저, 三秦出版社, 1990년 10월 출판.

이 책은 모두 다음과 같이 나뉘어 있다:『總論』,『經文』,『"道"를 해석하는 열 가지 특징』.『총론』은 무극도·태극도 및 무극과 태극의 관계를 중점적으로 설명한다.『경문』은 임도장의『도덕경』에 대한 해석이며,『'도'를 해석하는 열 가지 특징』은 '도'의 특징을 다음과 같이 개괄한다: 1. 虛無 2. 自然 3. 淸靜 4. 無爲 5. 純粹 6. 素朴 7. 平易 8. 恬淡 9. 柔弱 10. 不爭. 이 책은 관점이 독특하고 언어가 간명하며 그 의미가 명확하여, 출판 후 각계인사들의 폭넓은 주의를 받았으며, 일찍이 수 차례 재판하였다. 한국 금선학회는 또한 한글본으로 번역 출판하였다.

『全眞正韻譜輯』, 閔智亭 傳譜, 武漢音樂學院 도교음악연구실 편, 中國文聯出版公司, 1991년 8월 출판.

이 책은 민지정이 전수하여 부른 53수의 전진정운(全眞正韻) 및 15수의 전진도에서 일반적으로 사용하는 경운(經韻)을 수록하고 있다. 간단한 악보를 사용하여 악보를 기록하고, 다시 전창자(傳唱者)가 교정을 거쳐 도교음악의 전파와 연구에 대한 일대 공헌을 하였다.

4)『陜西小武當; 鳳凰山擂鼓帶』, 樊光春(陜西省 社會科學院 硏究員·宗敎硏究所 副所長·中國 宗敎學會 理事) 편저, 삼진출판사, 1991년 12월 출판.

합남(陜南)의 도교명산인 자양현 봉황산의 도교원류에 중점을 두고 기술하면서, 뇌고대 진무묘의 도관·교파·건축·신선보·도교활동·도교음악·비련(碑聯)·시문 및 신선전설과 협남지구에서의 도교의 조기전파와 자양진인 장백단이 내단학설을 창립한 사적에 대해서도 언급한다.

5)『黃帝陰符經黃石公素書釋義』, 任法融 注, 三秦出版社, 1992년 8월 출판.

『황제음부경』에 대한 의미해석과『황석공소서』에 대한 의미해석이라는 두 부분으로 나누어진다.『황제음부경』에 대한 의미해석의 주요내용은 다음과 같다: 도가시조인 황제,『황제음부경』考, 기본사상, 분론, 의미해석.『황석공소서』는 모두 네 개의 장으로 구성되어 있고, 그 주요 내용은 다음과 같다: 황석공이라는 인물과 그 서적에 대한 고증,『황석공소서』의 기본사상,『황석공소서』의 사상과 유가의 윤리규범,『황석공소서』와『황석공三略』,『황석공』에 대한 의미해석. 저명한 종교학가인 임계유(전국인대상무위원회 상위·원중국사회과학원 세계종교연구소 소장)는 序言에서 "이 책은 도교 내단학으로서 음부경의 뜻을 설명하여 일가를 이룬 문장이다"라고 적고 있다.

6)『渌觀道源流考』, 왕사위(서북정법대학 교수) 저, 섬서 인민출판사, 1993년 2월 출판.

작자는 누관의 경적 및 그 외 자료를 두루 조사하고 여러 차례 현지조사를 진행하여, 십 년이라는 시간이 걸려 이 책을 완성하였으며 모두 3편으로 이루어져 있다. 자료편은 누관도를 연구하기 위한 사료근거로서『樓觀內傳』 考略·『古樓觀紫雲衍慶集』 述略·누관비석 및 기타 선별한 중요자료를 포함하고 있다. 원류편은 누관도의 변천과 도법전승과 노자·관윤과 누관의 관계 및 위진남북조시기 누관도의 형성으로부터 현재까지의 발전사를 논술한다. 특징편은 노자를 유일한 교조로 삼고, 五千言을 근본경전으로 삼으며, 도(道)는 근본이고 술(術)은 末단(道本術末)이며·성공(性功)을 먼저하고 명공(命功)을 뒤로하며(先性後命)·몸소 밭을 갈아 자신을 공양하며(躬耕自養)·세상을 구제하고 다른 사람을 이롭게 만들어준다(濟世利人)는 누관도의 기본 특징을 논술한다. 그리고 또 부록으로 5편이 있다. 이 책은 최초로 누관도의 역사를 체계적으로 연구한 학술적인 전문저작이다.

7)『西安八仙宮』, 張建新(섬서성 사회과학원 연구원)·陳月琴(섬서성 사회과학원 부연구관원) 편저, 삼진출판사, 1993년 5월 출판.

팔선궁의 역사 연혁 및 중화인민공화국 성립 후의 상황, 전진도의 팔선궁에서의 지속과 발전, 叢林經濟과 민주적 조직관리체제, 도교문화, 팔선이라 불리는 인물 및 그 전설을 기술한다. 부록은 두 편이 있다.

8)『周易參同契釋義』, 任法融 譯注, 西北大學出版社, 1993년 9월 출판, 1996년 10월 재판.

본디 '만고의 단경왕'이라는 명예를 지니고 있는 『주역참동계』라는 책에 대하여 고증을 진행하고 아울러 각 단마다 풀이하여, 연단(煉丹)과 관련된 정로(鼎爐)·약물 등 전문용어에 대하여 상세한 주석을 달아 놓았다. 작자는 자신의 도교 양생수련에 대한 체험과 장기간의 연구를 결합하여 『주역참동계』에 대하여 독특한 해석을 하였다.

9)『老子養生學密字譜--亳州老君碑注解』, 오극우(섬서 동천시 정협 부주석) 편, 1998년 1월 동천시 내부출판, 2000년 2월 재판.

노자 오십육자 양생밀결은 오늘날의 사람들이 알아볼 수 없는

고자를 이용하여 쓰여져 있는데 전설에 의하면 노자의 책이라 한다. 호극우는 양생의 비결이 실은 송대 도가학자 장도중이『도덕경』의 내용에 의거하여 지은 것이고, 그 글자 또한 '六書'의 자의 구성원리 중 회의자의 구성원리에 따라 창조해낸 것이다. 모두 칠편의 문장을 수록하고 있다: 河南 亳州 老君碑 碑文, 碑文序, 碑文一字三解,『西江月』및 주석, 碑文註解補遺, 白話解碑文, 碑文考. 임범융은 서언에서 이 책이 조국의 오랜 문화유산을 탐색하고 계승하며 널리 드날리는데 큰 공헌을 하였다고 적고 있다.

10)『長安・終南山道敎史略』, 樊光春 저, 섬서인민출판사, 1998년 9월 출판, 모두 일곱 章임.

① 장안의 도교연원 ② 황노도로부터 누관도파까지 ③ 장안도교의 절정기 ④ 나라 수도를 동쪽으로 옮긴 후의 장안도교 ⑤ 장안도교의 재차 홍성 ⑥ 쇠락 중의 굴기(崛起)—명・청의 장안도교 ⑦ 현대 장안도교. 부록은 대사연표와 중요비문을 뽑아 기록해 놓고 있다. 민지정은『서』에서 이 책이 드러낸 대량의 진귀한 사료 및 묘사해내는 역사맥락은 장안 도교사의 진일보 연구를 위한 기초를 마련하였으며, 공백을 메우는 작용을 갖추고있음을 의심할 수 없다. 중국도교문화 우수저적상과 섬서정부 우수사회과학 성과 삼등상을 획득하였다.

11)『丘處機與龍門洞』, 섬서인민출판사, 1999년 2월 출판. 주편 張文(서안 교통대학 교수)・부주편 진법영(陳法永, 섬서성 도교협회 부회장)이고 원고를 쓴 주요한 사람은 번광춘・장응초(섬서성 사회과학원 연구원・중국 종교학회 이사)・장문・주지현(섬서 隴縣 檔案館 간부)이다. 모두 10장으로 되어 있다: ① 洞天福

地 話隴山 ② 丘處機의 龍門隱居 史略 ③ 구처기와 金·元의 사회정치 ④용문丹法 개요 ⑤ 龍門宗支源流 ⑥ 龍門洞 道院과 叢林制度 ⑦ 건축예술 ⑧ 용문 高道傳 ⑨ 용문 藝文 ⑩ 史事紀要. 임법용은 서언에서 이 책은 기이하고 뛰어난 것을 찾아내어, 널리 자료를 인용하여 증명하여, 구조의 공적과 용문 선인의 자취로 하여금 지면에 올려 눈에 분명하게 떠오르게 하였다고 적고 있다. 이것은 최초의 구처기와 섬서 롱현 용문동 도교역사를 체계적으로 연구한 학술적 전문저작이다.

12) 『重陽宮與全眞道』, 王西平(섬서성 사회과학원 연구원·언도서관 관장)·陳法永 주편, 섬서인민출판사, 1999년 5월 출판, 모두 2편임.

제1편은 사략(史略)으로 다음과 같다: 1. 종남의 빼어난 경관(終南形勝聳巨觀) 2. 왕중양의 득도와 전진교 창립 3. 도사들이 걸어온 길 4. 원대의 대발전 5. 말류의 성대함에서 점차적인 쇠락 6. 명청대의 흥기와 쇠락 7. 당대의 전진교.

제2편은 수련방법의 요체와 문헌자료이다: 1. 수련의 요체 2. 문헌자료 및 대사기. 이것은 중양궁 도교역사를 체계적으로 연구한 최초의 학술적인 전문저작이다.

13) 『華岳仙苑--華山宮觀洞天攬勝』, 李高田(渭南 廣播電視報社 간부) 편저, 섬서작가협회, 1999년 내부출판. ① 화산도교 概述 ② 宮觀洞府 ③ 역대 화산道觀을 읊은 詩選 ④ 화산 廟會. 호산궁관동부를 중점적으로 소개하므로 그 기술이 매우 상세하고 그 나머지는 지나치게 간략하다.

14) 『武當三豊太極卷』, 유사전(원서안시 도교협회 상무이사·

섬서성 도교협회 이사) 저, 인민체육출판사, 2001년 5월 출판, 모두 오장으로 구성. ① 태극권과 도교개론 ② 무당 삼풍태극권의 종합적 개관 ③ 무당 삼풍태극권의 내용에 대한 상세한 풀이 ④ 무당 삼풍태극권의 精進 內功 功法 ⑤ 무당 삼풍 태극권 경전권론. 부록: 무당 삼풍태극권의 功理功法 文選. 임법융은 서언에서 이 책은 태극권의 가장 근본적인 이법을 논술하고 있으며, 태극권술을 연마하는 과정에 필요한 하나의 큰 지침서라고 적고 있다.

15)『陝西道敎兩千年』, 번광춘 저, 삼진출판사, 2001년 6월 출판. 서론과 본문 여섯편으로 나뉜다:

제1편; 역사의 발자취, 제2편; 교단의 계파, 제3편; 궁관에 대한 개람, 제4편; 교단조직, 제5편; 예의규범 개요(의범촬요), 제6편; 예술과 방술. 임법융은 서언에서 이 책은 도교신자로 하여금 섬서 도교의 역사를 숙지하도록 하여, 역사를 거울로 삼아, 자각적으로 현대사회에 적응하도록 해주며, 또한 각계 인사들이 섬서도교에 대해 잘 알 수 있도록 도와줄 수 있고, 지방 종교문화의 여행자원을 개발하는데도 중요한 참고자료라고 지적하고 있다.

16)『長安道敎與道觀』, 번광춘 저, 서안출판사, 2002년 2월 출판. 본문은 8장으로 구성됨: ① 장안도교의 역사연원 ② 황노학과 도교조정 ③ 한무제와 장안도교 ④ 누관도파의 전통과 미래 ⑤ '노군자손'의 뿌리찾기 열 ⑥ 당대 장안의 선도 기풍 ⑦ 흥성과 쇠락의 장안 도교 ⑧ 명청 이후의 장안도교. 또한 결어·후기 및 부록, 장안도교 대사연표, 장안도교 궁관일람표가 있다. 후기에서 이 책을 쓴 처음의 심정은 도교를 포함한 각 종교의 각 지역에서의 흥쇠사를 탐구하는 것으로, 오늘날 남아있는 종교문화현상을 이해하

는 것에 대해 매우 유익할 것이라고 지적한다.

(2) **學術文章** (이름배열은 성씨의 필획순서로 하였으며, 글을 쓴 사람의 직무와 직책이 앞글에서 이미 나온 사람은 생략하기로 한다.)

20년 가깝게 섬서학술계와 도교계에 발표한 글들은 매우 많지만 그 가운데 중요한 것을 선별하여 정리한다.

1) 馬興丞: (原 陝西 籠縣 龍門洞 道士):『由"龍門神枕"淺談道教養生學的繼承與發展』.

2) 馬信周: (陝西 扶風縣 西華山廟 道士):『從丘處機磨性山修性所得啓示』

3) 王士偉:『樓觀臺和道教文化』·『老子和樓觀』·『研讀「磻溪集」的幾點心得』.

4) 王永智: (서북대학 부교수):『老子道德論的內涵及其意義』·『論道家生命哲學的本質』

5) 王西平:『重陽宮歷史』·『重陽宮碑石歷史文獻價值初探』·『全眞北宗戒律及其源流初探』·『丘處機"止殺"的歷史眞實與效用之探討』·『「全金詩·王重陽詩」補正』·『「全金元詞」中王喆·馬鈺詞之補正』.

6) 王安全: (섬서 주지현 인민은행 간부):『老子葬地考』·『安樂山記』·『吾老洞中謎』.

7) 任玉讓: (寶鷄市 中醫 專門檢診部 醫師):『試論老子思想與中醫養生理論的關係』

8) 任法融:『太上老君作十四字養生訣釋義』·『試論「周易參同契·鼎器歌」』·『"道"理研講及信仰意義』·『道敎勝地八仙

宮』・『樓觀臺沿革記』・『道敎仙都--樓觀臺』・『呂洞賓在長安酒肆』・『試論道敎的內丹修煉』・『試論老子「道德經」』・『「周易參同契」其書作者及主要內容』・『從「逍遙遊」看丹功的源頭』・『道敎的新生與道敎徒的歷史責任』・『用道德思想批判'法輪功'之虛妄』・『弘揚善道, 服務社會, 與時共進』・『陝西道敎如何跨入21世紀』.

9) 劉蘭芳: (섬서성 사회과학원 부연구원):『全眞道內丹學初探』.

10) 劉學智: (섬서 사범대학 교수):『老子哲學的二重性及其歷史影響』・『陝西道敎文化述略』

11) 劉固勝: (서북대학 부교수):『論李道純的老學思想』・『論邵若愚「道德眞經直解」』.

12) 劉嗣傳:『蘇氏二杰的樓觀情結』・『太極拳是道敎適應社會的產物』・『太極拳呼吸的兩個煉養階段』・『對全眞道形成時自身條件的一點認識』・『兩岸道敎交流之我見』・『詩家之道史, 史家之敎事』・『李白終南山道敎思想寫意』・『孟安排及淸溪山道敎』・『從道敎的角度看修煉之"正""邪"』・『淺談「淸淨經」的心理調節及其修鍊價值』.

13) 安定洲: (섬서 미현 정협 간부):『太白山神仙略考』.

14) 閔智亭:『道敎及其哲學思想』・『道敎修道的精義在貴生』・『一心爲華山做貢獻的老道長--薛太來』・『道樂高雅有待整理』・『全眞派的創立和對傳統道敎的發展』・『「高上玉皇心印妙經」注解』・『純陽子呂洞賓生年考證』・『三秦是道敎萌芽與繁榮之源地』・『道敎與科學』・『陳搏鄕里及主要活動年齡考』・『試論老子道法自然』・『做與時代同步前進的愛國愛敎

道敎徒』・『建設和諧美好的人間仙境』・『道敎信仰生態倫理的態度』・『全眞敎的興起』・『道敎的優良傳統與道敎徒的修養』.

15) 余宗來: (섬서 商洛지구 도교협회 회장):『丘祖百字派秒淺解』

16) 張文: 『「老子」與中國的養生學說』・『陳摶的養生煉心思想』・『試論孫思邈的疾病觀』・『試論符籙大的起源及其文化內涵』.

17) 張世英: (섬서 躍縣 藥王山 박물관 부관장):『孫思邈與道敎』

18) 張應超: 『全眞道創立初期的華山道敎』・『馬丹陽與全眞道』・『道敎與養生』・『郝大通--全眞華山派開派祖師』・『丘處機與全眞道』・『明祖皇帝與道敎』・『陳摶與「周易」』・『李道純與全眞道』・『王重陽與全眞道的創立』・『孫思邈與"天人合一"學說』・『新中國成立到"文化大革命"前的華山道敎』・『臺灣香港道敎文化見聞・『全眞道與儒釋墨簡論』・『王常月與全眞道的中興』・『馬丹陽陝西弘道述評』・『華山道敎攬勝』・『"七眞"對全眞道創立與發展的貢獻』・『簡論丘處機傳道中對全眞道發展的貢獻』・『港島聞道』・『道敎與社會生活』・『山陽天柱山道敎』・『全眞道創立初期馬丹陽在陝西的弘道活動』・『從陝西的道敎碑石史料看成吉四汁與全眞道的關係』・『道敎參與現代社會生活的可能性與必要性』・『新世紀中發揚廣大道敎文化的思考』.

19) 陳月琴:『八仙群體的產生, 發展和演變』・『淮南八公之辨析』・『董淸奇與「除欲究本」』.

20) 趙吉惠: (陝西 사범대학 교수):『道家, 道敎與中國社會』

21) 庞進: (서안일보 편집주임):『龍與宗敎』·『龍門洞』

22) 胡義成: (陝西省 사회과학원 연구원):『龍門丘祖平等歌』

23) 胡誠林: (陝西省 도교협회 비서장):『愛國愛敎, 救世利人, 主動挑整,　積極適應--對新時期道敎與社會主義相適應的思考』·『澳洲的道敎信仰與黃大仙祠』·『緬懷張至正道長』·『道家唱情』·『道敎勝地黃山宮』·『西安道敎展新姿』·『只有"貴生重德"才能功果圓滿』.

24) 員信升: (陝西省 도교협회 부회장):『陝西道敎簡況』·『西安萬壽八仙宮』·『道敎對生命科學的探索和社會文明的貢獻』·『國强則敎興,　弱國無外交』·『陝西高原上一顆璀璨的明珠』·『古老的道敎文化在華山風景旅遊區的重要性不應忽視』등.

25) 秦鳳崗: (銅川市 王家河 基建技校 교사):『老子「道德經」著于何地』·『黃帝陵祭奠』·『陝西的祭山崇拜』·『女神祭俗』.

26) 賈慧法: (陝西省 도교협회 부비서장):『淺說道敎義理在國畵藝術中的延伸』.

27) 黃崇淸: (陝西 주지현 關帝廟 도사):『關于道敎現況與前景的幾點思考』.

28) 蕭瀛洲:『全眞道的創立與演變』

29) 梁鑫哲: (陝西省 사회과학원 부연구원):『中國壁畵神仙造像藝術的變遷』·『丘處機與永樂宮壁畵藝術』

30) 謝揚擧: (서북대학 부교수):『老子哲學論』·『道家視域與當代環境哲學視域的融合』.

31) 樊爲之:『魏徵與道家』・『丘處機創建龍門山場820周年學術報告會綜述』

32) 樊光春:『張伯端生平考辨』・『張三豊對老子"無爲"說的繼承與發展』・『從王重陽詞作看全眞道的養生思想』・『道家自然觀與可持續發展』・『當代陝北廟會考察與透視』・『漢武帝與儒道二教的形成』・『南宗源起北地淺說』・『司馬承禎的道與術』・『西王母與早期道教神仙信仰』・『正本淸源說內丹』・『內丹術與現代社會』・『陝西道教建築藝術槪論』・『天人合一: 孫思邈與中醫保健的認識前提』・『龍門律宗陝西傳戒記略』・『關于老子陵廟論證的幾個問題』・『長安道文化區・龍山文化區』.

34) 魏琪: (陝西省 사회과학원 부연구원):『從全眞精神看道教的世俗化』.

(3) 道教刊行物 ―『三秦道教』

 1987년 섬서성 도교협회연구실에서 도교문화 종합성 간행물 『삼진도교』를 시험적으로 엮어 간행하였는데 잠정적 부정기 내부 간행물이다. 주편: 蕭瀛洲, 副主篇: 閔智亭・張文・馬天祥이다. 이 간행물은 제1기 출판을 끝으로 정간되었다.

 1992년『삼진도교』가 정식으로 창간되어 매년 한 번씩 내부적으로 간행되었다. 주편: 任法融, 부주편: 閔智亭・張軍・胡零. 섬서도교・노자연구・동천승경・도교논단・도교인물・해외도교・도교지식강좌・우호왕래・도교십진(道教拾珍) 등의 칼럼을 두고 있다.

1993년 1기를 출판하고 1994년에 1기를 출판하였다. 주편은 임법융이고 부주편은 민지정·소영주(상무)였다. 要聞·궁관관리·애국애교 선진사적 등의 칼럼을 증가시켰다.

1995년 반년간으로 바꾸고 1-2기를 합간하였다.

1996년 장문을 부주편으로 보증하고 2기를 출판하였으며 이 해부터 總期號를 엮기 시작하였다.

1997년 1기를 출판하고 戶縣 重陽宮 專門號이다.

1998년 2기를 출판했다.

1999년 3기 출판은 주편이 임법융, 부주편이 민지정·번광춘(집행)이다.

2000년 계간으로 바꾸고 4기를 출판하였으며, 文論精萃·道教藝術·道教醫藥·一家之言 등의 칼럼을 증가시켰다.

2001년 4기를 출판하였다.

2002년부터 편집부 인원에 많은 변동이 있었다. 고문: 민지정, 주편: 임법융, 집행주편: 번광춘, 부주편: 장명귀·원신승·진법영·양숭정·두법정·추통현·호성림. 이미 제2기(총 제22기)를 출판하였으며, 칼럼으로는 권두언·중요문건·중요기사·특집·작업연구·도덕논단·도교예술·도교신선·도교문물·섬서도교·궁관관리·토막 소식 등이 있다. 이 간행물은 문장내용이나 인쇄 질량 면에서 초창기 간행물보다 매우 큰 발전이 있다.

(4) 도교자료의 수집(출판과 발표시기의 순으로)

도교전적 자료집록

『道家養生功法集要』, 王西平 주편, 섬서과기출판사, 1989년

출판. 이 책은 『도장』・『고금도서집성』・『사고전서』 및 기타 전적으로부터 도교양생수련과 관련된 저작 80여편을 선별하여 싣고 간단한 주석을 달고 3편으로 나눠 놓고 있다. 경전편은 『太上老君說上淸靜經注』・『高上玉皇心印妙經』・『黃帝「陰符經」註解』・『「參同契」集注』・『靈寶畢法』 15편을 수록하고 있다. 기공편은 『太上老君養生訣』・『神仙食氣金柜妙錄』・『存神煉氣銘』・『天隱子』・『服氣精義論』・『逍遙子導引訣』・『四時調攝箋』・『太淸調氣經』・『太淸服氣口訣』・『太淸道林攝生論』 등 27편을 수록하고 있다. 단공편(丹功編)은 『陰眞君「還丹歌」注』・『太上九要心印妙經』・『眞龍虎九仙經』・『鍾呂傳道集』・『破迷正道歌』・『敲爻歌』・『金丹四百字』・『還原篇』・『翠虛篇』・『重陽眞人金關玉鎖訣』・『馬丹陽論修眞』・『大丹直指』・『郝大通金丹詩與論』・『孫不二元君法語』 등 42편을 수록하고 있다.

비석자료

섬서도교 비석자료는 매우 풍부하지만 대부분 각현에 분산되어 있어, 초록하거나 읽는 것이 매우 불편하였다. 따라서 도교비석자료의 선별출판은 도교문화연구에 매우 의미가 있다. 이 글은 비교적 집중되어 있는 몇 종류를 뽑아 놓았다.

1) 『藥王山醫碑錄釋--海上方』, 張世英 編注, 三秦出版社, 1992년 4월 출판. 『大醫精誠碑』・『大醫習業碑』・『孫眞人枕上記碑』・『孫眞人養生銘碑』・『孫眞人進上唐太宗風藥論碑』・『孫眞人九轉靈丹碑』・『神仙鷄鳴丸碑』・『靈祐記碑』・『海上方碑』 등의 비문을 수록하고 있으며 간단한 주석이 달려 있다.

2) 『陝西新發現的道敎金石』, 번광춘 집록, 『세계종교연구』 1993년 제2기(1993년 4월 출판)에서 발표. 중화인민공화국 성립 후 섬서에서 출토된 대량의 금석으로부터 『唐紫陽觀道士薛先生墓志銘』・『唐玄都觀觀主牛法師墓志銘』・『唐金仙長公主志石銘』・『唐太平觀女道士王紫虛墓志銘』 등 십여결의 碑銘 및 鐘銘・碑刻畵像聖號文을 선록하고 있으며 고증과 설명을 덧붙이고 있다.

3) 『藥王山醫碑錄釋--千金寶方』, 장세영 편주, 삼진출판사, 1993년 12월 출판. 『孫眞人「福壽論」碑』・『孫眞人「四言詩」碑』・『唐太宗賜眞人頌碑』・『感德軍五臺山靜應廟額敕幷加號妙應眞人告祠碑』・『孫眞人先塋碑記』・『千金寶要』・『存神煉氣銘』・『藥州華原縣五臺山孫眞人祠記碑』 등의 비문을 수록하고 있으며 간단한 주석이 달려 있다.

4) 『樓觀臺道敎碑石』, 王忠信 편, 삼민출판사, 1995년 12월 출판. 이 책은 당왕조 무덕 9년(626)부터 民國 30년까지(1941)의 도교비석 84通을 모두 수록하고 있으며, 비문(碑文) 백여편은 간단하게 설명하고 표점을 달아 놓았다.

5) 『重陽宮道敎碑石』, 劉兆鶴・王西平 편주, 삼진출판사, 1998년 4월 출판. 이 책은 全眞道 祖庭 重陽宮의 石刻碑文・詩詞 40여편(首)・畵像 2幅・題字 2幀・圖 1面을 수록하고 있다. 기존의 저록 외에 10여편을 증보하였다. 책 뒤에 부록으로 중양궁의 역사와 중양궁 대사기가 있다.

이 외에 이미 출판되어 있는 『咸陽碑石』・『華山비석』・『漢中비석』・『安康비석』・『潼關비석』・『高陵비석』・『澄城비석』 속에도 역시 도교문화와 관련 있는 자료가 약간 있다.

2. 도교문화의 해외교류

섬서의 대외적 도교문화교류는 개혁개방 이후에야 참으로 시작된다. 이 글은 문장편폭에 한정하여 섬서와 홍콩, 대만 및 국외의 도교문화와 관련된 상호 방문교류와 섬서 안에서 개최한 도교문화 학술회의만을 기술한다. 완전한 통계는 아니지만 2002년 8월까지 홍콩, 대만 및 외국과 상호방문 교류한 것이 40차례 있고 학술회의를 개최한 것이 10차례가 있다. 그것을 시간 순서대로 기술하면 아래와 같다.

(1) 방문교류

1988년:

6월 12일부터 27일까지, 민지정 도장(道長)과 중국도교협회 부회장 사종신 도장이 캐나다 터론토시의 초청에 응하여 그곳에 가서 학술강연을 하였다. 이것은 중국도교사상에서 도사가 최초로 태평양을 넘어 국외로 가서 강연한 것이다. 민도장은 주로 도교철학을 강연하였다.

9월 22일부터 10월 13일까지, 일본의 유명한 도교문화연구 학자이자 동경대학 동양문화연구소 교수인 蜂室邦夫·漥德忠 및 그 조수 末木文美士·原田二郎·吉田純 등이 섬서에서 도교문화의 현지답사와 교류를 진행하였고, 가본 곳은 다음과 같다: 서안의 八仙宮·東岳廟·城隍廟, 화산의 玉泉院·純陽觀·仙姑觀·五

里觀 玉帝洞・雲臺觀 遺址, 驪山의 老君殿・老母殿, 戶縣의 重陽宮, 周至縣의 樓觀臺, 寶鷄縣 磻溪 釣魚臺, 寶鷄市 金臺觀. 섬서성 사회과학원 과연처장 李三槐・외무비서 韓振乾・조리연구원 장응초는 구역을 나누어 그들을 데리고 방문답사 하였다. 1990년 2월 봉실방부가 『중국도교의 현황--도사・도협・도관』을 엮어 출판하였는데, 위에서 말한 답사교류자료가 이 속에 수록되어 있다.

1992년:

9월 12일부터 15일까지 대창명 단장이 이끄는 대만 현문홍법성회 연초법회단 일행 160명이 누관대에서 연초조성(演醮朝聖)하고 누관대 도사와 '중국도교 누관대 연초법회'를 거행하였으며 아울러 도교문화를 열심히 교류하였다. 이것은 해협 양안이 격절된 지 40여 년이 지난 뒤 도교 전진파(全眞派)와 정일파(正一派)가 처음으로 연합도장을 거행한 것이다.

12월 2일부터 10일까지 홍콩 蓬瀛仙館의 초청에 응하여 섬서성 도교협회 任法融 회장과 墨道人 孫明瑞(畵家) 도장이 중국 도교협회 대표단에 참가하여 홍콩을 방문하고 학술강연을 하였다. 홍콩에 머무는 기간에 靑松觀・蓬瀛仙館・黃大仙觀・圓玄學院・信善玄宮 등 유명한 도관을 방문하였으며 임도장은 도관을 위하여 편액・대련을 써주었으며 묵도인은 도관에 그림을 증정하였다.

1994년:

11월 4일부터 19일까지 대만 高雄文化院과 대북 文化三淸宮의 초청에 응하여 중국도교협회 부회장 陳蓮笙을 단장으로 하는 도교문화교류단이 대만을 방문하였는데, 섬서도교협회에서 파견한

회원도 그곳에 참가하였다.

11월 22일부터 28일까지 중국도교협회의 초청에 응하여 홍콩도교 竹林仙館 주석인 何聯理를 단장으로하는 죽림선관 참방단이 국내를 방문한 기간동안 팔선궁·누관대를 방문하였다.

1995년:

6월 25일부터 7월 1일까지 홍콩도교연합회 부주석 趙鎭東의 초청에 응하여 임법융 도장을 단장으로 하는 섬서성 도교참방단 일행 구인이 홍콩 원현학원·봉영선관·죽림선관·신선현궁·청송관 등 도교궁관에서 진인을 참배하고 아울러 도교문화교류를 진행하였다. 이것은 섬서성이 처음으로 단을 조직하여 홍콩을 방문한 것이다.

10월 4일부터 18일까지 싱가폴 도교총회의 초청에 응하여 중국도교협회팀단이 싱가폴로 가서 '道敎文化月' 활동에 참가하였는데 서안에서 파견한 인원도 그곳에 참가하였다.

1996년:

6월 4일, 홍콩 신선자결현관(信善紫闋玄觀) 도교참방단이 서안 팔선궁에서의 방문교류를 초청하여 慶祝祈福道場을 거행하였다.

6월 27일부터 7월 29일까지 영국도교협회의 초청에 응하여 섬서성 도교협회 부회장 장명귀·이사 풍홍교·팔선궁 도사 황세진이 영국 에딘버그시 등지를 방문하여, 도교의 역사·본보기·수련방법을 설명하고 도교의 예의(禮義)·정공(靜功)·팔단금(八段錦) 시범을 보였으며 또한 태극권 공법을 영국의 애호자와 함께 교류를 진행하였다.

9월 21일 홍콩도교연합회 부주석 오약동 일행 10명이 중국도교협회 연락처 주임 손동창의 동행아래 팔성궁을 방문하고 감원 민지정 도장 및 그 도우과 함께 도교문화교류에 대하여 좌담을 진행하였다.

9월 25일부터 30일까지 대만 대중시 도교계 수궁 일행 45명이 팔선궁의 초청에 의하여 섬서를 방문하였다. 섬서에 머무는 기간에 황제릉을 배알하고 누관대, 중양궁 등 유명한 도교궁관을 참방하고, 八仙宮에서 융중한 복을 비는 도장과 해협양안 도교학술교류 좌담회를 거행하였다.

1997년:

10월 하순에 섬서성 도교협회의 초청에 응하여 천사도(天師道) 조사(祖師)인 장도릉 제63대 계승자·미국 하와이 태현도관(太玄道觀) 주지(主持) 장이향 박사 일행이 섬서를 방문하였다. 섬서에 머무는 기간 팔선궁은 그를 위해 복과 행운을 비는 도장을 행하였다. 장박사는 누관대·중양궁·청양궁 등 도교성지를 방문하였으며 도교의학·의리·양생·과의·부록·태극권 등에 대하여 섬서 도우들과 폭넓게 교류하였다.

1998년:

1월 7일부터 14일까지 싱가폴 옥허(玉虛)도교협회의 초청에 응하여 민지정(閔智亭)을 단장으로하는 섬서 도교과의(科儀)문화교류단이 싱가폴에 가서 도교과의를 교류하였다.

4월 10일부터 16일까지 팔선궁의 초청으로 싱가폴 옥허도교협회 주석인 진군영 일행 19명이 섬서를 방문하여 교류하고, 팔선궁·화산 옥천궁·여산 노모전 등 도관을 방문하였으며, 아울러 옥천원에서 도장(道場)을 행하였다.

5월 26일 대만 성화궁(聖和宮) 참방단(參訪團)이 누관대를 방문하였다.

8월 28일부터 30일까지 독일 47명의 태극권 및 도교문화 애호자가 조직한 방문단이 누관대에 와서 태극권 공리(功理)·공법(功法)을 배우고 임법융 도장에게 도교지식에 대한 가르침을 청하였다.

9월 29일부터 10월 2일까지 대만 중화도교숭도회 이사장 홍견문(洪見文)을 단장으로 하는 해협양안 교류단 일행 71명이 섬서 岐山의 주공묘·누관대·팔선궁·여산 노모전 등 도관을 방문하고 도교문화교류를 진행하였다.

9월 30일 대만 해협양안 도교문화교류 비서장 소원천이 이끄는 조성단 일행 75명이 누관대를 조배(朝拜)하고 설경대 대전에서 대형 조배례의(朝拜禮儀)를 거행하였다.

11월 2일부터 11일까지 대만 弘揚社會道德文敎基金會의 초청에 응하여 중국 도교협회 임법융 부회장과 장계우·정상운 두 분 부회장이 대만에 가서 도교교의문화에 대하여 발전과 교류를 진행하였다. 대만에 머무는 기간에 임도장은 도교의 신앙의의에 대하여 주로 강연하였다.

1999년:

1월 1일부터 3일까지 영국 도교신도 에드윈·피터·파월지 부인 진혜령이 자양선인동에 와서 사부인 풍흥(馮興)교와 선인동 성지를 배알하였다. 영국 학도자들은 머리에 도관을 쓰고 도포를 입고 매우 경건하였다.

3월 4일부터 3월 13일까지 대만 남화관리학원 종교연구센터의 초청에 응하여 중국종교학회 이사·섬서성 사회과학원 장응초가 대만에 가서 '제2차 해협양안 도교학술 연구토론회'에 자리하여, 그 회의에서 『'七眞'對全眞敎創立與發展的貢獻』이라는 제목으로 논문을 발표하였다. 돌아오면서 홍콩을 경과할 때 信善玄宮·信善紫闕玄觀·蓬瀛仙觀·靑松觀 등 유명한 도관을 방문하여 도교문화교류를 진행했다.

6월 19일부터 7월 13일까지 독일 진식태극권 총회와 러시아 영벽(影壁) 클럽의 초청에 응하여 누관대 지객(知客)인 유사전이 스루어원니아로 가서, 독일·러시아·이탈리아·폴란드·스위스·미국으로부터 온 130여명의 '99도교와 태극권 수련대회'에 참가한 도교와 태극권 애호자들을 위하여 도교 교리교의와 도교양생을 강연하였으며 태극 단공법과 태극권을 시연하였다.

7월 3일부터 5일까지 싱가폴 삼청도교회의 초청에 응하여 중국도교협회팀단이 싱가폴에 가서 '99 도교대회선언 및 싱가폴 삼청도교회 성립 20주년 경축회'에 참가하였는데, 임법융 도장이 단원을 이끌고 갔으며 『'道德經' 初探』이라는 제목으로 강연하였다.

7월 11일부터 13일까지 대만 구선궁 궁주 요종동을 단장으로 하는 방문단 일행 17명이 화산에 와서 성인을 참배하고 도교문화교류를 행하였으며 옥천원(玉泉院)·대상방(大上方)·구천궁(九天宮) 등 도교궁관을 배알하였다.

7월 21일부터 23일까지 호주 시드니 황대선사(黃大仙祠) 이사장 진금충의 초청에 응하여 민지정을 단장으로하는 중국도교대표단 일행 7명이 호주에 가서 황대선사의 개안의식(開眼儀式)에 참가하였으며 호성림 도장이 함께 동행하였다.

11월 23일부터 26일까지 홍콩 봉영선관의 초청에 응하여 민지정을 단장으로 하는 중국도교협회 대표단이 홍콩에 가서 봉영선관 성립 70주년 경축활동에 참가하였는데 장응초도 초청에 응해 갔다. 홍콩에 머무는 기간에 신선현관·원현도관·청송관·성선진당 등 유명한 도관을 방문하고 도교문화 학술교류를 하였다.

2000년:

6월 중순에 대만 오로재신묘 일행 15명이 누관대·여산 노모전 등 도관에 와서 참배하였다.

6월 25일부터 7월 9일까지는 대만 중국전진도교회의 초청에 응하여 임법융 도장이 중국도교협회 도교문화교류단 일행 11명을 인솔하고 대만을 방문하였고, 서안시 도교회 호성림 비서장도 동행하였다. 교류단은 高雄道德院·旗山 全眞道敎 總廟 등지에서 '도교문화를 널리 알리고 세계평화를 진전시키자'라는 이름으로 좌담회를 개최하였다.

7월 6일부터 11일까지는 홍콩 영주선관의 초청에 응하여 민지정 도장 등 일행 4명이 중국도교협회를 대표하여 홍콩에 가서 홍콩 봉영선관이 '道敎文化資料庫'라고 인터넷에 올린 1주년을 축하하는 행사에 참가하였다.

8월 21일부터 31일까지는 미국 종교계의 초청으로 민지정 도장이 중국 5대 종교지도자 고급대표단의 구성원자격으로 미국 로스앤젤레스·샌프란시스코·워싱턴·하와이 등지를 방문하여 중국 도교발전의 현황을 소개하고 도교는 "자애로써 화해를 이루고, 세상의 어려움을 구제하며, 환경을 아끼며, 자연생태를 보호하고, 인류의 평화와 우의"를 위한다고 주장하였다. 8월 28일에는 민도장이 뉴욕 연합국 총본부에서 열리는 '세계종교지도자 평화천년대회'

에 참석하여 『자연을 사랑하고 생명을 존중하자』라는 제목으로 발언하였으며 하와이주 주장(州長)이 그에게 육예대학(六藝大學) 철학박사학위를 수여해 주었다.

10월 3일부터 7일까지는 미국 '도대학'(道大學) 교장 마이클이 본교생 45명을 이끌고 누관대로 와서 도교문화를 배웠다. 임법융 도장은 그들에게 『도덕경』의 중요의미를 강연해주고 도교공법을 전수하였다.

2001년:

8월 28일부터 9월 3일까지 독일의 중국무술 스타인 史楊(중국이름)이 인솔하는 독일의 중국태극권 여행단 일행 16명이 누관대·화산·팔선궁 등 유명도관을 방문하였다. 임법융 도장은 그들을 위해 『도덕경』을 강설하였고, 임홍지(섬서성 도교협회 부비서장)·유사전 등의 도장은 그들의 단공과 태극권 공법을 지도하였으며 또한 종교철학 등의 주제에 대하여 교류하였다.

10월에는 한국 금선학회 최병주 회장이 번광춘·유사전의 동행 아래 처음으로 장안현 자오곡을 조사하였다.

2002년:

3월 26일부터 4월 2일까지는 말레이시아 메이리(美里)성 연화삼청전의 초청에 응하여 장계우 부회장이 도교협회 방문단 일행 27명을 이끌고 '메이리성 연화산 삼청전 낙성식 및 세계평화기원법회'에 참가하여, 도교문화를 교류하였으며 호성림 도장이 방문단과 동행하였다.

3월에 한국 '세계금선학회' 최병주 회장이 다시 장안현 자오곡에 와서, 당대 신라인 김가기가 장안에 와서 수도할 때 은거한 종남산 자오곡의 수도지 및 『김가기전』 마애석각을 현지 조사하였다. 섬서성 도교협회 진법영·유사전·변광춘이 동행하여 조사하였다.

5월 14일부터 15일까지 미국 道友단 일행 9명(그 중 7명은 여성임)이 미국 도교협회 회장 장마극의 인솔 아래 팔선궁·누관대·화산으로 와서 도관을 방문하고 배웠다. 영청(聆聽) 도장은 도교경전·도가 화산파의 수련공법·여성의 수련방법 및 주의사항을 설명하고 관련주제에 대하여 토론하였다.

(2) 학술회의개최

개혁개방의 부단한 발전과 함께 90년대에 접어든 이후 섬서는 연이어 도가와 도교문화 학술회의를 개최하여 도교문화연구를 촉진시키고 해내외의 학술교류를 증강시키는 데 적극적인 촉진작용을 하였다.

1992년 5월 15일에 섬서성 사회과학연합회가 주최하는 '노자사상 연구토론회'가 서안에서 열려, 국내에서 온 50여분의 학자가 초청에 응하여 참가하였다. 섬서학자 장기지(섬서성 사회과학연합회 주석·원 서북대학 교장)·조길혜·조복결(서북정법학원 교수)·왕사위·공걸(서북대학 교수)·유보재(서북대학 교수)·유학지 등이 논문을 발표하였다. 회의는 노자의 철학적 공헌·노자 및 도가학파의 원류탐색·『노자』와 근현대과학 등의 주제에 대하여 깊은 토론을 진행하였다. 회의 기간에 '섬서성 노자사상 연구회'를 세웠다. 회의 후에 논문집을 출판하였다.

1992년 8월 21일부터 24일까지 중국사회과학원 세계종교연구소·섬서성 사회과학원과 대만 중화종교철학연구사가 연합하여 개최한 '해협양안 도가사상과 도교문화 연구토론회'가 서안에서 거행되었다. 대륙과 대만학자 50여명이 참석하여 회의논문 26편을 발표하였는데 번광춘·장응초가 논문을 발표하였다. 연구토론회는 주로 노장사상 및 그 유변·도가와 도교의 관계·노자사상과 현대 서양철학 등의 주제로 심층적 토론을 진행하였다. 회의를 마친 뒤에 대만 중화종교철학연구사가 『도가사상문화 - 해협양안 도가사상과 도교문화 연구토론회 논문집』을 출판하였다.

1992년 10월 15일부터 17일까지 중국도교협회 도교문화연구·서안시 도교협회·서안 팔선궁이 발기하여 개최한 '서안 중국도교문화 연구토론회'가 서안에서 열렸다. 국내외에서 온 전문학자·도장 61명(그 가운데 미국·프랑스·러시아·한국·일본 등의 나라에서 온 9명과 국내 52명)이 참석하였으며 41편의 논문을 거두었다. 회의는 도교의 세계의의·도교정신·도교문화와 민족문화가 각기 체계를 이루는 관계·도교문화의 과학적 가치·도교문화와 경영과학·도교문화와 철학·도교와 중국의학 등의 주제에 대하여 깊은 토론을 진행하였다. 민지정·임법융·장문·소영주·초문빈(焦文斌, 섬서사범대학 교수)·비병훈(서북대학 교수)·왕사위·번광춘·공령홍(서안시 사회과학원 부연구원) 등 섬서의 도장과 전문학자가 학술논문을 제출하였다. 같은 해 12월 중국도교협회에서 『서안 중국도교문화 연구토론회 논문집』을 출판하였다.

1993년 11월 16일부터 19일까지 섬서성 사회과학 연합회가 주최한 '노자사상의 현대적 가치 연구토론회'가 서안에서 개최되어, 국내의 50여명의 학자가 초청되어 참가하였는데 논문을 제출한 섬서학자는 1992년 5월의 '노자사상 연구토론회'와 기본적으로 같다.

1995년 6월 26일 서안 팔선궁과 대만 중화종교철학연구사가 연합하여 주최한 '도가화산학술대회' 좌담회가 서안에서 거행되었다. 대륙과 대만학자 40여명이 참석하였으며 회의 논문 20여 편이 제출되었다. 회의는 중화종교철학연구사 창설자인 입옥계(涵靜老人)선생의 8년 항일전쟁 기간 화산에서의 수도활동을 기념하기 위해 거행되었으며 토론주제는 송대에 오랫동안 화산에서 수도한 유명한 도사 진단(陳搏)의 생애 및 그 학술사상이었다. 섬서의 도장과 전문학자 민지정·조길혜·장문·이택즐(서안 석유학원 교수)·하의(서북대학 교수)·유학지·번광춘·장응초·문영녕(원 서안 의과대학 강사)·장성도(원 서안 팔선궁 知客)이 학술논문을 발표하였다. 회의를 마친 후 대만 중화종교철학연구사에서 논문전문집을 출판하였다.

1996년 8월 7일부터 14일까지 섬서도교철학연구회에서 주관하는 전통양생문화 학술교류회가 누관대에서 열렸다. 국내 80여명의 양생학자와 미국·캐나다·독일의 18명의 양생연구자가 참석하여, 하도낙서(河圖洛書)와 수련·도가양생과 龍虎丹法·도교부籙·五雷心法·峨嵋眞功 등에 대하여 토론하고 의견을 교류하였다. 임법융 도장은 『생명의 근원 수련의 근본 - 하도낙서의 수와 수련의 관계』라는 제목의 주제발표를 하였다.

1997년 8월 6일부터 9일까지 섬서성 사회과학원과 중국 사회과학원 철학연구소 연합으로 주최한 '한·중 유석도 삼교관계 학술연구토론회'가 함양에서 열렸다. 국내외 전문학자 40명(그 중 한국 13명·일본 1명·국내 29명)이 참석하였고, 장응초·번광춘 등이 도교문화와 관련된 학술논문을 발표하였다.

2000년 8월 8일부터 9일까지 섬서성 도교협회와 섬서성 사회과학원 종교연구소가 연합으로 주최한 '구처기 용문산장 창건 820주년 기념'이라는 기념대회 및 학술보고회가 섬서 농현에서 열렸다. 대만·홍콩지역과 국내의 전문학자·도교계·문예계·기업계 및 기타 각계인사 500여명이 기념대회에 참석하여, 100여명이 학술보고회에 참석하였다. 학술회의에서 20여 편의 학술논문을 거두었다. 8월 9일의 학술보고회서 북경학자 주월리, 섬서학자 왕사위·호의성·번광춘·장응초·위기·사양거·방진 등 전문학자들이 구처기 종교사상의 배태·연변·성숙 및 그 특징·전진도의 광범위한 전파 및 계승의 자체요소·농산 도문화와 장안 도문화·녹색종교·용문화와 도교문화·『서유기』와 농산 도문화의 관계 등의 주제에 대하여 발언하였다.

2001년 4월 17일부터 18일까지 『삼진도교』 편집부 창의병(倡議幷)이 주관하는 전국부분 도교발간 주편 좌담회가 연안에서 열렸다. 회의는 번광춘(『삼진도교』 집행주편)이 사회를 보고, 임법융(『삼진도교』 주편)이 환영사를 하였으며, 왕의아(『中國道敎』 부주편)·장진국(『상해도교』 집행편집인)·양세화(『茅山道院』 주편)·번광춘이 각각 협간에 대한 생각을 소개하였다. 회의는 도교 신문간행이 반드시 준수해야할 원칙·학술성과 지식성의 통일을 어떻게 할 것인가·작자들과 편집인들을 바꾸는 문제 등에 대하여 깊은 토론을 진행하였다.

2001년 9월 8일부터 12일까지 서안시 주지현 인민정부·서안시 여행국·서안시 사회과학원이 연합하여 주지현 누관대에서 노자문화주와 '노자사상과 21세기 학술연구토론회'를 개최하였다. 국내와 대만·홍콩의 저명학자 및 일본의 유관인사 65명이 초청에 응해 학술연구토론회에 참석하였고, 섬서학자 조길혜·조복결·왕사위·공결·사장태(서안 연합대학 교수)·호의성·한리주(서북대학 교수)·유학지·번광춘·장응초 등이 논문을 발표했다. 학술회의는 노자사상의 현대적 가치·노자철학사상의 내함·『노자』문본의 변천·노자의 생애사적·노자와 도교의 관계·도가문화의 광범위한 영향 등 다양한 주제에 대하여 깊은 교류를 진행하였고, 노자가 서행(西行)하여 진(秦)으로 들어가 누관에서 경(經)을 설한 것 및 진(秦) 땅에서 늙어 죽었으며, 서누관 대릉산에 묻혔다는 역사사실에 대한 고증이 특히 주목을 끌었다.

 우리나라 개혁개방의 부단한 전개와 서부 대개발이라는 매우 좋은 기회가 도래함에 따라, 섬서의 도교문화연구는 장차 더욱 높이 층을 쌓아 올릴 것이며, 사람들로 하여금 한층 더 고무적인 성과를 얻도록 만들게 될 것이다.

서안과 한반도 간의 도가·도교문화의 교류

· 진경부 ·
陳景富, 섬서성 사회과학원 연구원·중한문화교류센터 주임

　도교의 기초는 귀신숭배·신선·방술·황노학설 중의 신비주의이다. 그것이 의거하는 이론이 되는 중요전적으로는『老子』(즉『道德眞經』)·『莊子』(즉『南華眞經』)·『列子』(즉『冲虛眞經』) 등이 있으며, 그 종교적 이상 (혹은 종교의 목표)은 엄격한 수련을 통하여 우화비승(羽化飛升, 신선이 되어 날아오름)·연년익수(延年益壽, 수명이 늘어나 장수함)·장생불사(長生不死, 생명이 지속되어 영원히 죽지 않음)·호국안방(護國安邦, 나라를 지키고 편안하게 유지함)이다.

　중국의 신선·방술은 선진시기에 생겨났는데, 가장 이른 시기로는 하·상·주라는 3대로 거슬러 올라갈 수 있다. 진한시기 제왕의 숭상으로 인해 전성기에 도달하였으며, 거의 동한에 이르러서는 황노학에 의해 대체되었다. 그 후 오래지 않아 신선을 말하는 자들이 시신을 빌리고 혼을 다시 불러 황제와 노자를 신격화하였다. 이로부터 도교의 이론기초가 잡히고 아울러 자신들의 최고 교주를 확정하게 되었다. 도가사상이 발전하여 도교교단의 최신형태로 된 것은 태평도와 오두미도이다. 이 후 남천사도(南天師道)·북천사

도(北天師道)·정일교(正一敎)·전진교(全眞敎) 등의 단계를 거치게 된다. 장기간의 변화과정 중에 조금씩 유교·불교와 조화를 이루게 되며 최종적인 융합을 실현한다.

도가사상과 도교발전의 각 단계마다 그것은 하나의 특정한 신앙문화형태로서 대부분 인접한 한반도 국가에 영향을 미쳤다. 그런 후 그것을 통하여 다시 동영(東瀛, 동쪽바다) 일본에 영향을 주었다. 그리고 13개 조대(朝代)의 수도로서 장안의 도가·도교문화는 반도와 어떤 관계가 발생하게 되었는데 주로 주·진·한·당이라는 네 개의 조대에 출현하였다.

1. 서안(西安) 도가 및 도교문화의 한반도에로의 전파 개술

도교가 발생하기 이전에 신선을 구하기 위하여 조선과 왕래한 선구자는 누구일까? 한국학자는 『사기·오제본기』의 "(황제)가 동으로 바다에 이르러 환산에 이르렀다(黃帝)東至于海, 登丸山)"에 관한 기록을 근거로 황제라는 인물이 일찍이 조선반도를 거쳐갔다고 생각한다. 그 이유는 '환산'(丸山)은 곧 그 경내의 '태백산'의 다른 이름이기 때문이다. 이런 견해는 반드시 역사사실에 부합하지는 않는다. 왜냐하면 황제 東巡이 비록 '동해에 이르렀다(至東海)'고는 하지만 아직 오늘날 산동의 관할영역을 벗어난 것이 아니므로 이른바 '환산'(혹은 '凡山'이라 말함) 역시 태백산이라 할 수 없다.

비교적 믿을 만한 문헌기록을 살펴보면 신선술사가 조선반도와 관계가 발생한 것은 응당 영진(嬴秦)시기이다. 역사기록에 진시황이 장생불로를 구하기 위해, 바다 위 선산에 불사약이 있다고 굳게

믿었으며, 그리하여 서시(徐市, 徐福)·한종(韓終)·노생(盧生)·
후공(侯公)·석생(石生) 등 방사(方士)를 연이어 파견하여 바다로
들어가 그것을 구하도록 하였다. 그 가운데 서시와 한종(韓終) 두
사람은 아마도 조선반도를 거쳐, 오늘날의 한국 경상남도 남해군에
아직도 서시라는 이름으로 '서시기례'(徐市起禮)라고 돌에 새겨져
전해지고 있다. 이 사건이 사실인가 아닌가는 당연히 좀더 고찰해
보아야 할 것이다. 한종(衆)에 관하여 『사기』 시황본기는 "떠나간
뒤 소식이 없다(去不報)"라고 말할 뿐이고 어느 방향으로 갔는지
명확하지 않다. 진 왕가(晉 王嘉)의 『습유기』(拾遺記)는 그가 조선
반도 남부에서 '삼한' 중의 하나인 마한국(馬韓國)을 세웠으며, 그
의 아들 한치가 일찍이 한(漢) 혜제 2년(기원전 193년)에 한나라 장
안으로 들어와 황제를 알현하고, 자칭하기를 '동해신선'(東海神仙)
의 사자(使者)라고 하고, 아울러 약간의 법술(法術)을 시연해 보였
는데 그 후 어디로 갔는지 알 수가 없다라고 말한다. 이로 인해 혜
제는 일찍이 장안성 북쪽에 일부러 그를 위해 선관(仙館) - 사한관
(司韓館)을 세워놓고, 그것을 기념하고자 하였다. 이런 기록들은
아마도 서시·한종, 이 두 사람이 분명 조선반도를 경유하였다는
것을 설명할 수는 있지만 조선반도가 곧 신선의 근거지라는 것을
설명할 수는 없다. 왜냐하면 서시 본인은 결코 신선을 방문하지도
않았으며, 선약을 찾지도 못하였다. 그리고 한치 역시 약간의 '신기
한 술법(異術)'을 보인 후에 어디로 갔는지 알 수가 없으며, 그가
한종의 아들인지, 마한에서 와서 다시 마한으로 돌아갔는지 등등
모두가 겹겹이 쌓인 의문투성이에 불과하기 때문이다.

 도가사상과 문헌이 조선으로 전래된 것으로 가장 이른 시기는

아마도 진(秦)이 육국(六國)을 멸망시킨 전후일 것이다. 당시 제·노·연의 유민(遺民) 일부가 전란을 피하기 위해 바다를 넘거나 강을 건너 조선반도로 갔으며, 또한 반도의 동남부에 배치되어 정착하였으며, 후에 현지의 원주민들과 공동으로 진한국(辰韓國)의 주민을 구성하였다. 그러므로 역사상 진한(辰韓)을 또한 '진한'(秦韓)이라고 부르기도 하는데, 그들이 아마도 도가사상과 문헌을 전파한 선구자일 것이다.

특히 주의할 만한 것은 한 무제의 한반도 정복 및 최후에 군(郡)을 설치하여 통치한 것이다. 이것이 마땅히 도가사상과 문헌이 해동으로 전파된 중요한 역사시기일 것이다. 한편 한나라 조정의 동정군대(東征軍隊) 가운데 수많은 사병 외에도 적지 않은 문신무장 등 고위층 인물이 있었으며, 그들 가운데 약간은 아마도 도가사상의 신앙자 또는 몸에 도가전적을 지니고 있었을 것이다. 다른 한편으로 군을 설치하여 통치한 후에 반도와 한 중앙조정과의 연락이 한층 더 견고해졌을 것이고, 이것은 틀림없이 도가사상을 포함한 화하문화(華夏文化)가 동으로 전해지기 위한 대대적인 조건과 기회를 만들어 주었을 것이다. 이것은 마땅히 말로 하지 않아도, 생각만으로 알 수 있는 사실이다.

일본문헌 『古事記』・『日本書記』・『日漢三才畫集』 등의 기재에 의하면 일본 응신천왕 15・16년(284-285년)에 백제의 아직기・왕인이 일본에 『논어』・『천자문』・『효경』・『산해경』 등을 전했다고 한다. 일본학자 흑판승영(黑板勝英)은 이것을 근거로 왕인이 전래한 서적 가운데 또한 도교의 전적도 포함되어 있을 것이며, 이 일은 이 이전에 도교전적이 이미 백제에 전해졌음을 설명해

준다고 추측한다. 한국학자 이능화는 그의 『韓國道敎史』라는 책에서 흑판승영의 관점을 지지할 뿐만이 아니라 한발 더 나아가 당시 중국 동북부에 성행한 천사도 및 도교의 각종 술수 역시 이미 백제에 전래되었을 것이라고 추론하여 말한다. 당연히 이것들은 모두 간접적인 자료이며 또한 추측이나 추론이 많다.

명확한 문자기록으로부터 말하면 조선반도는 공원 4세기 말에 도가사상이 이미 민간에 깊숙이 스며들어 있었으며, 백제장수인 막고해도 도가학설을 깊이 숙지하고 있었다. 그는 일찍이 『노자』의 '知足不辱, 知止不殆(족함을 알면 욕되지 않고 그칠 줄을 알면 위태롭지 않다)'를 인용하며 근구수왕(당시는 태자임, 375-383년 재위)에게 고구려 침입군에 대한 국경을 넘어선 추격을 정지할 것을 권하였다. 이것을 근거로 도가전적이 이 이전에 이미 백제에 전해졌음을 미루어 알 수 있다. 그렇지 않다면 어떻게 '일상적으로 도가의 말을 들을 수 있으며(常聞道家之言)' 또한 그것을 인용하여 권할 수 있었겠는가?

당조 1대는 도가사상·전적 및 도교교의·의궤가 해동으로 전파된 중요한 시기이다. 이 때 도가전적 및 도교의 해동으로의 전파와 관련된 기록들은 아래와 같이 여러 차례이다:

고구려 영류왕 7년(624년) 당 고조 이연이 도사 심숙안을 고구려에 보내어 천존상 및 도법을 전하였으며, 아울러 『老子』를 강하자 나라사람들이 이것을 들었다. "오두미도가 나라사람들에 의해 경쟁적으로 신봉되었다(五斗米爲國人爭先信奉.)"(『삼국사기』 권20을 볼 것)

영류왕 8년 고구려가 사람을 파견하여 당에 들어가 불교와 도교

를 배우고자하여 황제가 조서를 내려 허락해 주었다.(『삼국사기』 권20을 볼 것)

고구려 보장왕 2년(643년) 막리지 개소문이 "삼교는 마치 발이 셋 달린 솥과 같아서 어느 하나라도 없어서는 안 된다.(三敎猶如鼎之三足, 缺一不足) 그런데 오늘날 고구려는 유교와 불교는 모두 성행하지만 도교는 유행하지 않으니 천하의 도술을 모두 겸비하였다고 할 수 없다(儒・佛幷興, 而道敎未行, 不可謂天下之道術兼備)"는 것을 구실로 국왕에게 사신을 파견하여 당에 들어가 도법을 구해올 것을 건의하고, "이로써 나라사람을 가르쳤다(以訓國人)". 보장왕은 그 청을 따랐다. 당 태종이 이에 도사(道士) 숙달(叔達) 등 8명을 파견하여 法을 전하게 하였으며 또한 『도덕경』을 보냈다. 국왕은 매우 기뻐하며 숙달 등을 승사(僧寺)에 모셨다.(『삼국사기』 권21)

신라 효성왕 2년(738년) 당 현종이 형도(邢濤)를 파견하여 신라에 『도덕경』을 보냈다.(『삼국사기』 신라본기 권9)

이 단락 속에서 말하는 바에 의하면 중국에 가서 도법을 닦은 이가 적지 않으며, 해동 도교전적에서 언급된 것으로는 다음과 같은 이들이 있다: 승자혜(즉 義湘法師)・승현준・김암・김가기・최승우・최치원 등. 김암이 도를 익힌 일에 관하여 『삼국사기』 권41에 약간의 기록이 남아 있다: 김암은 신라명장 김유신의 후대이며, 신라 화랑도의 낭장이었다. 신라의 기이한 술법에 매우 능숙했으며 저서로 『遁甲立成之法』이 있는데 은신술(몸을 보이지 않도록 숨기는 술법)을 소개하고 있으며, 뒤에 당에 들어가 도를 익혀 '팔진병법'(八陣兵法)을 배웠으며 고국으로 돌아간 후 나라 사람들에게 가르쳤으며 또한 도법을 사용하여 메뚜기 떼를 물리쳤다. 김가기가 당에서 수도한 상황도 명확한 기록이 남아 있는데 아래에서 구체적으로 토론할 것이다. 이외에 당에 들어가 도를 익힌 유관인의 기록은 의문점이 매우 많다. 아래 글에서 하나씩 분석하기로 하고 여기서는 잠시 생략하기로 한다.

이상의 몇 사람 외에 이름을 알지 못하는 처사·산인 여러 명이 『全唐詩』 속에 나온다. 예를 들면 고비웅의 『送朴處士歸新羅』 중의 박처사·마대의 『送朴山人歸新羅』 중의 박산인과 고도의 『送楮山人歸日東』 중의 저산인 등이 그것이다. 안타깝게도 시 제목으로부터 그들의 신분을 아는 것 외에 그 외의 사적은 고찰할 방법이 없다.

『전당시』 및 기타 역사문헌의 기록으로부터 보면 당에 들어와 유학한 승려 수가 도사의 수에 비해 훨씬 많다. 이것은 한편으로 당조가 끝나기까지 조선반도의 불교가 도교보다 매우 극성하였음을 설명해준다. 이 당시 반도의 도교는 심지어 자신의 고정적인 근거지나 진지를 찾지 못하였으며, 줄곧 고려 예종 6년(1111년)에 이르러서야 반도에 최초의 도관 복원관(福源觀, 院)이 건립되기 시작하였다.

삼국과 통일신라시대 전반에 걸쳐, 반도가 중국 도가사상과 도교문화의 영향을 받았다. 첫째는 반도 고유의 화랑도사상·정신이 더욱 다채롭고 풍부하게 나타난 것이다. 화랑도는 유·석·도 문화의 흡수에 대하여 조금도 의심하지 않는다. 화랑도는 8세기 말 이전 신라국가가 인재를 선발하는 방식이자 제도이다. 화랑도를 신봉하는 화랑도는 유불도 삼교의 요구에 따라 단련을 수행하여, 자기 자신을 국가의 동량이 될 인재로 양성한다. 그들은 국가를 보호하고 반도를 통일하는 사업에서 영원히 사라지지 않을 공헌을 해냈다. 둘째는 도가의 중요전적인『노자』가 국학의 필수과정 가운데 하나로 배열되었다는 것이다.『삼국사기』의 기록에 따르면 신무왕 즉위 2년(682년) 신라는 국학을 창립하기 시작하였으며 원성 4년(788년) 독서삼품출신제(讀書三品出身制)로써 궁전취사제(弓箭取士制)를 대신하였다. 국학에서 교수하는 과정에 '제자백가서'가 있었다. 바꿔 말하면 노장의 경전도 교과서에 나열되었다. 도가사상이 국가인재를 양성하는 방면에서 계속하여 영향력을 발휘하였음을 알 수 있다. 셋째는 주술·점복 및 음양·참위·오행설·재초의식 등을 포함한 도교방술이 국가·왕족이 복을 빌거나 신의 도움을 구하며 재앙을 떨치는 수단으로 사용되기 시작하였다.

 도교는 조선반도의 국가의 생성에 대하여 더욱 깊고 넓은 영향력을 미쳤다. 그것은 고려왕조 이후의 일이며 조선반도 국경 안의 도교에 관한 연구 및 유관저작의 출현은 이보다 더욱 늦다.

2. 해동 도교전적의 유관기록에 대한 평가와 분석

 한국의 문헌인『氷淵齋輯』·『海東傳道錄』에 다음과 같이 실려있다: 승 자혜(즉 의상법사)·최승우·김가기 등은 당 개성 연간(836-839년) 당나라에 들어가, 종리권 문하에서『靑華秘文』·『靈寶畢法』·『金誥』·『入頭岳訣』·『內觀玉文寶錄』·『天遁煉磨法』과 같은 도서 및 구결(口訣)을 받았다. 경건하게 3년을 수련하여 마침내 단(丹)을 이루었다(즉 得道하였다). 이 기록에 대하여 약간의 구체적 분석을 할 필요가 있다.

　필자 견해: 석자혜 즉 의상대사는 한국불교사상의 유명한 인물이다. 그는 바로 한국 화엄종의 시조이며 또한 신라불교 十聖 가운데 한 분이다. 한중의 역사문헌『宋高僧傳』·『三國遺史』에 모두 그의 전기가 남아 있으며, 최치원도 일찍이 그를 위해『忌日文』을 쓴 적이 있다. 이런 문헌기록을 종합해보면 그가 입당구법(入唐求法)한 시기가 당 용삭 2년(662년)이며, 귀국한 시기는 당 함형 3년(672년)으로 분명 '개성 연간', '입당'이라는 표현과 부합하지 않음을 확실히 판정할 수 있다. 이것이 그 하나이다. 또한『三國史記』열전 제6에 최승우의 입당시기는 당 소종 용기 2년(890년)이라고 명확하게 기록하고 있으며, 그 이후는 해를 세지 않고 있다. 즉 당 경복 2년(893년)에 시랑(侍郎) 양섭(楊涉)아래 과거에 급제하였으며, 후에 변문집『四六』5권을 지었는데 그 자서 중에서『胡本集』이라고 불렀다. 이것 역시 최승우의 입당시기가 결코 '개성 연간'이 아니라는 것을 설명해준다. 이것이 그 두 번째이다. 김가기에 대하여, 그가 중국에 들어간 것·진사에 급제한 것 및 귀국한 시기가 비록 명확한 역사기록이 없지만 장효표가 그에게 준 한수의 증시(贈詩) 속에서 대략 그 단서를 엿볼 수 있다. 이 시의 제목은『送金可紀歸新羅』이고, 그 시의 전문은 다음과 같다:

"登唐科第語(原注: "一作譜")唐音,
당 과거에 급제하고 당나라 말을 하지만
望日初生憶故林.
해가 막 떠올라 오는 것을 바라보니 고향 생각만 간절하네.

鮫室夜眠陰火冷,

깊은 밤 고래등 같은 방에 누웠어도 도깨비불만 차갑게 떠다니고

蜃樓朝泊曉霞深.

그 아침 신기루에 젖었다가 노을 빛이 짙어서야 개이는구나.

風高一葉飛魚背,

바람에 나뭇잎 높이 날고 물고기 펄쩍 뛰어 등을 뒤집을 제

潮淨三山出海心.

물결 고요히 뭇 산을 맑게 비추니 그저 바다로 떠나는 마음이라.

想把文章合夷樂,

글귀를 동쪽 나라 장단에 맞추고

蟠桃花里醉人參.

도화 속에 서리고 앉아 인삼으로 빚은 술에 그윽이 취하는구나."

이 시는 『전당시』 권506에 보인다. 장효표는 원화 14년(819) 진사제에 올라 비서성 정자(正字, 서적을 교정하는 관직)를 제수받았으며, 대화(大和) 중(827-835)에 大理平章事(大理寺의 議事官)에 임용되지만 기타 사적에 대해서는 상세하지 않다. 시의 내용 및 김가기의 귀국 때의 신분(진사과에 합격하였지만 관직을 수여받지 못함)으로부터 판단하건대 이 증정시는 마땅히 장효표가 벼슬에 나가 비서성 정자 혹은 대리평장사를 맡았을 때 쓰여진 것이다. 이것으로 미루어보아 김가기의 진사급제와 귀국은 반드시 819년 이후, 835년 이전임을 알 수 있다. 김가기의 기타 사적에 대해서는 『태평광기』 본전에 대략적인 소개가 있다. 전에서 김가기는 당에서 진사에 급제한 뒤, 일찍이 장안성 남쪽 종남산 자오곡에 가서 띠풀집을

집고 수도하였으며, 3년이 지난 뒤 신라로 돌아갔다고 말한다. 그 뒤 다시 당나라에 와서 정식으로 도사가 되었으며, 자오곡에 들어가 계속하여 예전의 그 장소에서 도술을 수련하였다. "매우 부지런함을 자신의 일로 여겼다(精勤爲事)". 大中 11년(857년) 12월에 선종황제(宣宗皇帝)에게 표를 올려 자신은 이미 옥황(玉皇)의 조서(詔書)를 받아, 영문대시랑(英文臺侍郎)이 되었으며, 내년 2월 25일에 우화(羽化)하여 "하늘로 날아오를 것(飛升)"……이라고 말하였다. 위에서 말한 것을 종합해 보면 김가기의 첫 번째, 두 번째 입당시기 역시 모두 '개성 연간'이 아니다. 이것이 그 세 번째 근거이다. 마지막으로 이상의 사람 등이 종리권으로부터 법을 익혔다는 문제 역시 매우 분별해 볼 가치가 있다. 종리권의 전설은 오대(五代)나 송대(宋代)에 이르러 비로소 출현하며(李養正이 지은 『道敎槪論』은 종리권이 오대 뒤의 漢人이라고 생각한다), 그가 득도한 시기는 오대인데 어떻게 당 '개성 연간'에 이미 법을 전수했다는 것인가? 이상 몇 가지로 한국도교문헌의 유관기록이 사실과 부합되지 않음을 충분히 증명할 수 있다.

『빙연재기』와 『해동전도록』은 또한 다음과 같이 말한다: 김가기는 일찍이 신라의 입당유학생인 최치원·이정 등에게 구결을 전수한 뒤 신선이 되어 떠났다고. 필자의 견해: 최치원은 대중(大中) 11년(857년)에 출생하였는데, 다음 해 연초에 김가기는 선거(仙去)하였으니 이 두 사람은 얼굴을 마주했을 도리조차 없는데 어떻게 전수가 이루어졌겠는가? 이 기록 역시 자연히 믿을만한 것이 되지 못한다.

승려 현준(玄俊)도 들리는 말에 의하면 일찍이 당에 와서 시해파의 비법을 배웠으며 또한 『步舍遊引之術』을 썼다고 한다. 혹은 최치원이 귀국 후 현준(玄俊)을 쫓아 시해법을 배웠고 또한 최승우로부터 도법을 익혔으며, 권청(權淸)과 함께 도법을 수련하여 『參同契十六條口訣』・『伽倻步引法』・『量水尸解』 그리고 『松葉尸解』 등의 도서(道書)를 지었다고 한다. 그래서 한국・조선은 그를 한국 도교의 시조라고 추존하고 있다. 그러나 이런 견해는 모두 자료의 래원이 명확하지 않고 또한 한국이나 조선의 조기 역사문헌에도 보이지 않는다. 또한 『文昌侯全集』에도 이런 일을 언급한 것이 없으므로 필자는 이런 견해 역시 마찬가지로 믿을만한 것이 되지 못한다고 생각한다.

3. 자오곡『김가기전』마애명문 석각연대에 대한 간략한 고증

위에서 말한 것처럼『태평광기』권53에 김가기 전기가 있는데, 마애명문과 비교의 편리성을 위해, 여기에 특별히 전문을 아래와 같이 인용해둔다:

金可記, 新羅人也. 賓貢進士. 性沈靜好道, 不尙侈華, 或服氣練形, 自以爲樂, 博學强記, 屬文淸麗. 美姿容, 擧動言談, 迥有中華之風. 俄擢第, 于終南山子午谷中葺居, 懷隱逸之趣. 手植奇花異果極多, 常焚香靜坐, 若有思念. 又誦『道德』及諸仙經不輟. 後三年, 思歸本國, 航海而去. 復來, 衣道服, 却入終南, 務行陰德. 人有所求, 初無阻拒, 精勤爲事, 人不可偕也. 唐大中十一年十二月, 忽上表言: "臣奉玉皇詔, 爲英文臺侍郎, 明年二月二

十五日當上升." 時, 宣宗極以爲異, 遣中使征入內, 固辭不就. 又求玉皇詔, 辭以爲別仙所掌, 不留人間. 遂賜宮女四人, 香藥·金綵, 又遣中使二人專伏侍者. 可記獨居靜室, 宮女·中使多不接近. 每夜, 聞室內常有人談笑聲. 中使窺之, 但見仙官·仙女各坐龍鳳之上, 儼然相對, 復有侍衛非少. 而宮女·中使不敢輒驚. 二月十五日, 春景妍媚, 花卉爛漫, 果有五雲·唳鶴·翔鸞·白鵠·簫笙·金石·羽蓋·瓊輪·幡幢滿空, 仙杖極衆, 升天而去. 朝列士庶, 觀者塡隘山谷, 莫不瞻禮嘆異.(『續仙傳』으로부터 나옴)

(김가기는 신라 사람이다. 외국인의 과거시험인 빈공과에 합격한 진사이다. 성격은 침착하고 조용하며 도를 좋아하였으며, 화려하거나 사치스런 것을 높이지 않았다. 때로는 호흡술이나 신체를 단련하는 것으로 자신의 藥으로 삼았다. 학문을 두루 섭렵하였고 기억력이 좋았으며, 지은 글들이 맑고 아름다웠다. 용모와 자태가 뛰어났으며 행동거지와 언어행위가 매우 중국적인 모습을 지니고 있었다. 이윽고 과거에 급제하였지만 종남산 자오곡 가운데 들어가 살며, 은일자적 하는 삶에 뜻을 품었다. 손수 심은 기이한 꽃과 과수가 매우 많았다. 언제나 향을 사르고 고요히 정좌하여 있음에 마치 어떤 사념에 젖어 있는 듯 하였다. 또한 『도덕경』과 여러 선경들을 끊임없이 칭송하였다. 3년이 지난 뒤, 본국으로 돌아가고자 하여 배를 타고 떠났다. 다시 돌아와 도사의 의복을 입고 마침내 종남산으로 들어갔다. 힘써 음덕을 실천하였으며 사람들이 원하는 것이 있으면 그것을 막는 일이 없었다. 부지런하고 성실함으로써 자신의 일로 삼아 힘쓰니 다른 사람들이 함께 할 수 없었다. 대중

(大中) 11년 12월에 갑자기 황제에게 표를 올려 말하였다: "신은 옥황상제의 조서를 받들어 영문대(英文臺) 시랑(侍郎)이 되었습니다. 다음해 2월 25일에 하늘로 올라갈 것입니다." 그 당시 선종은 그것을 신기하게 여겨, 中使를 파견하여 宮 안으로 들어오라고 하였지만 그는 극구 사절하고 나가지 않았다. 또한 옥황상제의 조서를 보여달라고 하자, 거절하며 그것은 다른 신선이 관장하며 인간들 사이에는 남겨두지 않는다고 말하였다. 이에 마침내 네 사람의 궁녀와 향약(香約), 금채(金彩)를 하사하였다. 또한 중사(中使) 두 사람을 보내어 그를 잘 모시게 하였다. 그러나 김가기는 홀로 조용한 방에 기거하며 궁녀나 중사가 접근하지 못하도록 하였다. 매일 밤 방안에서 항상 어떤 사람과 담소를 나누는 소리가 들렸다. 중사가 몰래 이것을 엿보았지만 선관(仙官)과 선녀(仙女)가 각각 용과 봉황의 위에 앉아 단정히 서로 마주해있는 것을 보았을 뿐이다. 또한 시위(侍衛)가 많이 있었지만 궁녀와 중사는 번번이 놀라지 않았다. 2월 25일, 봄이 완연하여 경치가 아름답고, 꽃과 풀이 활짝 흐드러지게 피어 있었다. 과연 오색구름이 일어나고, 학이 우는 소리가 들리고 큰 백조가 날며, 퉁소와 생황소리가 났다. 새 깃털로 덮개를 장식하고 옥으로 만든 바퀴로 끄는 수레가 나타나고 온 하늘을 오색찬란한 깃발로 물들였으며 선인의 지팡이가 지극히 많았으며, 하늘로 승천하였다. 행렬을 이뤄 구경하던 선비와 사람들로 산골짜기를 가득 메웠다. 그들은 이 의식을 보고 그 신기함에 탄성을 발하지 않는 이가 없었다.)

지금의 장안현 자오곡 안쪽 몇 리의 괴아애(拐兒崖) 곡도수변에 큰 바위가 있는데 크기가 집 만하다. 위에는 마애명문이 세로로 새겨져 있는데, 앞은 두보 시『贊元逸人玄壇歌』이다.

이것은 다음과 같다:

오래 전에 나의 벗이 동몽봉에 숨어 지내더니,
故人昔隱東蒙峰,
벌써 순수하고 늠름한 기상을 지녔더라.
已佩含景蒼精龍.
이제 벗이 자오곡에서 은일하며,
故人今居子午谷,
외로이 벼랑 끝에 띠풀로 엮어 초막을 지었더라.
獨在陰崖結茅屋.
오랜 옛적부터 전하는 玄都壇이 초막 앞에 자리하고,
屋前太古玄都壇,
이끼 낀 푸른 바위는 오늘도 그 자리에서 찬바람을 맞는구나.
青石漠漠常風寒.
밤새 두견새 울음 산 대나무 갈라지 듯 애절하며,
子規夜啼山竹裂,
낮이면 서왕모 구름 깃발 펄럭이며 하늘에서 내려오는구나.
王母晝下雲旗翻.
그대의 간곡하고 정성스런 맘 늘 변함 없음을 아노니
知君此計成長往,
영지와 옥돌이 날로 자라나는 구나.
芝草琅玕日應長.

쇠고랑이 높이 드리워져 오를 수 없다 하여도
鐵索高垂不可攀,
몸은 이미 명당에 두었으니 그 어찌 쓸쓸하리오.
致身福地何蕭爽.

그 뒷부분은 『김가기전』의 글이다. 시와 전의 자적(字迹)의 크기와 특징이 같으므로 마땅히 같은 시기에 새긴 것이다. 시제목 아래 후대인이 보각한 명문이 있는데 또한 세로로 새겼고 자체는 시나 전에 비해 많이 작다. 그 글에서 "이 비는 당 이래로 관중의 김가기가 모두 아직 기록되어 있지 않아 □□□□□ 하남 포정사가 자오곡 입구를 지나게 되어 그것을 방문하여 알현하였다. 그리하여 연월을 적어놓고 옛것을 좋아하는 이를 기다리고자 한다. 함평 3년 맹춘에 고평강 애산 강영이 돌에 쓴다.(此碑唐以來關中金可記皆未載□□□□□因升河南布政司經歷子午谷口, 訪謁之, 因記歲月, 以俟好古者, 咸豊三年孟春古平江愛珊姜榮書石.)"라고 말한다. 『전』은 약 200자이지만 바람과 비에 많이 닳고 희미해져 변별하여 읽을 수 있는 것은 오직 그것의 반으로 아래와 같다:

金可記傳　金可記者新羅人……子國……擢進士性沈默有意于……因隱終南山子午谷好花異于所居……及鍊形服氣凡數年歸本國未幾……隱修養愈有功大中十一年十二……玉皇詔……英文臺侍……二月二……宣宗異之……不起又……以……使……可記獨居……仙……明果有五……空……塡溢……

그렇다면 마애석각과 『태평광기』 전문은 어느 것이 앞의 것이고 어느 것이 뒤의 것이며 이 둘 사이에 또 어떤 동이점(同異點)이 있는 것일까?

우선 동이점에 대하여 말해보자. 마애석각과 『태평광기』 전문을 비교해 보면 우리는 다음과 같은 것을 발견할 수 있다: (1) 마애석각 앞단의 문자는 비교적 구어화 되어 있어 명확한 원시성을 띠고 있다. 그런데 『태평광기』 전문의 경우는 편 전체가 가공되고 수식된 흔적이 나타난다. (2) 사적의 서술방면에서 마애석각의 명문은 먼저 이름, 국적을 적고 그 뒤에 '子國'(즉 君子國)의 상황을 이끌어내고 이어서 다시 순서대로 진사급제 · 성격특징 · 수도에의 바램 · 꽃을 심고 과수를 가꾸는 것과 같은 은거생활 · '몇 년간(凡數年)'의 연형복기(煉形服氣). 그런 후 '본국으로의 회귀'……마치 일기장처럼 서술한다. 『태평광기』 전문6의 경우는 인명과 국적을 서술한 뒤 즉 총결적으로 '빈공진사'라는 신분으로 바꾼다. 그런 후에 다시 새롭게 성격 · 취미 · 품덕 · 학문 · 진사급제 · 은거 · 귀국 등등을 언급하는데 그 글은 분명 구상과 조직을 거친 것이다. (3) '大中 12년(857년) 12월'부터 시작하여, 그 양자간의 서술이 비록 문자가 상세하느냐 대략적인가라는 점에서 여전히 차이가 존재하지만 서술 순서 및 내용의 경우는 이미 기본적으로 일치한다. 이것을 근거로 우리는 다음과 같이 생각할 수 있다. 첫째, 마애각문의 각석시기는 『태평광기』의 편찬성서(編纂成書)보다 빨라야 한다. 왜냐하면 『태평광기』 김가기전은 『속선전』에서 유래하기 때문이다. 따라서 바꿔 말하면 『속선전』 중의 김가기전은 마애명문을 기초로 가공하여 정리한 것이다. 둘째, 『태평광기』는 송 태평흥국(太

平興國) 연간(976-984년)에 편찬되어 각판되었지만 『속선전』의 경우는 일찍이 오대의 남당 때(937-975년) 즉 이미 심분(沈汾)이 지어 유행하였다. 이로부터 우리는 마애명문의 각석시간은 마땅히 당 대중 12년 이월 25일 김가기가 득도하여 '비승'(飛升)한 후부터 남송 전까지, 구체적으로는 공원 858-937년 사이이다. 셋째, 심분(沈汾)은 남당(南唐)사람이고, 그 자신이 지은 『속선전』은 직접 남쪽으로부터 북쪽으로 직접 마애명문을 베끼어 가공을 진행할 수는 없다. 그러므로 『속선전』의 앞에 마땅히 그외의 문본이 유행하고 있어야 한다. 또한 김가기가 득도하여 '비승'했다는 굉장한 반응으로부터 판단해보면 마애명문의 석각은 당말 수 십년 사이에 출현했을 가능성이 매우 높다. 심지어 김가기가 득도하여 '비승'한 지 오래지 않은 시기일 가능성도 있다. 그리고 마애석각의 지점도 마땅히 김가기가 '띠풀로 엮어 집을 짓고 거처하며(茸居)' 수도한 곳이자 '비승'한 곳 또는 그 근방이어야 한다. 넷째, 김가기가 '비승'한 역사배경을 분석하여 이해하는 것이 아마도 위의 관점을 긍정하는데 더욱 보탬이 될 것이다. 김가기가 '비승'하기 십여 년 전에 당 무종은 도사 조귀진을 총애하였으며 조귀진의 도발적인 선동 아래 역사상 전례 없는 멸불운동(滅佛運動)이 일어나, 불교가 거의 훼멸성(毁滅性)에 가까운 타격을 받게 된다. 그러나 선종이 자리를 계승한 뒤 즉각 조귀진 등 몇 명을 장살(杖殺)하고 조서를 내려 불교를 부흥시켰다. 본래 도교는 무종 대에 그 기세가 등등했던 조귀진의 무리들이 망선대(望仙臺)를 쌓음으로써 '비승'이라는 사기극의 실패를 보여, 이미 막대한 타격을 입었으며 현재 불교의 부흥과 다시 직면하여 마음 속의 좌절감이 틀림없이 한층 더 강해졌을 것이다. 당 선종이 조귀진 등을 죽인 것은 결코 그가 도교와 세가 양립하지 못한다는 것을 뜻하지는 않는다. 실제상 조귀진 등을 죽인 그 해 말에 황제는 다시 형산도사(衡山道士) 유현정에게 도록(道籙)을 받는다. 그러나 하여튼 도교는 선종시기에 쇠락하는 단계에 처해 있었다. 이런 상황 아래 김가기는 옥황의 조서를 받들어 '비승'한 사건이 가져온 '세상을 우르르 울리는 듯한 반응(轟動效應)'은 마침 쓰러져 누운 도교에게 강력한 침을 놓은 것임이 틀림없다. 그리고 도교도 및 그 옹호자들도 의심할 나위 없이 이 사건을 빌어 큰 성세를 가다듬어 사기를 북돋고자 하였다. 이처럼 김가기가 '비승'한 뒤 머지 않아 자오곡 마애석각이 출현한 것은 바로 필연적인 형세이자 이치상 마땅한 일이라고 하겠다.

大道는 國境이 있을 수 없고 仙學은 반드시 계승자가 있는 법

- 한·중 도교교류의 발자취를 찾아 모으며 -

• 유사전 •
劉嗣傳, 광동성 신회시 자운관 주지

1. 다행히 좋은 인연을 다시 이어

2001년 여름, 중국도교학원에서 연수하던 내가 소속된 궁관 - 섬서 주지현 누관대 도관에서, 한국 원광대학 동양대학원 원장 김낙필 교수가 보내온 초청편지를 받고서, 나는 그 대학이 주관하는 학술연구토론회에 참가하기를 희망하였다. 나의 강연주제는 '태극권의 역사와 현대적 의의'였다. 나는 근년에 도교문화의 각도와 태극권 공법의 관계로부터 약간의 탐구를 하여 마음 속으로 깨달은 바가 있었다. 더욱이 일찍이 누관대 등지에서 국제우인(國際友人)들을 위하여 이와 상관된 내용을 시연하거나 강연하였었다. 이 주제의 내용은 비록 감히 마음속에 이미 완성되어 있었다고는 말하지 못하지만 내게는 편한 주제라고 여겨졌다. 왜냐하면 예전에 유럽에 가서 진식태극권(陳式太極拳)의 계승자인 진소왕 선생과 공동으로 강의했던 경력과 경험이 있었기 때문이다. 그러므로 나는 한국에 가서 연구토론의 교류를 준비하는 정력을 주로 도교문화와 한국의 관계 위에 놓았다. 그래서 나는 기회를 빌어 중국사회과학원 세계종교연구소의 왕잡(王卡)과 노국용(盧國龍) 두 연구원에게 가르침을 청하고, 노교수로부터 몇 권의 한국도교연구자료와 관련된 서적 즉 한국도교사상 연구총서 및 『臺灣道敎學探索』 중 조한도교(朝韓道敎)와 관련된 서적을 빌렸다. 나는 그것을 모두 열심히 읽고, 평소에 쌓아둔 자료를 보태었다. 즉 진요정의 『해외의 도교(道敎在海外)』의 관련문장으로부터 또한 번광춘의 『長安·終南山道敎史略』·이양정 주편의 『當代道敎』·주월리의 『道敎學』이 있다. 나는 한국과 관련된 장절을 요점을 간추려 모두 기록해두고, 하나의 실마리를 풀어내어 정리함으로써 마음속에 계획을 심어두게 되었다. 특히 당대 중국도교문화가 한창 번영하던 시기, 도교문화를 교류하고 전파하던 한국(신라·고구려·백제)사람의 사적이 내게 깊은 인상을 남겨 주었다. 한국문헌인 『해동전도록』의 관련기록과 중국문헌 『續仙傳』·『太平廣記』·『歷世眞仙體道通鑒』에 명확한 기록이 남아있는 김가기 사적에 대해서도 애정이 느껴졌다. 김가기는 그 외 두 분(최승우와 승 자혜)과 나란히 종남산에서 함께 종리권에게서 도를 전수받았다는 이야기가 나에게 깊은 영향을 주었다. 나는 당대(唐代)와 신라가 처한 문화배경, 역사조건 그리고 도교의 각도로부터 대략 분석해 봄으로써, 우리 중국도교도가 한국에 가서 문화교류를 진행해야 할 책임과 몫을 느끼게 되었다. 사실상 위인들과 감히 비교할 것은 못되지만 조사(祖師)의 업적을 본받아 능력이 미치는 한 공덕을 일으키고 싶었다. 이리하여 또한 일부러 섬서성 사회과학원 번광춘 연구원에게 전화하여 가르침을 청했다. 그는 관련이 있는 글 가운데서 저 '중국에서 늙어 죽은 신라도사 김가기'의 마애비각이 기록되어 있는 구체적인 지점과 상황을 언급해주었다. 그것과 함께 기타 상관된 지식내용을 다시 한 번 살펴본 뒤 한국 서울로 향하는 비행기에 올랐다.

서울 신국제공항 - 인천비행장에서 우리를 맞이한 것은 일찍이 중국의학대학에서 유학했던 한국통역인 유회설 선생이었다. 그는 우리를 서울시 중심의 금선학회 소재지로 안내해주었다. 그런 뒤 나에게 활동에 대한 시간안배 및 원광대학에 가서 활동에 참가하는 시간을 일러주어, 나는 한국도교 분위기를 느끼기 시작하였다. 우선 우리는 '신선가'(神仙家)라고 중문과 한글로 쓰여진 간판을 내걸고 있는 한 식당으로 들어갔다. 나는 이 세 글자의 배후로부터 하나의 특별한 것을 느낄 수 있었으며, 좀 개략적이나마 한국인 정신문화가 추구한 내용을 이해하게 되었다. 그 뒤 한 거리에 서로 100정도 사이를 둔 채 서있는, 선학이나 단학과 관련 있는 두 개의 기공단체(협회)와 한 개의 중의진료소가 있는 것을 보았다. 나의 물음에 그들은 한의(韓醫)라고 부르고 중의(中醫)라고 부르지 않았고 (한국인의 애국열정과 민족기개를 알 수 있다), 그들이 80% 이상의 식당이 모두 중국고대의 좌식 식사하는 생활방식이 있다는 것을 알게 되어, 나는 마치 과거와 현대의 사이를 느끼는 듯하였다. 이처럼 우리가 잘 알고있는 도교의 좌선방식이 나로 하여금 다시 한번 이와 같은 신체건강의 효과를 깊이 생각하게 만들어 주었다. 그 뿐만이 아니라 한국인에게 대중화되어 있었다. 그들이 도시생활을 하는 오늘날이지만 이런 전통적인 조절방식이 있다는 것은 마치 내 자신이 익숙한 환경으로 돌아간 듯하였다. 이런 좋은 인연은 정말로 만날 수는 있어도 억지로 구할 수는 없는 것이다.

2. 한국을 인연으로 느끼 게 된 것들

한국에서 찾고 교류한 것들은 모두 중국문화와 같은 것들이었다. 생활습관, 신앙내용 그리고 추구하는 지향점 및 문자언어·환경위생이나 단련방식이 모두 일찍이 서로 잘 알고 지내 온 느낌이었다. 한국은 비교적 실제적인 것을 중시하여, 도교문화의 내용을 이미 실천 가운데 옮기고 있는 것이 도교에 대한 변화이다. 불교 속에 도교를 흡수한 후 자신들의 수련방법으로 만들었으며, 유교 속에도 입으로는 배척한다고 떠들지만 실제로는 대량으로 흡수하여, 그 땅에 '國仙(天仙)道'를 만들어냈는데 그것은 사실상 중국당송 내단도교의 접목이다. 그리고 그들은 또한 삼교합일을 주창하며, 즉 '화랑도'·'풍류도' 등등이라고 부르고 있지만 그 사상체계나 종교형식 그리고 수련방식이 모두 중국도교에서 기원한다. 그러나 그들은 중국도교의 참된 정신을 배워, 외래의 정수를 흡수하면서 동시에 민족적 특색을 간직하고 있다. 이것은 한국의 민족정신이다. 그들이 흡수한 것을 약간 수정한 후 그것은 그들의 것이 되었다. 한국학자와 한국도교를 토론할 때 한국학자 대부분이 이러한 현실, 즉 국선도 등 내단이론이나 체계가 모두 중국에서 유래하며 한국이 세운 것은 반드시 그 뒤에 있다는 것을 바로 보고 있었다. 그러나 그들은 또한 '뛰어난 자'들은 자신의 견해를 견지하며 그들의 내단학 및 신선이론이 한국에서 유래한다고 말하기도 한다. 한국의 대부분의 교수·학자들 역시 이런 사실을 인정하며, '국선도'는 그들이 접목한 산물이며, 그리고 현재 한국에 단지 금선학회의 유파만이 있으며 정식 종교단체가 되지 않았다. 그러나 그들의 이런 단체로부터 우리는 한국인의 신앙과 이상 및 인간에 대한 최종적인 관심과 장수를 희구하는 심리가 중국인의 도교종교심리와 많은 상사점이 있음을 발견하게 된다. 그래서 나는 원광대학의 강연 초두에 주로 중국 도교교의 및 간단한 역사를 소개하고 그것의 현대적 의의를 소개하는데 중점을 두었다. 그와 동시에 한·중도교교류의 역사를 간략하게 언급하였다. 그 가운데 김가기라는 한·중도교문화교류의 산증인을 특별히 언급하였다. 그 뿐만이 아니라 나는 금선학회의 회장 최병주도 한국에 김가기의 기념비와 사당이 없어서 나와 마찬가지로 유감이라고 느끼고 있으며, 그는 김가기를 한국인의 마음 속에 그 지위를 부활시키고, 김가기의 사적을 널리 선전하여, 적당한 기회에 기념비 등의 유사물증을 건립하려 한다는 것을 알게 되었다.

나는 원광대학에서 원광불교 중앙총본부를 참관하였는데, 이것은 백년 전에 개창한 불교의 새로운 지파로 우리나라의 '인간불교'와 같은 시기에 출현하여 개창하였다. 그런데 그들은 선의 수련체오를 중시하며 우상(신상)을 세우지 않는 새로운 종교단체를 스스로 이룬 것은 매우 탐구할 만한 현상이었다. 원광대학은 바로 원불교단체가 45년 전에 건립한 불교대학으로, 현재 이미 한국의 유명한 사립종합제 대학이 되어, 교수와 학생 수가 2만 여명으로 그 규모가 매우 크다. 우리를 맞이했던 동양학대학원은 단지 하나의 대학원으로 동남아지역 각 방면의 문화를 전문적으로 연구한다. 나는 그 대학 강의실에서 무당산 도교 및 그 무당삼풍 태극권을 강의하였다.

원광대학은 전문적인 선당(禪堂)이 있어, 선이론을 강의하고 선을 깨달으며 좌선을 한다. 내가 강의한 내용은 그들이 선을 닦고 깨닫는 참고과목이다. 그들은 또한 스스로 중의진료소를 열고 중의 약제와 건강약품을 제조하였다. 이틀 후 나는 또한 한국 중부도시인 대전에 가서 교류를 진행하여, 그곳의 한국과학기술대학에서 강좌를 진행하였는데, 나는 당연히 조셉니이담이 인정한 '도교는 과학에 반대하지 않는 유일한 신비주의 체계'이며, 湯川秀樹가 노장사상으로부터 계발을 받은 뒤 노벨 물리학상을 받았으며, 중구 고대의 사대발명 가운데 세 가지가 도교의 연원과 관련이 있다는 것 및 현대 생물공정의 DNA유전자 암호가 도교장생사상과 일치한다는 것 등 과학측면의 논거를 이용하여 유구한 도교문화의 현대과학에 대한 심원한 영향과 의의를 설명하였다. 여기서 느낀 가장 큰 점은 학생들의 지식과 흥미가 다양한 방면에 걸쳐있다는 것이며, 그들은 오늘날 정보화사회에 적합한 활동인이라는 것이다. 과학기술대학은 매주 전 세계로부터 초청해 온 어떤 방면의 전문가가 그의 전문지식을 강의하고 또한 학생들이 제기한 관련문제에 대답하는 전문시간이 있었다. 이런 교학방식은 자유롭고 신선했다. 중국의 평범한 한 전진교도이자 태극권과 도교문화 방면에서 배워 얻은 젊은이가 이처럼 대학 강단 위에서 자신의 전공과 관점을 강의한다는 것은 나로서는 매우 영광이었다. 언어의 차이로 인해 비록 강의의 효과가 내 자신이 생각할 정도로 좋은 것은 아니었다 하더라도 결과적으로 노력과 정성을 기울인 것이었다.

  동행했던 김교수, 최회장 그리고 유통역사는 내가 그 두 대학에서 수확한 결실에 대하여 긍정적으로 총결해 주었다. 하지만 나는 이번 기회를 빌려 마땅히 해야 할 매우 평범한 일을 했을 뿐, 도교를 널리 전파했다고 말할 수 없으며 단지 중국도교문화의 몇 가지를 발양시켰을 따름이라고 생각한다. 내가 얻어 낸 것은 바닷가의 모래알처럼 한·중 도교교류사에 한 줄을 다시 보태었을 따름이다. 근 백년 가까이 중국도교도가 진정으로 한국에 들어가서 그리고 한국대학 강의실에 들어가서, 형상·언어·수련방법·수양으로부터 사상문화에 이르기까지 그 모두가 진정한 접촉이자 전파였을 뿐만이 아니라 중국과 한국이 국교를 건립한지 8, 9년 내에 한국은 이미 종남산과 무당산을 알게된 후, 때마침 무당산에 출가하여 기예를 익히고 종남산을 방문하여 머물며, 이 두 지역의 특색 있는 도교대표를 직접 눈으로 본 나를 만났다. 내가 가지고 간 것과 전파한 것은 바로 이 두 지역의 특색 있는 도교문화였다. 그 사이 한국의 계룡산과 동부의 설악산을 올랐다. 계룡산의 한국지방문화가 혼합되어 있는 계룡갑사는 비교적 이른 시기의 불교사원이었지만 그들은 현지의 산신과 지방신을 흡수하였으며 또한 절과 전의 이름에 일률적으로 모두 번체 중문자를 사용하였다. 대자암에서 방장인 경영(京英)화상과 의견을 나누었는데 그들은 중국의 약간 전의 기공열 중의 불도교 기공전문가에 대하여 약간 알고 있었지만 진정한 불교와 도교의 상호 교류는 많지 않았다. 나에게 길을 안내한 것은 '內院庵'이라고 부르는 석호(石浩)화상이었다. 이 도교단경을 배운 적이 있는 등(騰)화상은 매우 많은 중국 두 종교의 경서를 수장하고 있다. 그 가운데 특히 대만에서 출판한 도교서적을 수장한 것이 수 십종 있었다. 나는 그와 담화하며 불교의 역사와 내단공법에 대하여 얘기를 나누었는데, 그가 신기하게 여기는 것은 내가 도교학원에서 막 배운 『唯識哲學』이었다. 이것은 당 현장(玄

奬)이 창건한 유식학의 중국에서의 운명과 그의 학습내용에 대하여 내가 부분적으로 이해한 것이기는 하지만 그와의 교류 중에 약간의 지식을 나눌 수 있는 것에 대하여 나는 도교학원의 교수들에게 진심으로 매우 감사한다. 나는 한국불교의 조계종과 중국불교사의 조계종이 같은 맥락인지 알지는 못하지만 그들은 이미 한국화된 조계종 불교라고 생각한다. 한국의 삼대 명산 가운데 하나인 설악산이 내게 준 가장 깊은 인상은 자연생태를 잘 보존하고 있으며, 여행객이 남긴 것은 발걸음뿐이고 그 나머지는 모두 가지고 간다는 환경의식이었다. 비록 중국 명산의 수려함·험준함·기이함에 미치지는 못하지만 한국만이 지닌 자연의 깔끔함과 인공적으로 꾸미지 않은 멋이 있었다.

3. 이야기를 좇아 풀어내며

한·중 도교교류의 역사에 대하여, 이전의 중외학자들이 모두 논술을 남겨 놓았다. 또한 도교가 3세기에 전래되었건 아니면 당 고조가 사신을 파견하여 전래되었건, 그것도 아니라면 유학생으로 파견되어 중국에 와서 도를 배웠건 간에 사실상 각종 의견이 모두 근거하는 바가 있다. 오늘날 우리가 본 자료 역시 적지 않게 이런 사실을 반영하고 있다.

내가 북경으로 돌아온 지 한 달이 안되었을 때 최회장이 양주시가 최치원 기념관을 세우고 그들 최씨 가족을 초청한 것을 빌려, 친히 중국에 와서 최치원 동상 조소의식에 참가한 뒤, 최회장은 다시 나와 연락하여 그 마애석각을 찾고 싶어하여, 나는 또한 변광춘 연구원을 청하여 최선생 일행을 데리고 자오곡으로 가서 선인의 옛 자취를 찾지 않을 수 없었다.

초가을의 종남산은 이미 서늘한 기운이 느껴졌다. 우리는 자오곡 북구에서 약 3킬로미터를 더 들어간 곳을 찾아냈다. 돌아치형의 다리 하나가 시냇물 위에 가로 놓여 있었으며, 시냇물가에 거대한 바위가 누워 있었다. 그 바위 옆에 문자가 새겨져 있었는데 안진경(顔眞卿)체의 해서(楷書)로서 손바닥만한 글자크기였고 대부분은 분명하게 알아볼 수 있었다. 오른 편은 당 두보의 『贊元逸人玄壇歌』이고 왼편은 『太平廣記』 중의 『金可記傳』을 절록(節錄)한 것이었다.

이것이 바로 한국의 벗이 찾고자 했던 옛 유적이었다. 이 마애석각의 고증에 대해서는 서북대학의 주위주 교수 등이 전문적인 착실한 고증이 있다. 이 송대문물이 반영하는 것은 당송도교의 역사와 한·중문화교류의 증거품일 뿐만이 아니라 김가기의 종남산에서의 활동사실을 더욱 명확하게 증명해주며, 이것은 한국인 김가기를 기록한 가장 이른 시기의 문자이기도 하다. 우리가 볼 수 있었던 것은 남당 심분의 『續仙傳』인데, 심분은 바로 최치원이 현령이었던 율수현 사람이다. 종남산과 율수현과 거리가 수천리 떨어져 있으므로 고대의 정보전달을 상상해 볼 수 있다. 이것은 김가기의 계승자로서 최치원의 인과연(因果緣)을 설명해준다. 저 두 구절 남아 있는 시, 즉 "파도는 흩어진 바위에 부딪혀 비처럼 오래도록 날리고, 바람은 성긴 소나무에 부딪혀 가을처럼 눕는다(波冲亂石長如雨, 風激疎松鎭似秋)"는 김가기가 '선유사'(仙遊寺)를 읊은 것이고, 당시기의 선유사는 바로 백거이가 『長恨歌』를 쓴 곳으로 지금의 누관대에서 서쪽으로 10여리에 있다. 자오곡·누관대·선유사로부터 종남산 일대는 김가기가 도를 닦던 곳이다.

　이 신비한 종남산 지역으로부터 진실하고 기이한 이야기가 하나씩 엮어져 나왔으며, 오늘의 중국과 한국의 벗이 본 것이 사람들이 동경하던 바로 그 곳이다. 최선생이나 김선생처럼 도교문화와 선학 수련에 열중하던 한국인들은 말로만 듣던 김가기 사적을 접하고서, 중국과 한국의 우의와 선도연원을 재현하고자 하여, 몇 번씩이나 나를 재촉하여 비각을 복제하여, 그것을 땅을 골라 다시 세우자고 하였다. 우리는 관련부서와 지도자의 동의를 구하여 최선생 등의 바램을 완성하였다. 내가 중각비문의 부기를 기초한 후에 섬서성 도교협회 임법융 대사와 변광춘 교수에게 가르침을 구하고, 또한 한국의 관련학자가 있어 그들에게 비문의 원고를 자세히 읽어보도록 한 뒤, 다시 돌을 세우기로 결정하였다. 어느덧 한 해가 지나, 나는 도교학원의 학업을 마치고 섬서로 돌아갔다. 그 후 남으로 광주와 마카오를 여행하고 돌아와, 다시 누관대의 본뜬 비문과 상관 자료를 정리하여 그 일을 기념하였다. 현재 이것을 대략 기록해 둠으로써 책 말미의 후기로 삼고자 한다.(비문은 생략한다. 이것은 본문의 49쪽을 볼 것)

금선학회

금선학회는 1981년 개원한 이래 우리 민족고유의 정통선도를 복원, 계승, 발전시키며 국내외의 많은 진인과 교류하고 연구와 수련에 매진하고 있는 정통선도수련 단체이다.

금선학회가 추구하는 仙道는 인간(人)과 산(山)과 자연의 만남이며 인간이 자연에서 왔기에 자연의 정기를 호흡하며 우주의 오행원리에 따라 근본적인 것을 수련하는 건강법(健康法)이며 양생법(養生法)인 동시에, 꾸준한 수련을 통해 마침내 우주와 하나가 되는 대도(大道)에까지 이르는 성명쌍수(性命雙修)의 수련의 길이다.

금선학회는 중국 도가(道家) 기록에 우화등선 16선 중 유일하게 여러 사람들이 지켜보는 가운데 우화등선(萬人環視裡 羽化登仙)하였다고 기록된 신라시대 김가기 신선의 발자취를 찾아 중국 종남산 자오곡에서 김가기를 찬양 추모하는 마애석벽 비문을 발굴하여 중국 학자들의 고증을 거쳐 2002년에 중국 도교 성지인 종남산 누관대에 김가기 선인 기념비를 건립 제막하고 중국도교협회에서는 매년 8월 15일을 '한국 도가의 날'로 지정 기념하고 있으며 2004년 4월에는 김가기 기념관을 자오곡에 착공예정이어서 1100여 년 끊어진 한국 도가의 맥을 바로 잡고 그 위상을 높여 국제 민간 외교상으로도 큰 성과를 거두고 있다.

'금선 학회'는 한국 선도 도맥의 정통성을 추구하여 이를 복원 연구 발전시키며 후진들의 양성에 힘을 기울여 올바른 선도 문화를 선양하고 활발한 국제 교류로 세계화를 추구하며 국민 생활건강을 선도함으로써 '생활속의 健康', '생활속의 道'를 실천하도록 노력하고 있다.

전화 : 02-512-7057, 7233
FAX : 02-512-7233
인터넷: www.kumsunacademy.org 또는 www.금선학회.net